Steven D. Farmer, Ph. D.

Magie der Erde

Steven D. Farmer, Ph.D.

Magie der Erde

Heilende schamanische Weisheiten

Zehn Prozent des Honorars, das der Autor für dieses Buch erhält, kommt dem Natural Resources Defense Council, Oceana, und den Defenders of Wildlife zugute.

Titel der Originalausgabe:
»Earth Magic«
Copyright © 2009 by Steven Farmer
Original English Language Publication 2009 by
Hay House, Inc. California, USA
Deutsche Ausgabe: © KOHA-Verlag GmbH Burgrain
2. Auflage 2011
Aus dem Englischen von Hanna Goldbach
Lektorat: Birgit-Inga Weber
Umschlagbild: Marius Michael George
Gesamtherstellung: Karin Schnellbach
Druck: Bercker, Kevelaer
ISBN 978-3-86728-133-5

Für den Geist unserer Ahnen,
die Seele unserer Erdmutter
und alle unsere Verwandten.

»Bei allen unseren Überlegungen müssen wir berücksichtigen,
mit welcher Wucht sich unsere Entscheidungen
auf die nächsten sieben Generationen auswirken werden.«

DAS GROSSE GESETZ DER IROKESEN

Inhalt

Der Frieden der wilden Wesen

Wenn die Verzweiflung über die Welt in mir wächst
und ich nachts von den kleinsten Geräuschen erwache –
voller Angst, wie mein Leben
und das Leben meiner Kinder werden wird –,
gehe ich hin und lege mich dort nieder,
wo der Enterich in Schönheit auf dem Wasser ruht
und der Graureiher jagt.
Ich begebe mich in den Frieden der wilden Wesen,
die ihr Leben nicht nach sorgenvollen Gedanken
an die Zukunft einschätzen.
Ich begebe mich in die Gegenwart stiller Gewässer
und fühle über mir die tagestrüben Sterne,
die mit ihrem Licht abwarten.
Und eine Weile ruhe ich
in der huldreichen Anmut der Welt
und bin frei.

WENDELL BERRY

Um die umständlichen Konstruktionen zu vermeiden, die durch die Nebeneinanderstellung männlicher und weiblicher Nomen und Pronomen entstehen würden, wird meist nur die männliche Form genannt. Selbstverständlich soll der weibliche Teil der Leserschaft und Bevölkerung damit ebenfalls angesprochen werden.

Einleitung

Baumheilung

Vor einigen Jahren nahm ich in Esalen, einem wunderschönen Seminarzentrum an der kalifornischen Küste bei Big Sur, an einem zweiwöchigen Intensivkurs in Schamanismus teil. Das Zentrum liegt auf einem 10 Hektar großen Gelände herrlichster Landschaft, und von den Klippen aus blickt man weit über den Pazifik. Ringsum ist Wald, und die Berge scheinen sich direkt aus den Tiefen des Meeres zu erheben. Das dynamische Nebeneinander von Bergen und Meer bewirkt, dass die Erde vor Leben vibriert und die Kraft der Elemente deutlich spürbar wird.

Diese Gegend war seit Jahrtausenden die Heimat der Esselen-Indianer, die je nach Jahreszeit zwischen der Küste und dem Binnenland hin und her wanderten, um zu jagen und zu fischen. Bis zu 4000 Jahre alt sind die Gegenstände, die man von ihnen entlang der Küste finden kann; manche stammen auch aus dem 18. Jahrhundert. Michael Murphy und Dick Price gründeten hier 1962 das Esalen-Institut, das schnell für seine interessanten Workshops und den Zustrom verschiedenster Lehrer aus den Bereichen Psychologie, Kunst und Spiritualität berühmt wurde.

In unserem schamanischen Training gab es jeden Tag drei bis vier Unterrichtseinheiten und eine anderthalbstündige Mittagspause. An manchen Abenden, wenn wir frei hatten, versammelten sich einige von uns im Seminarraum, um zu tanzen. Die Musik und die körperliche Bewegung halfen uns, die Anspannungen des Tages aufzulösen und hinter uns zu lassen.

Nach ein paar Tagen entdeckten mein Zimmergenosse und ich in der Nähe unserer Hütte einen kleineren Raum, in dem es auch eine Stereoanlage und ein paar CDs gab. Also versammelten sich einige von uns an jenem Tag schon vor dem Frühstück dort zum Tanzen. Das brachte die Säfte in Wallung und war viel besser als Kaffee. Im Lauf des folgenden Tages gab es wenig Möglichkeit für körperliche Aktivitäten und kein Abendprogramm, also verabredeten wir uns mit der ganzen Gruppe abends erneut zum Tanzen.

Ich hatte mich zwar am Morgen gut ausgetobt, aber es hatte so viel Spaß gemacht, dass ich abends gerne noch mal dorthin ging. Sobald ich den Raum betrat, bewegte sich mein Körper mit den Rhythmen der Musik, die mal langsamer und mal schneller waren. Nach einigen Liedern setzte ich mich auf eines der vielen Kissen, um auszuruhen. Ich schwitzte stark und spürte eine gewisse Anspannung im Rücken, aber ich dachte mir nichts dabei. Jedenfalls nicht bis zum nächsten Morgen.

Als ich erwachte, war mein unterer Rücken so verspannt, dass ich kaum aus dem Bett kam. Ich musste mich ganz langsam auf die Seite rollen und achtete darauf, tief zu atmen, während ich mich aufrichtete. Kein Gedanke an einen Morgentanz! Nach meinen morgendlichen Ritualen humpelte ich zum Seminarraum. Wenn ich mich im Lauf des Morgens auf meinem Kissen bewegte, versuchte ich, keine Grimassen zu schneiden. Trotz großer Mühen bekam ich kaum mit, was der Lehrer sagte – der Schmerz war einfach zu dominant.

Endlich kam die Mittagspause. Ich ging hinaus, um mich an einen Baum zu setzen, der in der Nähe der Klippen stand und von dem aus man über den Ozean sehen konnte. Ich hatte ein paar Tage zuvor mit meinen Geistführern abgemacht, dass ich fünf Tage lang in jeder Mittagspause an diesem Baum sitzen und ein wenig Tabak opfern würde – zur Würdigung des Baumes und der Geister dieses Ortes. Ich lehnte mich an den Baum, schaute aufs Meer und lauschte auf Botschaften des Großen Geistes.

Ich hatte dies zwei Tage lang getan. Nachdem ich an diesem dritten Tag ein wenig Tabak an den Baumstamm gelegt hatte, beschloss ich, den Baum zu bitten, meinen Rücken zu heilen. Ich war mir nicht ganz sicher, ob so etwas möglich war, aber in den letzten beiden Tagen hatte mir der Baumgeist sehr erhellende Botschaften übermittelt, und so dachte ich: »Was soll's, ich probiere es einfach!«

Ich schloss die Augen und hörte deutlich, dass der Baumgeist zu mir sagte: »Richte deine Wirbelsäule nach mir aus.« Nachdem ich das getan hatte, atmete ich ein paarmal tief und betete. Ich dankte jenem, den ich »Großvater« nenne, ich dankte dem Baumgeist, den Ahnengeistern und den Geistern dieses Ortes. Ich stellte mir vor, wie die Energie, die meine Rückenmuskeln festhielt, vom Baum aufgenommen und durch die Wurzeln des Baumes in den heilenden Schoß von Mutter Erde floss.

So saß ich einige Minuten, dann musste ich gehen, um noch etwas essen zu können, bevor die Cafeteria schloss und der Kurs wieder losging. Ich dankte allen hilfreichen Geistern, besonders dem Baumgeist, und erhob mich langsam. Der Schmerz in meinem Rücken war unverändert. Ich fühlte mich ein wenig enttäuscht, weil ich auf eine wundersame Spontanheilung gehofft hatte. Nun gut. Ich aß schnell eine Kleinigkeit und humpelte mit langsamen, vorsichtigen Bewegungen zurück in den Seminarraum.

Dort setzte ich mich auf einen gepolsterten Platz, wo ich mich anlehnen konnte, und folgte dem Kurs in den nächsten zwei Stunden mit großem Interesse. Nach dem Kurs sammelte ich meine Sachen ein, erhob mich und ... Oh Wunder, ich war schmerzfrei! Ich bewegte mich ein wenig, reckte und streckte mich, um zu sehen, ob die heftige Verspannung vielleicht noch irgendwo saß, aber ich konnte mich auf jede beliebige Weise ungehindert bewegen, und so blieb es auch während der restlichen Tage. Ich tanzte sogar wieder an jenem Abend – einen Tanz zu Ehren des Baumgeistes und der anderen Hilfsgeister, die meinen Rücken geheilt hatten.

Das ist Erdmagie!

Mein Weg zur Erdmagie

Bis vor ein paar Jahren war ich Psychotherapeut mit einer sehr aktiven Praxis. Dann erkannte ich, dass die Zeit für einen Wechsel gekommen war, und zwar vor allem, weil ich merkte, dass viele Menschen einen anderen Ansatz brauchten, der nur schwer in das für mich immer engere Modell emotionaler und psychischer Heilung einzubinden war, mit dem ich arbeitete. Auch damals praktizierte ich keine traditionelle Psychotherapie, aber es gab doch gewisse Grundregeln, was in der Arbeit mit Klienten erlaubt war und was nicht. Sosehr ich zum Beispiel die Zweiersituation in einem Beratungsgespräch bis zu einem gewissen Punkt nützlich fand: Das Bedürfnis nach Gemeinschaft mit Angehörigen oder Freunden, die zur Wiederherstellung der emotionalen Gesundheit eines Menschen manchmal sehr wichtig ist, ließ sie zu meinem Bedauern außen vor.

Ein weiterer Aspekt, der im Kontext der Psychotherapie kaum einen Platz hatte, waren die spirituellen Bedürfnisse. Manche meiner Klienten hatten einen religiösen Glauben, der für sie befriedigend zu sein schien, doch viele suchten offensichtlich nach etwas, das sie tiefer berührte, als es die traditionellen Religionen vermochten, bis hin zu jenen, denen eine strenge religiöse Erziehung tiefe Wunden zugefügt hatte. Ich vermutete, dass dabei vielfach die Getrenntheit von ihren Sinnen, ihrem Körper, ihrem Geist und der Erde selbst eine wichtige Rolle spielte.

Einige Jahre zuvor war ich in Kontakt mit dem Schamanismus gekommen. Er hatte mich sofort begeistert. Keine andere spirituelle Praxis oder Religion, die ich bis dahin kennengelernt hatte, hatte mir so eine umfassende spirituelle Ökologie geboten. Ich lernte, dass Schamanismus der Weg des Heilers ist und nicht des Mystikers, auch wenn es in der schamanischen Arbeit durchaus um mystische Bereiche geht. Besonders faszinierte mich, dass etliche schamanische Praktiken in vielen eingeborenen Kulturen auftauchten, obwohl diese niemals in Kontakt miteinander gestanden hatten. In jeder Kultur waren sie ein wenig anders gewandet, aber die Grundlagen waren die gleichen. Ich wollte unbedingt herausfinden, wie ich diese Dinge mit meiner psychotherapeutischen Praxis verbinden konnte.

Also ließ ich bei manchen meiner Klienten ab und zu ein wenig von den schamanischen Konzepten und Methoden einfließen, die ich lernte, aber ich musste sehr gut abwägen, bei wem das möglich war. Die staatliche Behörde, die mir meine Lizenz verliehen hatte, und auch meine Berufsvereinigung hielten von solchen Experimenten nicht viel. Für manche meiner Klienten wurde ich heimlich zum schamanischen Heiler, aber ich verwendete den Begriff »Schamanismus« äußerst selten. Ich leitete zum Beispiel eine Männergruppe, in der ich meistens mit einem Gebet begann und mit der ich Heilungszeremonien durchführte, die in gewisser Weise schamanischen Charakter hatten.

Nachdem ich ein paar Jahre so gearbeitet hatte, ermutigt und unterstützt durch meine damalige Verlobte Doreen, entschloss ich mich schließlich, meine psychotherapeutische Praxis zu schließen und mich auf die nächste Phase meiner Arbeit einzulassen. Ich wusste in meinem Herzen, dass ich mehr Bücher schreiben sollte – ich hatte Ende der 1980er-Jahre vier Selbsthilfe-Bücher verfasst –, aber es war mir unklar, worum es in meinen nächsten Büchern gehen sollte.

Dank meiner inneren Reisen, Meditationen und Beratung durch Freunde wurde mir bald klar, dass ich über schamanische Praktiken schreiben würde. Die Idee für mein erstes Buch in diesem neuen Zyklus, *Sacred Ceremony,* wurde von Hay House angenommen, sodass ich mich wieder auf dem Weg des Autors und Lehrers befand. Frei von den Einengungen der Psychotherapie konnte ich mich jetzt von ganzem Herzen mit immer größeren Gruppen auf spirituelle Heilungen und heilige Zeremonien einlassen. Einmal leitete ich eine Loslösungs-Zeremonie mit über 900 Teilnehmern.

Auch der Inhalt meiner Texte wurde klarer: Ich wollte aus den schamanischen Traditionen, mit denen ich mich befasst und die ich praktiziert hatte, Elemente herausfiltern: Sie sollten allen Menschen nützlich sein, die sich auf dem spirituellen Weg befinden, egal ob sie sich für Schamanismus interessieren oder nicht. Zum Beispiel erkannte ich, dass die heilige Zeremonie zwar ein integraler Bestandteil des Schamanismus ist, dass man aber kein Schamane zu sein braucht und nicht einmal für Schamanismus aufgeschlossen sein muss, um die starken heilenden Wirkungen solcher Praktiken in sein tägliches Leben einzubinden.

Danach wurde ich dahin geführt, mithilfe meiner spirituellen Gefährten ein Buch über Krafttiere und ein Kartenset über Krafttiere zu konzipieren, um diese hilfreichen Geistwesen einem breiteren Publikum zugänglich zu machen. Dann schrieb ich ein Buch über die Geistführer aus dem Reich der Tiere und entwarf ein weiteres Kartenset sowie eine CD mit Botschaften von diesen Geistwesen aus dem Tierreich.

Und das bringt mich zu dem Buch, das Sie gerade in der Hand halten: Es steckt zwar voller universeller schamanischer Prinzipien und Praktiken, doch es geht über diese altbewährten spirituellen Heiltraditionen hinaus, indem es andere innovative und kreative Möglichkeiten zur Anwendung dieser Prinzipien einbezieht, die sie einem breiteren Publikum zugänglich machen. Der Schwerpunkt liegt auf Ansätzen, die eine Brücke zwischen Geist oder *Spirit* und Erde bilden und die allen dienen können, die sich berufen fühlen, sich selbst, andere und den Planeten zu heilen. Wie bereits erwähnt, werden Sie die meisten dieser Ansätze auch unabhängig von Ihrem Interesse an Schamanismus nützlich finden. Und wenn Sie sich zum Schamanismus hingezogen fühlen, wird Sie dieses Buch auf Ihrem Weg gewiss unterstützen.

Mutter Erde und ihre Magie

Von der winzigen Raupe, die über einen Grashalm kriecht, bis zum Regenbogen, der nach einem reinigenden Regenschauer den

Himmel überspannt, von den Bäumen, die sich im Wind wiegen bis zu den Delfinen, die kurz vor der Brandung ihre Sprünge vollführen, steht die Erde in ständiger Wechselwirkung mit sich selbst. Jede Lebensform gibt und empfängt in einem fortwährenden, ständig wechselnden, sich immer wieder ausgleichenden Akt. In unseren sogenannten zivilisierten Gesellschaften, wo wir das Licht einfach durch einen Klick einschalten, die Raumtemperatur durch das Drehen eines »Knopfes« erhöhen und uns innerhalb weniger Stunden an weit entfernte Orte transportieren können, ist es nicht so leicht, auf die gleiche Weise wie unsere Vorfahren und wie die immer weniger werdenden Naturvölker, eine innige Beziehung zum Land und seinen nichtmenschlichen Bewohnern zu entwickeln.

Doch es ist absolut möglich, diese Beziehung zu erneuern und wieder eine vertraute Beziehung zur Erde zu entwickeln, sowohl auf der physischen Ebene als auch auf der unsichtbaren Ebene, die wir »Geist« oder »*Spirit*« nennen und die sowohl in jedem Tier- und Pflanzenwesen als auch in den vielfältigen Formen von Erde, Luft und Wasser zum Ausdruck kommt. Dies sind wichtige Aspekte der Erdmagie. Um wieder mit der Welt der Natur in Kontakt zu kommen, brauchen Sie kein Naturbursche oder -mädel zu werden und müssen nicht in einsamen Hütten hausen. Die meisten von uns, die in der modernen Welt aufgewachsen sind, könnten ohne die Zivilisation ohnehin nicht mehr überleben.

Erdmagie erfordert jedoch, dass Sie sich der Welt um Sie herum mehr bewusst werden, dass Sie ab und zu die Gewänder der Zivilisation ablegen und sich mehr auf den ständigen Strom sinnlicher Informationen einlassen, den die Welt der Natur ständig hervorbringt. Erdmagie zwingt Sie, sich mit der Welt des Unsichtbaren zu verbinden und sich mit der unendlichen Vielfalt an Lebensformen auf diesem Planeten als Ausdruck des *Spirits* vertraut zu machen. Sie werden auch entdecken, wie Sie mit der Unterstützung hilfreicher Geister der himmlischen Dimensionen – Engel, Erzengel und Aufgestiegener Meister – sich selbst, andere und den

Planeten jeden Tag heilen können. Die altbewährten Heilungsansätze, die Ihnen hier vorgestellt werden, bringen Sie in Kontakt mit Pflanzen- und mit Tiergeistern sowie den Geistwesen der Elemente. Und Sie werden sehen, dass diese uralten Heilweisen auch für die heutige Gesellschaft angemessen und dringend notwendig sind.

In dieser Zeit der Veränderung im Lebenszyklus der Erde haben wir die Chance, nicht nur uns selbst und andere zu heilen, sondern auch dazu beizutragen, die Wunden und Narben zu heilen, welche die Menschheit dem Planeten zugefügt hat. Es wird immer offensichtlicher, dass wir zu unserer geliebten Welt eine andere Beziehung entwickeln müssen, und dieser Prozess wird durch die Anwendung der spirituellen Weisheiten unserer Vorfahren sehr unterstützt, denn sie waren mit den Bewohnern der Erde, mit ihren Veränderungen und Zyklen genauso vertraut wie mit der Lebenskraft, die wir gerne »Spirit, der alles durchströmt« nennen.

Ist Erdmagie etwas für Sie?

Erdmagie ist eine Synthese von auf die Erde bezogenen spirituellen und schamanischen Praktiken, bewährten Methoden, Philosophien und Überzeugungen universeller schamanischer Tätigkeiten, die jedem dienen können, der sich auf dem spirituellen Weg befindet und nach Möglichkeiten sucht, sich selbst, andere oder den Planeten zu heilen. Erdmagie ist der Weg des Heilers, der die Erdgeister und die Elemente genauso einbezieht wie himmlische Wesen und die Geister der Ahnen. Ich bin sicher, die hier vorgestellten Ideen und Methoden werden Ihnen helfen, egal ob dies alles vollkommen neu für Sie ist, ob Sie bereits Erfahrungen mit anderen Arten spiritueller Heilung haben oder ob Sie sich speziell zum schamanischen Weg berufen fühlen.

Wenn Sie sich zu schamanischen oder anderen erdbezogenen Wegen der Spiritualität und Heilung hingezogen fühlen, aber nicht so recht wissen, wie Sie damit anfangen können, bietet Erdmagie eine gute Ausgangsbasis für Sie. Auch wenn Sie sich für spirituelle Heilungsprozesse interessieren, die auf uralten Überlieferungen beruhen, wird Ihnen dieses Buch nützlich sein. Und wenn Sie sich berufen fühlen, etwas dazu beizutragen, um das Gleichgewicht zwischen Mensch und Natur wiederherzustellen, finden Sie Unterstützung in diesem Buch.

Ein Vorteil der erdbezogenen Spiritualität besteht darin, dass sich die verschiedenen Geistwesen der Mutter Erde durch eine Vielzahl von Pflanzen, Tieren und Mineralien manifestieren, die wir direkt durch unsere Sinne erfahren können. Weil wir die Ausdrucksformen dieser Geistwesen sehen, fühlen, hören und riechen können, fällt es uns oft leichter, uns auf sie zu beziehen als auf abstrakte Geistwesen. Durch unsere Sinne – inklusive unseres sechsten Sinnes – kommuniziert die Natur in jedem Augenblick mit uns, sowohl auf der physischen als auch auf der geistigen Ebene. Unsere Aufgabe ist es, unsere Sinne zu öffnen, damit sie uns mit ihren Hinweisen führen kann.

Wenn Sie Kontakt aufnehmen mit irgendeinem der Geistwesen der Erde, mit denen Ihre Seele in Resonanz steht, dann fließt ein ganz besonderer Informationsstrom zwischen Ihnen beiden. Pflanzen können Ihnen durch ihren Spirit alles beibringen, was Sie über sie zu lernen wünschen. Tiere können Sie viel lehren, wenn Sie bereit sind, mit ihnen in Verbindung zu treten, besonders auf der geistigen Ebene. Der Große Geist kann Sie durch Zeichen, Omen und Inspirationen sanft auf Ihren wahren spirituellen Weg führen. Wahrscheinlich sind Sie in Ihrem Leben und in Ihrem Bewusstsein an einen Punkt gelangt, da Sie nicht mehr den Regeln und Anweisungen von Dogmen oder religiösen Organisationen folgen wollen. Das brauchen Sie auch nicht, denn der *Spirit* führt Sie, und zwar immer und direkt. Während Sie geübter darin werden, sich auf die vielen Möglichkeiten einzustimmen, auf die der *Spirit* kommuniziert, werden Sie auch immer intuitiver Ihren Lebensweg wahrnehmen. Dann wird es leichter, durch das Leben mit all seinen Drehungen, Wendungen und Überraschungen zu navigieren. Erdmagie wird Ihnen helfen, die magischen und wundersamen Qualitäten dieses wundervollen Planeten noch mehr schätzen zu lernen.

Dieses Buch

Wie bereits erwähnt, finden Sie hier eine Synthese alter schamanischer Heilweisen und Philosophien, die sich seit Jahrtausenden bewährt haben, zusammen mit einigen zeitgenössischen Ideen, die diese Praktiken bestätigen und erklären. Dieses Buch enthält eine große Bandbreite von Methoden, die Heilung auf der grundlegendsten Ebene ermöglichen: auf der Ebene des *Spirits*. Hier hat jede Krankheit ihren Ursprung und hier beginnt jede Heilung. Sie werden sehen, dass jede Krankheit, sei sie körperlich oder emotional, in der Regel mit einem inneren Ungleichgewicht verbunden ist, das sich wiederum in einer fehlenden Balance in der Beziehung zur Welt der Natur widerspiegelt.

Teil I (»Erdmagie und alte Weisheiten der Geistheilung«) enthält einen Überblick sowie Ideen und Beobachtungen indigener und zeitgenössischer Kulturen, eine Erkundung des Schamanismus als Grundlage der Praktiken der Erdmagie und einige faszinierende und bedeutende Erkenntnisse der modernen Forschung, wie wir auf zellulärer und energetischer Ebene aufeinander wirken. Manche dieser Beobachtungen entstammen meinen eigenen Erfahrungen als Psychotherapeut und schamanisch Praktizierender, andere stammen aus anderen Quellen.

Teil II (»Grundlagen der Erdmagie«) umfasst die wesentlichen Prinzipien aller Arten von spiritueller Heilung, der verschiedenen Typen von hilfreichen Geistwesen, Anleitungen für die schamanische Reise mit Rhythmen sowie alternative Möglichkeiten des Reisens, zum Beispiel einen Prozess der geführten Meditation, der keine Trommelbegleitung erfordert. Sie erhalten auch Anregungen, wie Sie Botschaften Ihrer Geistführer erkennen, und eine Einführung in verschiedene Arten der Divination und des Orakelns.

In Teil III (»Heilende Erdmagie«) kommt das Ganze zur praktischen Anwendung. Hier zeige ich Ihnen, wie Sie mit diesen Prinzipien und Praktiken arbeiten können. Ich beschreibe detailliert einzelne Zeremonien und Prozesse, die darauf abzielen, die spirituellen Ursachen von Krankheiten zu heilen. Ich biete einige einfache Zeremonien an, um Mutter Erde zu ehren, zu segnen und an Körper und Seele zu heilen. Ich beschreibe auch ein paar wichtige Punkte, die es zu beachten gilt, um zur Heilung des Planeten beizutragen und um die Konsumgewohnheiten von uns Menschenwesen zu ändern. An diesem Zeitpunkt der Evolution des Planeten müssen wir unser Möglichstes tun, um in unsere Beziehung zur Erde wieder Harmonie und Gleichgewicht einziehen zu lassen.

Ich schlage vor, dass Sie das Buch zunächst ganz durchlesen, bevor Sie sich an den Übungen von Teil III versuchen, vor allem was die fortgeschreneren Übungen betrifft. Seien Sie besonders vorsichtig, wenn Sie Erdmagie zur Heilung anderer anwenden wollen. Bevor Sie sich an die fortgeschreneren Übungen wagen, empfehle ich Ihnen sehr, sich praktische Anleitung und begleitete Erfahrungen zu verschaffen. Hinweise dazu finden Sie am Ende des Buches. Ich empfehle auch, ein Notizbuch oder ein Tagebuch zu führen, in dem Sie Ihre Gedanken, Meditationen, Reisen und Zeremonien aufzeichnen. Ich halte es für sinnvoller, sie per Hand aufzuschreiben und nicht in eine Computertastatur zu tippen, weil es eine persönlichere Art der Bewusstwerdung über Ihren Weg mit der Erdmagie ist.

Mögen die Kraft und der Segen des *Spirits* Sie bei alldem führen und begleiten!

Teil 1

Erdmagie
und alte Weisheiten
der Geistheilung

1. Kapitel

Der Preis der Zivilisation

Die Vorstellung fällt uns schwer: Wie war es, in einer intensiven, innigen Verbindung mit dem Land und all seinen Bewohnern zu leben? Gleichwohl wissen wir, dass jene, die vor uns lebten, unsere Ahnen, seit Jahrhunderten oder Jahrtausenden auf demselben Land gelebt haben. Innezuhalten und auf den Wind zu lauschen; den Geruch in der Luft zu bemerken, der Regen verkündet; über die Erde zu gehen und die Kenntnis zu haben, welche Pflanzen essbar sind und welche wir lieber in Ruhe lassen sollten; Tiere, Pflanzen und andere Erdenwesen wirklich als Verwandte zu betrachten; bei allem Lebensnotwendigen auf das Land und die Natur angewiesen zu sein ... Diese Art, mit der Natur zu leben, war unseren Vorfahren einmal selbstverständlich und ist den meisten von uns heutzutage fremd.

Der Übergang von einem nomadischen Jäger-und-Sammler-Leben zur agrarischen Gesellschaft verschaffte den Menschen zuverlässigere Nahrungsquellen, doch wer auf diese Weise den Boden bearbeitete, musste immer noch genau auf die Rhythmen der Erde und der Jahreszeiten achten. Der graduelle Übergang zu immer mehr Nahrung, die uns zur Verfügung steht, wann immer wir sie brauchen, hat in uns den Glauben geweckt, wir hätten die Kontrolle über die Geschenke der Erde. Mit dem Fortschreiten der Zivilisation nutzten die Menschen immer mehr ihre Intelligenz und Kreativität, um dem Planeten die Gaben zu entnehmen, die eine immer stärker wachsende Bevölkerung brauchte. Im Lauf der Geschichte gab es viele Erfindungen, die unsere Art zu leben radikal veränderten: von der Erfindung des Buchdrucks bis zum Auftauchen der Computertechnologie. Und mit jedem großen Fortschritt der Zivilisation haben wir immer mehr Kontrolle über unsere natürliche Umwelt gewonnen – zumindest erschien es uns so.

Die Erinnerung, wer wir sind

Im letzten Jahrhundert haben wir im Bereich der industriellen Technologie unvorstellbare Fortschritte erlebt, die unseren Alltag derart durchdringen, dass wir uns ein Leben ohne Handys und Laptops kaum noch vorstellen können. Mit dem jahrhundertelangen Fortschreiten der Zivilisation haben wir uns jedoch immer weiter von unserem wahren Wissen um die Erde entfernt und leiden unter einem anhaltenden und massiven Fall von kollektiver Amnesie. Wir haben vergessen, wer wir eigentlich sind: Kinder der Erde, unauflöslich verbunden mit allem anderen auf diesem schönen Planeten, den Gesetzen der Natur unterworfen, egal welche Überzeugungen unserem kollektiven Bewusstsein etwas anderes weismachen wollen.

Die kumulativen Auswirkungen des menschlichen Fortschritts haben uns einen sehr hohen Preis gekostet: vor allem die zunehmende Betäubung unserer sinnlichen Empfindungen, die unsere unmittelbare Verbindung zur Erde darstellen. Durch zahlreiche Süchte, Konsumgewohnheiten und eine gesellschaftliche Haltung, dass »mehr« und »größer« gleichbedeutend ist mit »besser«, haben wir unsere innige Verbindung mit der Erde immer mehr verloren.

In diesen Tagen sind wir Zeugen der dramatischen Auswirkungen dieser Illusion, dass wir die Natur irgendwie kontrollieren und an unsere Bedürfnisse anpassen könnten. Die Konsequenzen zeigen sich in den verschiedensten Bereichen: in der Erschöpfung natürlicher Ressourcen, im Artensterben und natürlich in den schrecklichen Folgen der globalen Erwärmung. Es ist offenkundig, dass der scheinbar unaufhaltsame Fortschritt der Zivilisation einen hohen Preis fordert und dass von uns Menschen ein paar radikale Veränderungen erforderlich sind, um unsere Beziehung zur Erde wieder ins Gleichgewicht zu bringen. Die heilige Aufgabe unserer Art besteht darin, Hüter der Erde zu sein, nicht die Natur so zu unterdrücken, dass sie zu unseren Bedürfnissen passt.

Das folgende Gedicht von Antonio Machado spricht von der Trauer, die sich einstellt, wenn wir zu erkennen anfangen, wie vergesslich die Menschheit war:

Eines herrlichen Tages rief der Wind
meine Seele mit dem Duft von Jasmin.

»Für diesen Duft von Jasmin
möchte ich alle Düfte deiner Rosen.«

»Ich habe keine Rosen; ich habe keine Blumen übrig
in meinem Garten … Alle sind tot.«

»Dann nehme ich das Wasser der Brunnen,
die gelben Blätter und die trockenen Blüten.«

Der Wind verging … Ich weinte und sprach zu meiner Seele:
»Was tatest du mit dem Garten, der dir anvertraut wurde?«

Wenn wir mit dieser Trauer in Kontakt kommen, ist es wichtig, nicht darin zu versinken und sich nicht von Gefühlen der Hilflosigkeit und Ohnmacht überwältigen zu lassen. Vielmehr müssen wir den Augenblick als Chance erkennen, unsere Prioritäten neu zu überdenken. Eines der wesentlichen Ziele ist es, auf allen Ebenen zu heilen – individuell, gemeinschaftlich und gesellschaftlich – sowie unsere individuelle und kollektive Beziehung zur Erde wiederherzustellen und ins Gleichgewicht zu bringen. Hier kommt die Erdmagie ins Spiel, mit ihrem Fokus auf der Heilung des innersten spirituellen Kerns, der sich dann nach außen in der materiellen Welt manifestiert. Wenn diese tiefe Heilung in jedem von uns stattfindet, erwecken wir nicht nur in uns die Erinnerung daran, wer wir wahrhaft sind, und erwachen langsam aus der tiefen kulturellen Trance, in der wir steckten, sondern wir wirken selbstverständlich auch auf unsere Umwelt auf eine mehr lebensförderliche Weise.

Erwachen aus der kulturellen Trance

Diese kulturelle Trance ist eine Form der Dissoziation. Dieser Begriff aus der Psychologie beschreibt eine Form der Getrenntheit vom eigenen inneren Kern. Das Erwachen aus der kulturellen Trance kann Veränderungen der grundlegenden Überzeugungen und ein Abweichen von der gesellschaftlichen Norm erfordern. Wenn dies geschieht, erfahren Sie Neues über sich selbst und einen Wandel Ihres Selbstbildes und Ihrer Beziehung zur Erde. Im Verlauf dieses Prozesses werden Sie vielleicht alte Dogmen oder Religionen infrage stellen und gleichzeitig eine direkte, im Herzen spürbare Verbindung zur Quelle anstreben – eine, mit der Ihr inneres Selbst in Resonanz gehen kann.

Unser eigentlicher Kern besteht aus unserem Geist *und* unserem körperlichen Sein. Was den physischen Aspekt des Selbst betrifft, wollten uns viele kulturelle und religiöse Normen im Lauf der Jahrhunderte weismachen, dass unsere Zeit auf der Erde nichts als eine Station auf dem Weg zu einer großartigeren Erfahrung in einem jenseitigen Reich sei. Andere betrachten unsere irdische Existenz als Gelegenheit, die körperliche Existenz durch Erleuchtung zu transzendieren, um danach nie wieder reinkarnieren zu müssen. Leider bewirken solche Vorstellungen nicht nur eine Verstärkung der durch die Zivilisation ohnehin vorhandenen Getrenntheit von der Natur, sondern sie entfremden uns auch von den sinnlichen Wahrnehmungen unseres Körpers, der uns mit der Erde und der sinnlich wahrnehmbaren Welt um uns herum direkt verbindet.

Das physische Selbst ist gewissermaßen ein Tierleib, ein »Affenkörper«, wie ihn jemand mal nannte, ein Konglomerat von Erdsubstanzen, die durch die Lebenskraft, den *Spirit*, belebt werden. Da unser Tierleib aus Erdsubstanz besteht, sind wir durch unseren Körper sehr direkt mit dem Boden verbunden, auf dem wir gehen und stehen. Die Empfindungen und Gefühle, die aus der Mitte unseres Körpers aufsteigen, sind Hinweise auf unsere instinktiven Prozesse. Viele Menschen werden sich dieser physischen Zeichen erst bewusst, wenn sie sich in unmittelbarer Gefahr befinden und ihnen das instinktive Überlebensprogramm gebietet, zu erstarren, zu fliehen oder zu kämpfen.

Ein Ziel der Heilmethoden der Erdmagie besteht darin, uns sowohl mit unserem physischen als auch mit unserem spirituellen Selbst zu verbinden, damit wir mit der Welt um uns in Einklang leben können, damit wir unsere Umgebung nicht als Ansammlung von Objekten, sondern als fein miteinander verwobenes Netzwerk empfindsamer Wesen betrachten, von dem wir nur ein Teil sind.

Zuerst wollen wir uns einige der grundlegenden kulturellen Überzeugungen näher betrachten, die in unser Weltbild so tief eingewoben sind, dass wir sie für wahr halten. Es ist Zeit, sie mit ein wenig Skepsis unter die Lupe zu nehmen.

Tief verwurzelte kulturelle Überzeugungen

Wir konnten einige herausragende, uns das Leben deutlich erleichternde Erfindungen machen, indem wir uns im Lauf der Jahrhunderte auf verschiedene Annahmen eingelassen haben. Doch weil es derer so viele wurden, geriet unsere Beziehung zur Natur in ein kritisches Ungleichgewicht, das sich durch eine individuelle und globale Korrektur dieser Kernüberzeugungen wieder ausgleichen lässt. Es handelt sich dabei vor allem um folgende Überzeugungen:

– Menschen sind die kostbarste Lebensform auf diesem Planeten. Menschenleben müssen auf jeden Fall erhalten werden – egal welchen Preis es andere Lebensformen oder die Harmonie des Planeten auch kosten mag. Sicher ist Mitgefühl für unsere irdischen Reisegefährten eine gute Sache, doch sollte es sich nicht auf andere Menschen beschränken. Wie bereits erwähnt, sind wir im großen Lebenszusammenhang nur eine Art unter vielen, und es wird höchste Zeit, dass wir uns daran erinnern. Bei vielen Naturvölkern herrscht die kulturelle Überzeugung, dass alle Lebewesen miteinander verwandt sind und keine Art der anderen überlegen ist. Vielfach werden andere Lebewesen auch direkt als Bruder, Schwester, Großmutter oder Großvater angesprochen und man redet vom »Volk der Bäume« oder vom »Volk der Steine«.

Während des letzten Jahrhunderts haben wir es geschafft, die Lebenserwartung von 47 Jahren im Jahr 1900 auf fast 78 Jahre im Jahr 2005 zu erhöhen – eine enorme Leistung! Darüber hinaus hat sich in den Industrienationen in vielerlei Hinsicht der Lebensstandard erhöht und manche meinen, dass wir bei der Armutsbekämpfung sehr gute Fortschritte machen. Doch wenn ich durch unsere Innenstadt gehe, beobachte ich, wie die meisten Leute hasten, laut in ihr Handy sprechen oder mürrisch in die Gegend schauen. Das beweist natürlich nichts, aber ich frage mich, ob all dieser Fortschritt uns wirklich glücklicher gemacht hat.

– Gott hat uns zu Herren über die Erde und alle ihre Lebewesen gemacht. Wie bereits erwähnt, erweist sich die Überzeugung, dass wir hier sind, um über die Erde zu herrschen, nicht nur für uns Menschen, sondern auch für viele andere Lebewesen als ungesund. Eine alternative Perspektive könnte sein, dass wir als Hüter der Erde bestellt sind, dass es unsere Aufgabe ist, auf die Erde mit all ihren Kindern zu achten und alles in unserer Macht Stehende zu

tun, um zwischen unserem Geben und Nehmen ein Gleichgewicht zu bewahren. Wenn wir den gegenwärtigen Zustand des Planeten betrachten, ist klar, dass wir unsere Aufgabe nicht besonders gut erfüllen. Wir haben Herrschaft mit Kontrolle gleichgesetzt. Diese tief verwurzelte Überzeugung geht Hand in Hand mit der Idee, dass unsere Art wichtiger sei als andere Arten.

– *Menschen sind die intelligentesten Wesen auf dem Planeten.* Malidoma Somé, ein afrikanischer Lehrer aus Burkina Faso und Autor von *The Healing Wisdom of Africa*[1], berichtet, sein Volk sei überzeugt, dass es auf der Erde drei Ebenen von Intelligenz gibt: Die intelligentesten Wesen sind die Pflanzen, die zweitintelligentesten sind die Tiere – und wer rangiert wohl an der dritten Stelle? Genau: die Menschen. Natürlich kommt es darauf an, wie man Intelligenz definiert, aber auf eine gewisse Art sind Pflanzen offenbar weise genug, um unter den unterschiedlichsten Bedingungen zu überleben. Auch wenn Tiere und Menschen ausgerottet wären: Die Pflanzen könnten überleben. Aber ohne Pflanzen würde es weder Tiere noch Menschen geben.

– *Gott ist von den Menschen und allem anderen auf diesem Planeten getrennt.* In meiner Kindheit spielte Religion zwar keine besonders große Rolle, trotzdem nahmen mich meine Eltern jeden Sonntag mit in die Kirche und in die Sonntagsschule. So hatte ich im Alter von etwa sieben Jahren ein Bild von Gott als einem wahrlich riesengroßen Kerl mit enorm langem Bart und einer unglaublichen weißen Haarmähne, der irgendwo da oben in den Wolken thront. In der jüdisch-christlichen Tradition ist dieses Bild nicht ungewöhnlich. In der individuellen kognitiven Entwicklung entstehen bei Kindern etwa dieses Alters aus den Geschichten, die sie gehört haben, konkrete Vorstellungen eines Schöpfers. Wären wir

[1] Von Malidoma Patrice Somé auf Deutsch erschienen: *Vom Geist Afrikas: Das Leben eines afrikanischen Schamanen. – Die Weisheit Afrikas: Ritual, Natur und der Sinn des Lebens. – Die Kraft des Rituals: Afrikanische Traditionen für die westliche Welt.* (Anm. d. Red.)

im antiken Rom aufgewachsen, hätte man uns nicht von *einem* Gott erzählt, sondern von vielen Göttern und Göttinnen, und wir hätten entsprechende Bilder entwickelt.

Diese Bilder sind tief im kollektiven Bewusstsein des industrialisierten Westens verankert und liegen auch anderen Hauptreligionen zugrunde. Es scheint so, als ob die Menschen, die dieses Bild von ihrem Schöpfer haben, in einem moralischen Bewusstsein verharren, das dem eines Kindes im Alter zwischen zwei und sieben Jahren entspricht. Da gibt es eine klare Unterscheidung zwischen Gut und Böse, Richtig und Falsch. Wenn wir böse oder falsche Dinge tun, wird uns Gott strafen, aber wenn wir gut und richtig handeln, wird uns Gott belohnen, spätestens nachdem wir gestorben sind. Dann erwartet uns ein herrliches Paradies im Himmel, wo Gott wohnt, getrennt vom Leben hier auf Erden. Vielen von uns ist diese Vorstellung so selbstverständlich geworden, dass es kein Problem mehr darstellt, von der Erde zu nehmen, was wir können: Schließlich ist all dies ohnehin vergänglich. Die eigentliche Herrlichkeit erwartet uns im Jenseits.

– All die industriellen und technologischen Erfindungen sind für unser Überleben in der heutigen Welt unbedingt notwendig. Fast jede der wesentlichen menschlichen Erfindungen hat uns nicht nur gezwungen, unsere Lebensweise zu verändern, sondern sich auch zu einer Grundvoraussetzung für die zivilisierte Welt entwickelt. Die Produkte solcher Innovationen, wie die Druckkunst oder das elektrische Licht, haben sich allmählich derart in unserem Weltbild verankert, dass sie uns im täglichen Leben unersetzlich erscheinen. Auch wenn Menschen, die nach 1990 geboren wurden, es sich kaum noch vorstellen können: Es gab tatsächlich eine Zeit ohne Handys, Computer oder Fernseher! Und selbst für uns, die wir früher geboren wurden, ist der Alltag ohne diese Dinge kaum noch denkbar.

Ich erinnere mich, wie ich mein erstes Handy bekam. Ich schwor mir, es nie während des Autofahrens zu benutzen. Das hielt ich ungefähr drei Wochen lang durch, dann begann ich, auf meiner Fahrt zur Arbeit, die etwa eine Viertelstunde dauerte, Telefonate zu erledigen. Schließlich konnte ich die Zeit, in der ich mehr oder weniger automatisch immer die gleiche Strecke fuhr, auf diese Weise wenigstens sinnvoll nutzen. Nach einigen Monaten war es mir selbstverständlich geworden, mal eben meinen Anrufbeantworter abzuhören, Klienten zurückzurufen oder ein wenig mit Freunden zu schwatzen. So war mir der Weg nicht mehr so langweilig. Aber eines Morgens auf dem Weg zu meiner Praxis kam es, wie es kommen musste: Ich hatte mein Handy vergessen!

Zuerst blieb mir vor Schreck schier das Herz stehen. Meine Konditionierung war so stark geworden, dass ich reagierte, als wäre ich angesichts feindlicher Raubtiere meiner einzigen Waffe beraubt. Doch nach wenigen Augenblicken erkannte ich die Absurdität meiner Reaktion. Ich hatte mein Handy vergessen – das war kein Weltuntergang. Zwar hatte sich mir die Gewohnheit eingeprägt, während des Fahrens zu telefonieren, aber ich merkte, dass ich ohne das Telefon nicht nur überleben, sondern auch die Fahrt zur Praxis ganz anders genießen konnte, ohne dass ein Teil meiner Aufmerksamkeit an dieses elektronische Gerät an meinem Ohr gebunden war.

Übung: Erkundung Ihrer Überzeugungen

Nehmen Sie sich ein wenig Zeit, um über die erwähnten Überzeugungen nachzusinnen. Erkennen Sie eigene Konzepte wieder? Woher haben Sie diese? Erinnern Sie sich an Erfahrungen, die diese Konzepte bestärkten? Welche Gefühle bemerken Sie dabei? Notieren Sie all Ihre Gedanken und Gefühle in Ihrem Tagebuch.

Als Nächstes wollen wir uns anschauen, wie die Erweiterung des spirituellen Bewusstseins der letzten paar Jahrzehnte eine andere Art der Beziehung zum Schöpfer und zur Schöpfung hervorge-

bracht hat. Das neue spirituelle Paradigma ist weniger ausschlie-
ßend und beruht mehr auf direkter Offenbarung als auf Doktri-
nen, Traditionen oder Vermittlern, die den Kontakt zur göttlichen
Kraft ermöglichen – jener Kraft, die so viele Namen hat und die
doch die einzig wahre Quelle ist.

2. Kapitel

Persönliche spirituelle Kompetenz

Zu diesem Zeitpunkt der Menschheitsgeschichte erleben wir eine Evolution des Bewusstseins, vor allem im Hinblick auf unsere spirituellen und religiösen Philosophien und Praktiken. Es scheint, als ob immer mehr Menschen einen individuelleren und erfahrungsbezogeneren Ansatz auf Fragen suchen, die traditionell von den Religionen beantwortet werden. In den letzten Jahrzehnten hatten wir die Möglichkeit, aus einer großen Bandbreite von religiösen und spirituellen Traditionen auszuwählen. Ich nenne es gerne »Feinschmecker-Spiritualität«: Wir dürfen uns aus einem reichhaltigen Büfett von Glaubensrichtungen und Überzeugungen jenes aussuchen, was uns am bekömmlichsten erscheint. Diese Art von Feinschmecker-Spiritualität hat nicht die historische Tiefe der traditionellen Religionen, doch aus der Synthese ergeben sich viele einzigartige Mischungen.

Wie bereits erwähnt, ist auch unser Gottesbild im Wandel: von einem Gott (oder der Quelle) im Außen hin zu einem Ansatz, der den direkt erfahrbaren Kontakt mit dieser Quelle einbezieht. Natürlich könnte das von den organisierten Religionen, die sich in Bezug auf Gott als allein maßgebliche Instanz begreifen, als bedrohlich empfunden werden. Die hierarchische Struktur dieser Institutionen erfordert, dass die Mehrheit der Anhänger einen Vermittler in Person des Pfarrers oder Priesters braucht, der dem Individuum den Willen Gottes übermittelt.

Viele Glaubenssysteme leugnen auch, dass die Lebenskraft in anderen als den Menschenwesen wirksam ist, und behaupten, der

35

Sinn des Lebens bestehe darin, dem ethischen Verhaltenscode ihrer Doktrin zu folgen, um im Jenseits dafür belohnt zu werden. Viele dieser Systeme üben ihre Macht durch Angst aus. Vielleicht war das zu einer gewissen Zeit sinnvoll, um eine aufsässige Bevölkerung in Schach zu halten und den immer dichter zusammenlebenden Menschen Verhaltensrichtlinien zu geben. Doch in der heutigen Zeit suchen viele nach positiveren Formen der Spiritualität: mehr nach Richtlinien und Strukturen, weniger nach vorgegebenen Dogmen. Neben den ethischen Maßstäben dieser religiösen und spirituellen Praktiken verlangt es sie nach direkter Erfahrung des Göttlichen.

Egal ob Sie sich als Bestandteil dieser etablierten Institutionen fühlen oder ob Sie zu einer eigenen Synthese von spirituellen Überzeugungen gelangt sind: Ich möchte Sie ermutigen, Ihrer eigenen spirituellen Kompetenz zu vertrauen. Das will auf keinen Fall irgendwelche traditionellen Glaubensrichtungen ausschließen, sondern Ihr Denken nur dahingehend erweitern, dass es auch andere Formen des Glaubens einbeziehen kann. Ein Gefühl der Zugehörigkeit und der Gemeinschaftlichkeit kann ein wichtiger Aspekt sein, um sowohl einer traditionellen Religion anzugehören als auch an heiligen Ritualen teilzunehmen, die jahrhundertelang praktiziert wurden und uns damit in einer sich rapide verändernden Welt ein Gefühl der Beständigkeit vermitteln.

Mitten in den dramatischen Veränderungen, die auf unserem Planeten und in uns selbst vor sich gehen, sehnen sich viele nach einer persönlicheren, intimeren und direkteren, spürbaren und fühlbaren Beziehung zum Schöpfer. Durch Erdmagie streben wir diese innige Verbundenheit nicht »nur« mit dem Schöpfer an, sondern auch mit allen Aspekten der Schöpfung. Durch diese Innigkeit entsteht die Erkenntnis, dass Schöpfer und Schöpfung eins sind – dass die Quelle, oder Gott, alles ist: Hell und Dunkel, Männlich und Weiblich, Erschaffenes und Zerstörtes, Tod und Auferstehung. In diesem Sinne gibt es nichts, was nicht die Quelle ist.

Die ewige Philosophie und die Perennialisten

Aldous Huxley beschreibt in seinem Buch *Die ewige Philosophie,*
erschienen 1945, eine erhellende und verständliche Annäherung
an die Spiritualität:

> [Eine] Metaphysik, die eine göttliche Wirklichkeit aner-
> kennt, welche der Welt der Dinge, des Lebens und des
> Geistes substanziell innewohnt; die Psychologie, welche die
> Seele für etwas Ähnliches, vielleicht sogar Gleiches wie die
> göttliche Wirklichkeit hält; die Ethik, die das letzte Ende
> des Menschen in ein Wissen um den immanenten und
> transzendenten Urgrund allen Seins einbettet – das Ding
> ist unvordenklich und universal. Rudimente der ewigen
> Philosophie lassen sich in den traditionellen Überlieferun-
> gen der Urvölker aus allen Regionen der Welt finden, und
> sie hat in ihrer voll entwickelten Form in jeder der höheren
> Religionen ihren Platz.[2]

Er verweist darauf, dass die indigenen Völker und ihre spirituellen Praktiken mit der ewigen Philosophie im Einklang sind
und dass Letztere auch in den mystischen Praktiken der meisten
Religionen wiederzufinden ist.

In dem Artikel »Faith Without Borders« (»Glauben ohne Grenzen«) von Jon Spayde im *Utne* Magazin (Ausgabe Januar/Februar
2008) ist zu lesen, dass die Anhänger dieser Philosophie »Perennialisten« (nach dem Originaltitel der englischen Ausgabe *Perennial
Philosophy*) genannt werden. Ihre Doktrin besagt, dass die Weisheit
der ewigen Philosophie »eine moderne Welt ablehnt, die aus den
Fugen geraten ist. Sie bezieht jedoch alle Variationen christlichen,
moslemischen und jüdischen Glaubens sowie asiatische Religionen
und indigene Überlieferungen mit ein. Die Perennialisten glau-

---

[2] Zitate in diesem Buch wurden in der Regel nach dem englischen Original
übersetzt. (Anm. d. Übers.)

ben, dass alle Religionen gemeinsam eine große Religion bilden und dass sämtliche Weisheiten einen großen Fluss der Wahrheit ergeben, zu dem alle modernen Menschen zurückkehren sollten: zur ›lebendigen Quelle‹, wie es in der Schrift heißt.«

Dieser »große Fluss der Wahrheit« führt uns zu einer Spiritualität, die andere Traditionen einbezieht, und die Philosophien, die hinter der Erdmagie stehen, sind mit dieser Sichtweise sehr gut kompatibel. Und doch ist Erdmagie vor allem ein spirituelles Heilungssystem, eines, das eine direkte und erfahrungsbezogene Beziehung zum *Spirit* erfordert, in welcher Form er uns auch immer begegnen mag. Erdmagie hat eine ähnliche philosophische Grundlage wie die ewige Philosophie, doch ihr Schwerpunkt liegt auf der direkten Offenbarung durch hilfreiche Geistwesen und Geistführer, die Leiden lindern und uns raten und heilen können, wenn wir es brauchen. Die in ihrem Kern schamanische Erdmagie tut dies durch ihre Arbeit mit Helfern aus der geistigen Welt, die als Mittler zwischen Natur und Menschenwelt wirken.

Indem Sie Ihre Weltsicht auf spiritueller, intuitiver und materieller Ebene erweitern, treten Sie mit der gesamten Schöpfung in all ihren verschiedenen Formen in Verbindung. Im Augenblick reinen Gewahrseins – dem Ort von beiden, Formlosigkeit und Form – verschmelzen Schöpfer und Schöpfung.

Probieren Sie einmal die folgende Affirmation. Wiederholen Sie sie einige Male, immer mit ein bis zwei Atemzügen Pause dazwischen, und achten Sie dabei auf Ihre Gefühle: *Schöpfer und Schöpfung sind eins.* Atmen Sie und wiederholen Sie den Satz noch ein paarmal. Probieren Sie danach die folgende Affirmation: *Schöpfer, Schöpfung und ich sind eins.* Achten Sie dabei auf Ihre Gefühle.

Wie auch immer es für Sie funktionieren mag, in diesen mystischen, magischen, egofreien Zustand zu gelangen: Es ist von vitaler Bedeutung, ihn hin und wieder zu erleben, weil er uns daran erinnert, wer wir wirklich sind. Je öfter wir diese Art von Erfahrung haben – sei es durch Meditation, Ekstase-Tanzen, schamanische Reisen oder auf andere Weise –, desto besser verankert sich die Erinnerung, wie sich das in Körper und Herz anfühlt. Je mehr solcher Erinnerungen wir in uns tragen, desto leichter wird es, in diesen Zustand außerhalb von Zeit und Raum (»Ekstase«, »Freude«, »Seligkeit« oder »Liebe« genannt) zurückzukehren und ihn in irgendeiner Ausdrucksform hier auf die Erde zu bringen.

Das ist der Schlüssel zur Erdmagie. Ich möchte betonen, dass es kein mystischer Weg ist, sondern ein Weg der Heilung. Das direkte Gewahrsein dieser ekstatischen Zustände ist wesentlich, weil sich diese Erfahrungen in praktische, irdische Heilungen umsetzen lassen, für Individuen, Gemeinschaften, Länder und für den Planeten. Sie werden sehen, dass ein Erdmagie-Praktizierender ähnlich wie ein Schamane unter anderem die Aufgabe hat, zwischen Menschheit und Natur zu vermitteln.

Übung: Ihre spirituelle Evolution

Schreiben Sie in Ihr Tagebuch etwas über Ihre frühesten Erfahrungen mit Religion oder spiritueller Praxis. Woran erinnern Sie sich? Gab es seitens Ihrer Eltern Ermutigungen – und wenn ja, welche? Haben Sie später auch andere Religionen oder Arten von Spiritualität ausprobiert? Warum interessieren Sie sich für dieses Buch und dieses Thema? Wer sind zurzeit Ihre wichtigsten Geistführer oder Begleiter aus den geistigen Welten?

3. Kapitel

Erdmagie, Schamanen und Schamanismus

Wir stecken mitten in einer evolutionären Entwicklung des menschlichen Bewusstseins: Sie ist nicht nur durch immer mehr Menschen gekennzeichnet, die ihre spirituellen Überzeugungen und Praktiken in ihren Alltag bringen, sondern auch durch eine neue Generation von Kindern. Viele dieser sogenannten »Indigo-Kinder« kommen mit einer sehr viel niedrigeren Toleranzschwelle für Täuschungen und Heuchelei auf die Welt und sind psychisch und intuitiv stark mit der unsichtbaren Welt verbunden. Besonders die sogenannten »Kristallkinder« weisen eine hohe Empfindsamkeit sowie erstaunliche telepathische und mediale Fähigkeiten auf.

Mit dieser Erweiterung des menschlichen Bewusstseins geht das deutliche Gewahrsein von dramatischen Veränderungen einher, die zurzeit auf diesem Planeten stattfinden. Immer mehr Menschen sorgen sich wegen der globalen Erwärmung, und viele sind bereit, ihren Lebensstil und ihre Konsumgewohnheiten zu ändern, um damit hoffentlich diese Entwicklung aufzuhalten und die Menschheit wieder mehr ins Gleichgewicht mit der Erde zu bringen. Es gibt große Lebensmittelmärkte wie Whole Foods Market, die keine Plastiktüten mehr anbieten, und immer mehr Menschen verwenden lieber Energiesparlampen und solare Energiesysteme. Inzwischen ist es unumstritten, dass wir Wege finden müssen, um das Erdöl, von dem unsere industrielle Gesellschaft so abhängig ist, durch erneuerbare Energiequellen zu ersetzen.

All dies sind Anzeichen dafür, dass wir uns individuell und kollektiv auf einen besonneneren und respektvolleren Umgang mit der Erde zubewegen, auf ein Leben in mehr Harmonie mit unserer Umwelt.

Das zunehmende Interesse an Schamanismus ist ein Ergebnis dieser Bewusstseinsentwicklung und der Erkenntnis, dass unsere Beziehung zur Erde aus einem empfindlichen Gleichgewicht besteht, das unserer Aufmerksamkeit bedarf. Es erfordert enorme Bemühungen, den kumulativen Effekt von Jahrhunderten menschlichen Hochmuts, einer Misswirtschaft der natürlichen Ressourcen und der Ignoranz umzukehren, doch wir müssen es mit aller Kraft versuchen. Neben dem Schwerpunkt der Heilung ist es ein wichtiger Aspekt der Erdmagie (mit ihren Wurzeln im Schamanismus), uns dieser Dinge nach und nach bewusst zu werden und unser Möglichstes zu tun, um zur Erneuerung einer ausgeglichenen Beziehung zur Erde beizutragen.

Da der Schamanismus eine wichtige Grundlage der Erdmagie ist, wollen wir uns näher damit befassen, was er eigentlich bedeutet.

Die Wurzeln der Erdmagie: Schamanismus

Immer mehr Menschen haben sich inzwischen zumindest ein wenig mit Schamanismus als einem spirituellen Heilungsweg befasst, vor allem in der Esoterik- und New-Age-Szene. Wenn man zum Begriff *shamanism* (englisch für »Schamanismus«) eine Internet-Recherche durchführt, erhält man 3.540.000 Einträge! Er hat definitiv Eingang in unsere Kultur gefunden. Ob Sie einfach mal davon gelesen haben oder ob Sie direkte Erfahrungen damit machen: Der Begriff ist in unserem Bewusstsein angelangt. In der entsprechenden Szene gibt es inzwischen alle möglichen Zwischenformen wie Schamanische Körperarbeit, Schamanisches Yoga oder Schamanische Astrologie.

Doch obwohl schamanische Praktiken inzwischen weit verbreitet und in viele andere Modalitäten eingeflossen zu sein scheinen, ist es wichtig, sich die ursprüngliche Bedeutung und Absicht des Wortes zu vergegenwärtigen. Der Begriff »Schamane« stammt von dem ewenkischen (früher »tungusisch« genannten) Wort *Saman* ab, was ungefähr »der Wissende« oder »der Weise« heißt. Die Ewenken sind ein großes sibirisches Naturvolk. Was mit diesem Wort bezeichnet wird, ist jedoch nicht an ein bestimmtes Volk gebunden, sondern taucht bei vielen indigenen Kulturen auf, auch wenn sie nie in Kontakt miteinander standen.

Als Schamanismus bezeichnen wir heute die ältesten Heilungstechniken der Menschheit. In grauer Vorzeit gab es keine Krankenhäuser, keine medizinischen Spezialisten und keine Antibiotika. Wenn man körperlich, moralisch, mental oder spirituell ein Problem hatte, ging man zu einer bestimmten Person des Clans oder des Stammes. Diese Heilerinnen und Heiler verfügten über eine besondere Fähigkeit, derentwegen sie gefürchtet und geehrt wurden: Sie konnten ihre Seelen in spirituelle Bereiche entsenden und sich dort mit Hilfsgeistern beraten, um einem Individuum, einer Familie oder einer Gemeinschaft Heilung zu bringen. (Carlos Castaneda, Autor des Buches *Die Lehren des Don Juan: Ein Yaqui-Weg des Wissens*[3], hat für diese spirituellen Bereiche den Begriff der »Nichtalltäglichen Wirklichkeit« [NAW] geprägt.)

Die Schamanen führten dann die erforderliche Zeremonie der Heilung, der Versöhnung oder der Weisung durch. Sie wurde meistens mit Gruppen abgehalten, und häufig nahm der gesamte Stamm oder das ganze Dorf an diesen Zeremonien teil.

---

[3] Weitere deutsche Titel von Carlos Castaneda sind u.a.: *Die Kunst des Träumens. – Reise nach Ixtlan: Die Lehre des Don Juan. – Das Feuer von innen. – Der Ring der Kraft: Don Juan in den Städten. – Die Kraft der Stille: Neue Lehren des Don Juan. – Das Wirken der Unendlichkeit.* (Anm. d. Red.)

Der Schamane als Vermittler

Wenn wir an Schamanismus denken, stellen wir uns meistens jemanden vor, der mit mächtigen spirituellen Verbündeten arbeitet, um andere zu heilen. Das ist auch richtig so, aber das ist nur eine der wichtigen Rollen, welche die Schamanen innehatten. In einer indigenen Gemeinschaft ist es notwendig, dass jeder genau auf seine Umgebung und auf die Anwesenheit anderer Wesen achtet. Weil Schamanen über besondere Fähigkeiten verfügen, müssen sie jedoch besonders wachsam sein. Sie galten daher auch als Vermittler zwischen der Gemeinschaft der Menschen und den anderen irdischen und geistigen Wesen der Gegend, in der die Gemeinschaft lebte.

Viele Menschen wissen nicht, dass die Hauptaufgabe der Schamanen darin bestand, das Gleichgewicht zwischen ihrer Gemeinschaft und der Natur aufrechtzuerhalten. Das war auch die Grundlage all ihres heilerischen Tuns. Indem sie das Notwendige taten, um Ungleichgewichte zu beheben, konnten sie auch Krankheiten heilen. In seinem Buch *Im Bann der sinnlichen Natur* beschreibt der Ökologe und Philosoph David Abram, wie wichtig diese Rolle für Schamanen ist, um ihre Heilungsarbeit zu erfüllen:

> In solchen Kulturen gelten Krankheiten oft als eine Art systemisches Ungleichgewicht in der kranken Person, oder bildhafter als das Eindringen einer dämonischen oder üblen Präsenz in den Körper. Manchmal gibt es solche übelwollenden Einflüsse auch in einem Dorf oder im Stamm, und diese stören dann die Gesundheit und das emotionale Wohlbefinden einzelner Mitglieder der Gemeinschaft. Solche zerstörerischen Einflüsse in der menschlichen Gemeinschaft lassen sich jedoch gemeinhin auf ein Ungleichgewicht zwischen der Gemeinschaft und dem größeren Kraftfeld, in dem sie lebt, zurückführen. Nur jene Personen, die sich durch ihre tägliche Praxis mit der Überwachung und der

Aufrechterhaltung der Beziehungen **zwischen** [Markierung des Autors] der menschlichen Siedlung und der belebten Landschaft befassen, sind in der Lage, persönliche Leiden und Krankheiten angemessen zu diagnostizieren, zu behandeln und zu heilen, die **in** [Markierung des Autors] dieser Gemeinschaft auftreten ... Der Medizinmann oder die Medizinfrau ist daher nicht in erster Linie der menschlichen Gemeinschaft verpflichtet, sondern dem Beziehungsgeflecht, in welches diese Gemeinschaft eingebettet ist – daher rühren ihre Fähigkeiten, menschliche Krankheiten zu heilen –, und dies unterscheidet sie von anderen Personen.

Abram fährt mit einer Beschreibung des Schamanen fort:

> [Er] wirkt als Vermittler zwischen der menschlichen Gemeinschaft und dem größeren ökologischen Feld. Er stellt sicher, dass es einen angemessenen Nahrungsfluss gibt, nicht nur von der Landschaft zu den Menschen, sondern auch von der Gemeinschaft zurück zur Erde. Durch seine ständigen Rituale, Trancen, Ekstasen und »Reisen« sichert er, dass die Beziehung zwischen der menschlichen Gesellschaft und der größeren Gemeinschaft aller Lebewesen ausgeglichen und gegenseitig ist und dass die Menschen nie mehr von der lebendigen Erde nehmen, als sie ihr zurückgeben – nicht nur materiell, sondern auch durch Gebete, Versöhnungen und Lobpreisungen.

Diese Art von Beziehung erfordert, dass die Schamanen das Land, auf dem sie leben, aufs Innigste kennen und eine zuverlässige Beziehung zu ihren Geisthelfern haben. Durch ihre Kommunikation mit diesen hilfreichen Geistwesen und durch ihren Rat können die Schamanen alles Notwendige tun, um eine unausgeglichene, sich womöglich in Krankheiten äußernde Beziehung zwischen ihrem Volk und seiner Umgebung wieder ins Lot zu bringen.

Der Austausch

Ein Aspekt dieser Gegenseitigkeit sah so aus, dass die Menschen für alles, was ihnen das Land schenkte, etwas zurückgaben. Zum Beispiel führten jene, die mit der Jagd betraut waren, häufig Gebete und Versöhnungsrituale durch, um die Geistwesen zu besänftigen und um Segen für die Jagd zu erbitten. Wenn der Beutezug erfolgreich war, wurde jeder Teil des Tieres nutzbringend verwendet, und man dankte der Seele des Tieres, dass es sein Leben gegeben hatte, damit die Gemeinschaft weiterleben konnte. Wenn jemand erkrankte, war die Heilungszeremonie eine Angelegenheit der ganzen Gemeinschaft, und jeder betete für den Kranken. Der Schamane arbeitete am Heilungsprozess und versuchte gleichzeitig herauszufinden, was in der Beziehung zur Natur in Unordnung war. Die Krankheit des Individuums wurde als Ausdruck dafür angesehen, dass etwas schiefgelaufen war, und sei es, dass ein kulturelles Tabu gebrochen worden war.

Sobald der Prozess abgeschlossen war, ging es darum, die Überschreitung zu erkennen und irgendwie auszugleichen. Der unter den Eskimos Grönlands aufgewachsene Knud Rasmussen befasste sich als Anthropologe Anfang des 20. Jahrhunderts ausführlich mit den Iglulik-Eskimo-Schamanen. In seinem *Bericht von der fünften Thule-Expedition*[4] stößt man auf eine faszinierende Aufzeichnung einer schamanischen Reise in die Tiefen des Meeres, um den Geist der Göttin Takánakapsãluk (auch bekannt als Sedna) zu besänftigen. Diese Göttin sorgte nicht nur für ausreichend Meerestiere, gutes Wetter und die Gesundheit der menschlichen Gemeinschaft, sie konnte auch, wenn sie wütend war, Stürme auslösen, welche die Männer von der Jagd abhielten, oder die Tiere auf dem Meeresgrund festhalten. In ihrem Zorn konnte sie den Menschen sogar die Seelen stehlen und sie krank machen.

---

[4] Siehe auch Rasmussens *Tagebuch der Thule-Fahrt : Unter Jägern und Schamanen*. (Anm. d. Red.)

Wenn Takánakapsáluk verärgert war – meistens weil Tabus übertreten wurden –, galt es als eine der wichtigsten Leistungen des Schamanen, auf den Meeresgrund zu reisen und sie zu besänftigen, damit die Menschen überleben konnten. Die Schamanen bereiteten sich auf diese gefährliche Reise vor, indem sie hinter einem Vorhang auf ihrer Schlafstatt saßen, mit nichts als Stiefeln und Handschuhen bekleidet, während die erwachsenen Mitglieder der Gemeinschaft auf der anderen Seite warteten, in Dunkelheit und Stille, mit geschlossenen Augen.

Nachdem der Schamane seine Geisthelfer angerufen hat, beginnt er seinen Abstieg mit den Worten: »Der Weg ist offen für mich«, und die Leute auf der anderen Seite des Vorhangs antworten: »So sei es!« Bald danach beginnt er mit einem Gesang, der allmählich nur noch ein Flüstern wird und schließlich ganz erstirbt. Jetzt weiß jeder, dass er auf dem Weg zur Göttin ist. Während seiner Reise begegnen ihm viele Gefahren, die er überwinden muss, um zur Wohnstatt von Takánakapsáluk zu gelangen. Davor liegt ihr Hund, der allen gefährlich ist, die ihn fürchten. Der Schamane steigt mutig über ihn hinweg, und der Hund lässt ihn in Ruhe, weil er ihn als großen Schamanen erkennt.

Wenn um die Wohnstatt der Göttin eine Wand ist, bedeutet es, dass sie wütend ist und den Menschen nicht helfen will. Der Schamane muss sich gegen die Wand werfen und sie zum Einstürzen bringen. Dann muss er sich mit ihrem Vater auseinandersetzen. Wenn er das geschafft hat, erblickt er neben der Göttin einen Teich, in dem sie all die Tiere hält, von denen die Menschen abhängig sind, darunter Seehunde, Walrösser und Wale. Schließlich erblickt er auch Takánakapsáluk, doch sie wendet ihm den Rücken zu – ein Zeichen ihres Zorns. Sie ist ganz verdreckt und unrein, Zeichen der Beleidigungen, die sie durch die Menschen erfahren hat und die sie fast ersticken. Er ergreift ihre Schulter und dreht sie, sodass sie ihn ansieht. Dann kämmt er ihr Haar und beruhigt sie. Sie erzählt ihm, warum es keine Jagdtiere mehr gibt: »Die geheimen Fehlgeburten der Frauen und die Tabubrüche durch Essen von gekochtem Fleisch versperren den Tieren den Weg.«

Der Schamane tut dann, was notwendig ist, um sie zu beschwichtigen. Wenn sie sich beruhigt hat, nimmt sie die Tiere aus dem Teich und lässt sie ins Meer zurückkehren, was als gutes Zeichen für die Jagd gilt. Der Schamane verabschiedet sich, dankt ihr überschwänglich für ihre Großzügigkeit und reist zurück zu seiner Schlafstatt hinter dem Vorhang. Nachdem er zurückgekehrt ist, bleibt er noch eine Weile still, dann bricht er das Schweigen und erzählt. Wenn ihn die Leute bitten, zu berichten, sagt er nur: »Worte werden kommen.« In der Stille gesteht jeder seine Übertretungen, es kommt zu einer Art Gruppenbeichte, die eine starke Verbindung herstellt. Der Schamane entspannt sich, wissend, dass Takánakapsáluk besänftigt und die Gefahr des Hungerns abgewendet ist.

Erdmagie und moderne schamanische Praxis

Indigene Schamanen sind enorm wertvoll. Sie haben uns sehr viel gelehrt, manche direkt, andere durch Vermittler, die bei ihnen gelernt haben. Der indigene Schamane arbeitet in einem bestimmten Kontext – in einem Stamm, in seinem Dorf oder in seiner Gemeinschaft – und da es immer weniger indigene Gemeinschaften gibt, die dem Einfluss der Zivilisation noch nicht unterworfen sind, weiß man nicht, ob der reine Schamanismus die schleichende Entwicklung unserer Zeit überleben wird.

Gleichzeitig fühlen sich jedoch immer mehr Menschen zu schamanischen Praktiken hingezogen und viele andere sind neugierig oder haben indirekt mit schamanischen Prinzipien oder Praktiken zu tun. Durch die breitere Wahrnehmung und Anerkennung dieser alten Heilungsphilosophie sind wir in der Lage, einige dieser Lehren in unsere Kultur zu übernehmen. Zum Beispiel sind sich viele Menschen inzwischen bewusst, dass Tiergeister Botschaften übermitteln und Rat und Heilung spenden, wenn die Menschen dafür offen sind. Dieses neu erwachte Interesse an alten schamanischen Praktiken kann unserem schönen Planeten und allen seinen Wesen nur zum Besten dienen.

Universeller Schamanismus

Michael Harner, Anthropologe und Autor des Buches *Der Weg des Schamanen,* beschreibt eine Reihe grundlegender Prinzipien und Techniken, die er »Core-Schamanismus«[5] nennt. Durch seine Forschungsarbeiten und Teilnahme an den schamanischen Praktiken verschiedener indigener Kulturen identifizierte er bestimmte Elemente, die es in allen Kulturen gab. Nach seiner Überzeugung erlernen viele die Basisprozesse durch die Vermittlung der Kern-Prinzipien und -Methoden und bringen damit den Schamanismus in die zeitgenössische Welt. Im Rahmen seiner Organisation The Foundation for Shamanic Studies (www.shamanism.org) haben er und seine Kollegen Hunderte von Menschen in dieser Methode ausgebildet. Manche dieser Ansätze sind auch in dieses Buch eingeflossen.

Neben der Teilnahme an Kursen der Foundation for Shamanic Studies vertiefte ich meine Erkundungen des Schamanismus durch Seminare bei einigen außergewöhnlichen Lehrern, sowohl indigenen als auch nicht indigenen. Ich erkannte einige Schlüsselelemente, die bei den verschiedenen Ansätzen ähnlich sind. Der Große Geist scheint sich durch die Menschheit zu bewegen und einige Individuen mit der Gabe zu versehen, zwischen den Welten hin und her zu wandern, um ihrer Gemeinschaft zu dienen, um Leiden zu lindern und das Gleichgewicht zwischen Mensch und Natur wiederherzustellen. Dies sollte durch die Anwendung bestimmter Methoden geschehen, denen eine gewisse Universalität gemeinsam ist; jedoch finden sie im einzigartigen Gewand

[5] Engl. *core* = dt. *Kern*

ihrer jeweiligen Kultur ihren Ausdruck. Ein Inuit-Schamane und ein Irokesen-Schamane mögen beide eine Trommel verwenden, um ihr Bewusstsein in die Lage zu versetzen, hinter den Schleier zu reisen, doch wie sie sich dabei fühlen, wie sie aussehen, singen oder tanzen, hängt von der Sprache, den Sitten, der Musik und den Traditionen ihrer jeweiligen Kultur ab.

Schamanen haben starke Beziehungen zu ihren Geisthelfern, die ihnen in der alltäglichen Welt und bei ihren Reisen in die geistige Welt zur Seite stehen. Eines der gemeinsamen Merkmale des Schamanismus in allen Kulturen ist die schamanische Reise, bei welcher der Schamane durch Trommeln, Rasseln, Singen oder Tanzen seine Seele in die geistige Welt schickt. Dort empfängt er von seinen Geisthelfern Rat und Hilfe für die Bedürfnisse Einzelner oder der Gemeinschaft.

Schamane sein – oder nicht Schamane sein

Immer wieder geschieht es bei meinen Seminaren oder bei Anrufen in meinen Radiosendungen, dass mir jemand erklärt, er sei ein Schamane; jemand habe ihm gesagt, er sei ein Schamane, oder er fühle sich berufen, Schamane zu sein. Ich verstehe und respektiere die Absicht, die dahintersteht, doch solch ein Verständnis beruht meistens auf einem begrenzten Wissen darüber, was der Begriff »Schamane« tatsächlich umfasst. Streng genommen gibt es auf dieser Erde nur sehr wenige Menschen, die sich im ursprünglichen Sinn des Begriffes »Schamanen« nennen dürfen.

In einem Artikel in *The Journal of Shamanic Practice* mit dem Titel »A Shamanic Adventure in Modern Medicine« (»Ein schamanisches Abenteuer in moderner Medizin«) zitiert Jeanne Achterberg, die Autorin von *Die heilende Kraft der Imagination,* eine Aussage des anerkannten Forschers Stanley Krippner, der auch der

Koautor von *Spiritual Dimensions of Healing*[6] und Autor anderer Veröffentlichungen ist. Dieser meint: »Es ist ein himmelweiter Unterschied, ein Schamane zu sein – was jahrzehntelange Ausbildung, Erfahrung und die Anerkennung einer Gemeinschaft erfordert –, und einfach schamanische Praktiken auszuüben. Letzteres beschreibt die Aktivitäten vieler von uns, die sich mit Trommeln, Zeremonien, Gesängen, Tänzen, Geschichtenerzählen und anderen Aktivitäten befassen, die traditionell schamanisch sind.«

Wenn Sie einige Jahre in einer indigenen Gesellschaft leben und sich mit der natürlichen Umwelt dort innig vertraut machen, während Sie der örtliche Schamane zugleich einer Ausbildung unterzieht, dann können Sie vielleicht irgendwann so einen Titel für sich in Anspruch nehmen. Ihr Lehrer hat sicherlich eine lange Linie von Vorgängern und Lehrern hinter sich: Sie haben ihm Geschichten und Methoden überliefert, die oft kollektiv die »Wege« dieses Volkes genannt werden. In der Regel sind es auch nicht die Personen selbst, die sich den Titel »Schamane« geben, sondern er wird ihnen von der Gemeinschaft verliehen, der sie dienen.

Ich will damit niemanden verunglimpfen, der diesen Begriff für sich in Anspruch nimmt; ich meine nur, dass man es nicht öffentlich von sich behaupten sollte, wenn man nicht über umfangreiche Vorbildung und Erfahrung verfügt. Selbst wenn Sie ein Zwei- oder Dreijahresprogramm bei jemandem absolviert haben, der Ihnen die Grundlagen der schamanischen Praxis vermittelt hat, sind Sie dadurch noch kein Schamane. Dieser Begriff steht für etwas viel Umfassenderes, Tieferes und Älteres, als es den meisten Menschen der heutigen Gesellschaft zugänglich ist. Er gehört zu Menschen, die mit und auf dem Land leben, in einer Kultur, deren Mitglieder seit Jahrhunderten auf dem gleichen Land leben und die von den Geistwesen der Natur gelernt haben, oder vielleicht zu Menschen,

---

[6] Von Stanley Krippner u.a. auf Deutsch erschienen: *Heilen und Schamanismus: Dokumente anderer Wirklichkeiten. – Zwischen Himmel und Erde: Spirituelles Heilen der Schamanen, Hexen, Priester und Medien. – Spirituelles Heilen: 2 wissenschaftliche Aufsätze zum Phänomen Schamanismus. – Lichtbilder der Seele: PSI sichtbar gemacht.* (Anm. d. Red.)

die von jemandem, der über umfangreiche Erfahrungen verfügt, ausführlich ausgebildet wurden. Schamanen kommunizieren mit *allen* Wesen ihres Landes. Manche davon mögen wie Tiere aussehen, andere wie Pflanzen oder Steine. Ein Schamane im traditionellen Sinn zu sein, umfasst so viel mehr als die Kenntnis von ein paar Heilungstechniken oder die Begegnung mit seinem Krafttier.

Wenn Sie eine gewisse Ausbildung durchlaufen haben, können Sie jedoch von sich sagen, dass Sie mit schamanischen Techniken arbeiten, ein schamanisch Praktizierender sind, wie wir sagen. Das bedeutet, dass Sie eine solide, zuverlässige Beziehung mit ihren Geisthelfern haben, sich in der schamanischen Reise auskennen und sich bewusst sind, dass Sie sich der Heilung im weitesten Sinn widmen wollen. Schamanisch Praktizierende müssen mit den mystischen und kosmischen Reichen vertraut sein, aber ihre Hauptaufgabe besteht darin, hier auf Erden den Wesen Führung und Heilung zukommen zu lassen – auch den Pflanzen-, Tier- und Steinwesen, um nur einige zu nennen – und alles in ihrer Macht Stehende zu tun, um zwischen Mensch und Natur für mehr Gleichgewicht zu sorgen.

Es ist wichtig, diese Traditionen und alten Verbindungen zu den ursprünglichen Schamanen zu würdigen – welche Philosophien und Methoden Sie auch kennengelernt haben. Doch um diese Praktiken ins 21. Jahrhundert zu bringen, müssen Sie sich über die Grenzen und Kontroversen um den Begriff des »Schamanen« hinausbewegen. Offensichtlich fühlen sich immer mehr Menschen zum Schamanismus hingezogen, vielleicht unter anderem auch, um sich mit der Ahnenreihe der Menschheit und der spirituellen Kraft der ursprünglichen Schamanen zu verbinden.

Angesichts all dieser Dinge suchte ich nach einem anderen Begriff, der sowohl die unglaublichen Gaben der alten Schamanen würdigt als auch das Bedürfnis nach einer zeitgemäßeren Sprache ehrt; der die Grundlagen der schamanischen Praktiken einbezieht und doch für moderne Menschen zugänglich ist. Ich habe festgestellt, dass viele dieser Methoden für praktisch jeden nützlich sind, der sich zum spirituellen Heilen hingezogen fühlt und die aufrichtige Absicht und Inspiration hat, diese Art von Praxis zu entwickeln. Da die schamanische Arbeit auch die Geistwesen der Erde mit einbezieht und mithilfe der Geisthelfer oft Wunder bewirkt werden, kam ich auf den Begriff »Erdmagie«.

Ein gutes Training ist unabdingbar, um schamanisch Praktizierender zu werden; auch für einige fortgeschrittenere Heilweisen in diesem Buch ist es unbedingt erforderlich. Doch viele der in diesem Buch beschriebenen Techniken können den meisten Menschen auch ohne formale Einweisung hilfreich sein. Wer sich berufen fühlt, mehr damit zu machen, dem empfehle ich dringend, an einem längeren Kurs oder Seminar teilzunehmen (Hinweise dazu am Ende des Buches).

4. Kapitel

DNA und Erdmagie

Wir wissen heute, dass die DNA der grundlegendste Baustein aller Lebensformen und aufs Innigste in den Meeren, Flüssen, dem Land und sogar der Luft mit dem Planeten verbunden ist. Das einprägsame Bild der Doppelhelix (der zwei miteinander verdrehten Stränge genetischen Materials, aus denen die DNA besteht) hat unsere Kultur durchdrungen und sich in unserem Bewusstsein verankert. Weil sich ein wichtiger Aspekt der Erdmagie damit befasst, wie wir unsere bewusste Verbindung zur Natur erneuern können, und weil die DNA so ein wichtiger Bestandteil dieser Welt ist (bis hin zu dem Stoff, aus dem unser Körper ist), ist es interessant, dieses faszinierende Thema aus einem anderen Blickwinkel zu betrachten. Sowohl aus Sicht der Erdmagie als auch aus wissenschaftlicher Perspektive ist klar, dass es möglich ist, auch auf dieser grundlegenden Ebene schamanische Heilarbeit zu leisten, vor allem wenn wir die Beziehungen zwischen Schlangen, Schlangenmedizin und der Doppelhelix verstehen. Mehr darüber folgt in Teil III.

DNA und die kosmische Schlange

In den letzten Jahren ist viel über die DNA geschrieben worden, sowohl aus wissenschaftlicher und biologischer Sicht als auch immer mehr aus schamanischer Perspektive. In seinem Buch *Der Weg des Schamanen* beschreibt Michael Harner eine schamanische

Reise, die er durch die Medizinpflanze Ayahuasca erlebte, während er in Südamerika in einem Indianerdorf der Conibo weilte. Bei vielen Stämmen und in vielen Dörfern des Amazonasgebietes verwenden Schamanen diese Pflanzenmedizin für ihre Reisen und ihre Heilarbeit. Harner berichtet von einer visuellen Szene, die während eines Teils seiner Reise von einer »gigantischen reptilischen Kreatur«, die vor ihm erschienen war, für ihn projiziert wurde.

> ... Zuerst zeigte es mir den Planeten Erde, wie er vor Äonen aussah, bevor es Leben darauf gab. Ich sah einen Ozean, ödes Land und einen strahlend blauen Himmel. Dann fielen Hunderte von schwarzen Punkten vom Himmel und landeten vor mir auf der leeren Erde. Ich sah, dass die »Punkte« eigentlich große, glänzende, schwarze Kreaturen waren, mit kurzen, Pterodaktylus-artigen Flügeln und großen, Wal-artigen Körpern; die Köpfe waren für mich nicht sichtbar. Sie plumpsten hin, völlig erschöpft von ihrer Reise, und ruhten äonenlang aus. Sie erklärten mir in einer Art Gedankensprache, dass sie vor etwas da draußen im Weltraum geflohen waren. Sie waren zur Erde gekommen, um ihrem Feind zu entgehen.
>
> Dann zeigten mir die Kreaturen, wie sie auf dem Planeten Leben erschaffen haben, um sich in den vielfältigen Formen zu verstecken und ihre Anwesenheit zu verbergen. Vor mir entfaltete sich in einem Rahmen und in einer Lebendigkeit, die ich unmöglich beschreiben kann, die ganze Herrlichkeit der Entstehung der Pflanzen und Tiere und aller Arten – Hunderte von Millionen Jahren an Aktivität. Ich erfuhr, dass die drachenartigen Wesen in allen Lebensformen enthalten sind, auch im Menschen.* Sie seien die wahren Meister der Menschheit und des gesamten Planeten, erklärten sie mir. Wir Menschen seien nur Behälter und Diener die-

ser Kreaturen. Aus diesem Grund könnten sie aus meinem Inneren mit mir sprechen.

In einer Fußnote fügte Harner seiner Beschreibung dieser »drachenähnlichen Kreaturen« einen Zusatz bei: »*Im Rückblick könnte man sagen, sie waren fast wie DNA, obwohl ich damals, 1961, keine Ahnung von der DNA hatte.«

Die miteinander verwundenen Schlangen

Ein anderer Anthropologe, Jeremy Narby, erzählt in seinem Buch *Die kosmische Schlange,* dass er 1985 eine längere Zeit bei den Völkern des peruanischen Amazonasgebietes verbrachte. Er nahm auch von dem alten Gebräu des Ayahuasca und erfuhr Visionen, die seinen ganzen Blick auf die Anthropologie veränderten. Zu einem gewissen Zeitpunkt seiner Reise sah Narby zwei riesige Boa-Constrictor-Schlangen. Sie begannen, »wortlos mit mir zu sprechen. Sie erklären mir, dass ich nur ein Mensch bin. Ich spüre, wie mein Denken zerreißt, und in den Rissen sehe ich die bodenlose Arroganz meiner Vorurteile. Es ist zutiefst wahr, dass ich nur ein Mensch bin, und meistens habe ich den Eindruck, alles zu verstehen. Hier jedoch befinde ich mich in einer stärkeren Wirklichkeit, die ich nicht im Geringsten verstehe und von der ich in meiner Arroganz nicht einmal glaubte, es könne sie geben.«

Durch diese Erfahrung begab sich Narby auf die Suche nach Antworten auf seine vielen Fragen, was dazu führte, dass er viele Grundannahmen der Anthropologie anzweifelte. Je mehr er seinen amazonischen Lehrer befragte, desto neugieriger wurde er, was die Beziehung zwischen Pflanzen und Menschen betraf. Der Schamane, mit dem er arbeitete, erklärte ihm letztlich, dass ihr gesamtes Wissen von den Pflanzen stamme, dass Ayahuasca die Mutter des Tabaks sei (der als Heilpflanze eingesetzt wurde) und dass die Mutter des Ayahuasca eine Schlange sei. Narby hatte auch

Harners Fußnote über seine Visionen gelesen, die ihn zusammen mit seiner eigenen Erfahrung antrieb, intensiv darüber zu forschen, wie das Wissen dieser Leute mit der DNA zusammenhängen könnte.

Er erforschte viele Kulturen, von denen einige Pflanzenmedizin verwendeten und andere nicht, und er entdeckte, dass die Bilder und Mythologien von Schlangen und schlangenähnlichen Drachen sehr weit verbreitet sind. Der Schöpfungsmythos vieler australischer Aborigines zum Beispiel erzählt, dass das Land und alle seine Wesen von der Regenbogenschlange geboren wurden.

> In der Traumzeit lag die ganze Erde im Schlaf. Nichts bewegte sich. Nichts wuchs. Eines Tages erwachte die Regenbogenschlange aus ihrem Schlummer und kam aus dem Untergrund hervor.
>
> Sie wanderte weit umher und irgendwann ermüdete sie, rollte sich ein und schlief. Sie hinterließ Spuren ihres schlafenden Körpers und ihrer gewundenen Wege. Dann kehrte sie zu dem Ort zurück, wo sie zuerst erschienen war, und rief den Fröschen zu: »Kommt hervor!«
>
> Die Frösche kamen hervor, langsam, weil ihre Bäuche mit dem Wasser erfüllt waren, welches sie während ihres Schlafs gespeichert hatten. Die Regenbogenschlange kitzelte sie am Bauch und als die Frösche lachten, lief das Wasser überall über die Erde und füllte die Spuren, die die Regenbogenschlange hinterlassen hatte. So entstanden die Flüsse und Seen.
>
> Durch das Wasser sprossen auch Gräser und Bäume. Auch die Tiere erwachten und folgten der Regenbogenschlange über das Land. Sie waren glücklich auf der Erde und alle lebten in ihren Stämmen und sammelten Nahrung. Einige Tiere lebten in den Felsen, andere auf der Ebene und wieder andere in den Bäumen und in der Luft.

Die Regenbogenschlange erließ Gesetze, denen alle gehorchen mussten, aber manche wurden aufsässig und machten Schwierigkeiten. Die Regenbogenschlange sprach: »Wer meinen Gesetzen folgt, wird belohnt werden; ich werde ihnen menschliche Form geben. Wer meine Gesetze bricht, wird bestraft und zu Stein verwandelt und nie wieder über die Erde wandern.«

Die Gesetzesbrecher wurden zu Stein und bildeten die Berge und Hügel, aber jene, die die Gesetze achteten, erhielten menschliche Form. Die Regenbogenschlange gab jedem sein eigenes Totem des Tieres, des Vogels oder des Reptils, aus dem sie entstanden waren. Die Stämme erkannten sich an ihren Totems. Känguru, Emu, Teppichschlange und viele, viele andere. Damit niemand hungern musste, bestimmte die Regenbogenschlange, dass kein Mensch sein eigenes Totem essen sollte, nur die Totems der anderen. So gab es genug Nahrung für alle.

Die Stämme lebten zusammen auf dem Land, das ihnen die Regenbogenschlange, die Mutter des Lebens, gegeben hatte, und sie wussten, dass das Land immer ihnen gehören und es ihnen niemand je nehmen würde.«[7]

Die weltweite Vielzahl und die Varianten von Schlangenmotiven und schlangenähnlichen Bildern in vielen verschiedenen Kulturen beweist, dass die Schlange tief in unser kollektives Bewusstsein eingebettet ist. Vielleicht liegt es daran, dass die DNA tatsächlich ein bewusstes Wesen ist: Allerdings unterscheidet es sich von unseren Vorstellungen einer Lebensform so grundlegend, dass wir es nicht erkennen. Wenn das wahr wäre, eröffnete es uns eine völlig andere Perspektive auf die spirituelle Annahme, dass wir alle eins sind, denn dann wären wir nicht nur energetisch alle miteinander verbunden, sondern auch physisch.

[7] Siehe www.expedition360.com/australia_lessons_literacy/2001/09/dreamtime_stories_the_rainbow.html

Schlangen und Medizin

Eine der frühesten Assoziationen einer Schlange mit Heilung finden wir in der Gestalt des hoch geschätzten antiken griechischen Arztes Asklepios oder Äskulap, der ungefähr 1200 v. Chr. lebte. Er war ein Sterblicher, doch die Legenden berichten davon, wie er von Zeus zum Gott der Medizin und der Heilung erhoben wurde. Er wird in der Regel mit einem Stab abgebildet, um den sich eine Schlange windet (Abb. 1). Heutzutage finden wir dieses Bild in den Symbolen vieler Gesundheitsorganisationen wieder, zum Beispiel der Weltgesundheitsorganisation, der Neuseeländischen Medical Association und der Kanadischen Medical Association.

Abb. 1

In etlichen Heilungstempeln, die auch medizinische Lehrstätten waren, wurden die bahnbrechenden Konzepte des Asklepios befolgt. Die Schüler, »Asklepioniden« genannt, wurden zu bedeutenden Mitgliedern der griechischen Gesellschaft. Die griechischen Bürger reisten zu diesen Tempeln, um sich heilen zu lassen, und viele glaubten, dass allein der Schlaf im Tempel genüge. Die Kranken schliefen auf dem Boden, wo ungiftige Schlangen umherkrochen.

Eine andere Version des Äskulapstabs ist der sogenannte Caduceus: Zwei Schlangen winden sich um einen kurzen Stab, der oben ein Flügelpaar aufweist (Abb. 2). Die Schlangen symbolisieren das irdische Reich und die Engelsflügel das himmlische. Von diesem Symbol gibt es auch eine frühere ägyptische Version, doch es wird meistens mit dem griechischen Gott Hermes assoziiert, der im römischen Pantheon zu Merkur wurde.

Abb. 2

Bevor es mit Hermes und Merkur verbunden wurde, taucht dieses Bild in der mythologischen Geschichte des blinden Sehers Teiresias aus Theben auf. Er traf auf zwei kopulierende Schlangen und stieß mit seinem Stab zwischen sie. Das verwandelte ihn in eine Frau. Er lebte sieben Jahre als Frau, dann ereignete sich die gleiche Situation nochmals, worauf er wieder zum Mann wurde. Diese Geschichte handelt von der transformativen Kraft der Vereinigung dieser zwei Schlangen – vielleicht ein weiterer Hinweis auf die Bedeutung der DNA. Als tierische Geistführer bringen Schlangen sowohl Heilung als auch Transformation mit sich.

Der Caduceus war der Zauberstab des Hermes, des Götterboten, der auch als Gott des Handels, der Erfindungen, des Reisens und der Kommunikation galt, aber die Medizin ist interessanterweise nicht darunter. Diese Verbindung wurde erst im 7. Jahrhundert n.Chr. gezogen, als man die Alchimisten »Söhne des Hermes« nannte. Im 16. Jahrhundert erweiterte sich das Betätigungsfeld der Alchemie dann neben der Medizin und der Pharmazie auf Chemie und Metallurgie.

Die einzelne, um den Stab gewundene Schlange mag das direkteste und am besten angemessene Symbol der Medizin sein; trotzdem haben etliche medizinische Organisationen den Caduceus übernommen, darunter auch die American Medical Association (AMA). Obwohl es von seiner historischen Entwicklung her nicht das richtige Symbol ist, hat auch das U.S. Army Medical Corps es 1902 zu seinem offiziellen Zeichen gewählt. Von da an fand es besonders in den USA als medizinisches und pharmazeutisches Zeichen weite Verbreitung.

Dies sind nur zwei Beispiele, wie die »kosmische Schlange« in Form von Symbolen unser kollektives Bewusstsein durchdrungen hat. Besonders im Fall des Caduceus, der umeinander gewundenen Schlangen, die den DNA-Spiralen so ähnlich sehen, aber auch im Mythos des Teiresias, wo die Polaritäten von Männlich und Weiblich transformiert werden, wird die große Kraft dieser Bilder deutlich.

DNA und das universelle Energiefeld

Seit James Watson und Francis Crick 1953 die Doppelhelix der DNA entdeckt haben, ist dieser elementare Baustein des Lebens ausführlich erforscht worden. Viele Hypothesen wurden entwickelt. Watson erzählt, Crick sei am 28. Februar jenes Jahres in ein Pub spaziert und habe verkündet: »Wir haben das Geheimnis des Lebens gelüftet.« In gewisser Hinsicht traf das zu. Es war eine Entdeckung mit weitreichenden Auswirkungen, sowohl im wissenschaftlichen als auch im metaphysischen Bereich.

In seinem Buch *Im Einklang mit der göttlichen Matrix*[8] zitiert Gregg Braden einige faszinierende Studien, die davon ausgehen, dass uns die DNA auf einer sehr grundlegenden Ebene verbindet. Diese Studien wurden zwar mit menschlicher DNA durchgeführt, aber man kann annehmen, dass sich die DNA aller anderen Lebensformen ähnlich verhalten würde. Seit vielen Jahrhunderten verkünden uns die Mystiker und die Überlieferungen der Naturvölker, dass wir alle in einem nicht greifbaren Gewebe des Lebens miteinander verbunden sind, und jetzt scheinen die von Gregg Braden zitierten Experimente diese spirituelle, metaphysische Vorstellung auch wissenschaftlich zu belegen.

Das erste Experiment wurde von Vladimir Poponin und seinen Kollegen von der Russischen Akademie der Wissenschaften durchgeführt und in einem 1995 in den USA erschienenen Artikel beschrieben. Poponin betitelte ihn »The DNA Phantom Effect« und legte damit den Gedanken nahe, dass die DNA über ein Energiefeld eine direkte Wirkung auf die physische Welt hat. Sein Team überprüfte die Wirkung von DNA auf Photonen (Lichtteilchen, die ein Quantum Licht repräsentieren, aber keine Masse haben). Zunächst bestimmte man die örtliche Anordnung von Photonen in einem Vakuumbehälter. Wie erwartet, waren sie zufällig verteilt.

Als Nächstes brachte man in den Behälter menschliche DNA ein. Das führte zu einer überraschenden Reaktion: Die Teilchen ordneten sich anders an; sie waren nicht mehr zufällig verteilt!

[8] Weitere Bücher von Gregg Braden sind u.a.: *Fractal Time: Das Geheimnis von 2012 und wie ein neues Zeitalter beginnt. – The God Code: Das Geheimnis in unseren Zellen. – Der Jesaja Effekt: Das verborgene Wissen von Prophezeiungen und Gebeten alter Kulturen neu entschlüsselt. – Der Realitäts-Code: Wie Sie Ihre Wirklichkeit verändern können.* (Anm. d. Red.)

Durch irgendeine unsichtbare Kraft erzeugte die DNA in den Photonen regelmäßige Muster. Braden schreibt dazu, dass eine derartige Wirkung laut der Annahmen der konventionellen Physik völlig unmöglich ist; und doch habe man in diesem kontrollierten Umfeld beobachten und dokumentieren können, wie die DNA – die Substanz, die uns ausmacht – eine direkte Wirkung auf den Quantenstoff hat, aus dem unsere Welt besteht!

Eine weitere erstaunliche und unerwartete Entdeckung ereignete sich, als die DNA wieder aus dem Behälter entfernt wurde. Die Wissenschaftler hatten angenommen, dass die Photonen wieder eine zufällige Anordnung einnehmen würden, doch sie verharrten in der neuen Ordnung, als befände sich die DNA immer noch im Behälter. Viele Fragen sind noch offen, aber es scheint, als ließe die DNA eine mysteriöse Kraft zurück, selbst wenn sie physisch nicht mehr anwesend ist, oder als nähme sie weiter Einfluss auf die Photonen, mit denen sie einmal in Kontakt war.

Dieses Experiment legt die Vermutung nahe, dass es eine Art universelles Energiefeld gibt und dass unsere Zellen und unsere DNA durch diese mysteriöse Energie Einfluss auf die Materie haben. Das entspricht jenem, was uns viele spirituelle Traditionen seit Langem sagen: Wir haben eine direkte Wirkung auf die physische Welt!

Ein weiteres, von Braden beschriebenes Experiment hat gezeigt, dass menschliche Emotionen einen direkten Einfluss auf unsere Körperzellen und ihre Funktionen haben. 1993 entwickelte die US-Armee Experimente, um herauszufinden, ob es weiterhin eine Verbindung gäbe, wenn Emotionen und DNA voneinander getrennt wären – was nach den Maßstäben der modernen Wissenschaft unmöglich ist. Die Wissenschaftler entnahmen dem Speichel eines Freiwilligen DNA, die dann im gleichen Gebäude in einen entlegenen Raum gebracht und dort in einem Behälter verwahrt wurde, in dem die elektrische Aktivität der DNA gemessen werden konnte: Man wollte bestimmen, ob sie noch auf die Emotionen des Spenders reagieren würde.

Dem Spender wurden dann verschiedene Videos gezeigt – von drastischen Gewaltbildern über Erotik bis hin zu Slapstick-Szenen –, die eine Vielfalt emotionaler Reaktionen hervorrufen sollten. Währenddessen wurde im anderen Raum die elektrische Aktivität der DNA gemessen. Beide Untersuchungsobjekte wurden mit einer atomgesteuerten Uhr überwacht. Die Ergebnisse zeigten, dass die Zellen und die DNA der Person genau zum gleichen Zeitpunkt reagierten, zu dem der Spender eine emotionale Reaktion zeigte, trotz der Entfernung, die dazwischenlag. Man arrangierte ein Nachfolge-Experiment, bei dem die Entfernung zwischen Spender und DNA 350 Meilen betrug. Mit den gleichen Ergebnissen! Es gab keine Zeitverzögerung zwischen der Reaktion des Spenders und der Reaktion der Zellen. Beide reagierten genau zur gleichen Zeit.

Daraus ergeben sich unglaubliche Schlussfolgerungen. Bei vielen Menschen, mit denen wir in Kontakt treten, findet ein Austausch von DNA statt. Wie viele Leute laufen wohl gerade mit unserer DNA durch die Gegend? Und was bedeutet das für Organtransplantationen? Ich weiß nicht, wie die Antworten auf diese Fragen lauten, aber wir können davon ausgehen, dass unsere physische Materie einen gewaltigen Einfluss auf unsere Umwelt hat, dass wir alle auf einer grundlegenden Ebene miteinander verbunden sind, dass Zellen und DNA durch dieses universelle Energiefeld ständig und unmittelbar kommunizieren und dass unsere emotionalen Prozesse unsere Zellen auch dann noch beeinflussen, wenn wir sie woanders abgegeben haben.

DNA und ein neuer Schöpfungsmythos

Wir wollen noch ein wenig weiter erforschen, was nach Harner und Narby aus dem DNA-Mythos geworden ist. Stellen wir uns also vor, wie diese »Wesen«, die wir jetzt DNA nennen, wie also diese höchst intelligente und kooperative Lebensform vor Millionen von Jahren auf die Erde kam, die damals zum größten Teil aus einem Urmeer bestand. Diese DNA-Wesen landeten im Wasser und bildeten im Lauf der Jahrtausende Kollektive – vielleicht zuerst einzellige Organismen – und dann irgendwann immer komplexere Lebensformen, die sich an die verschiedenen Phasen und Veränderungen der Ökologie auf diesem Planeten anpassen konnten. Die DNA wurde zu einem wesentlichen Bestandteil des Lebens im Ozean und war in allem: von den kleinsten Pflanzen bis hin zu den größten Organismen. Und selbst der Tod eines Lebewesens wurde zum Stimulus neuer Lebensformen.

Als das Land im Lauf der Jahrmillionen bewohnbar wurde, machten sich dort einige der Pflanzen und Tiere breit, die zuvor im Meer gelebt hatten. Sie pflanzten sich fort und entwickelten sich zu immer komplexeren Kollektiven, die sich zu Bäumen, Reptilien, Käfern, Spinnen, Vierbeinern, Geflügelten und vielen anderen Wesen ausformten. Die Winzlinge, die Zeit und Raum durchquert hatten, um auf diesem Planeten zu landen, hatten sich im Lauf der Äonen allmählich immer weiter angepasst und transformiert, hatten mutiert und sich so gründlich mit dem Material verbunden, aus dem diese Welt besteht, dass die Erde selbst zu einem lebendigen, atmenden Organismus wurde. Genau dies hat James Lovelock, Autor von *Das Gaia-Prinzip*[9], als Annahme aufgestellt. Das Leben hat nicht nur die Atmosphäre erschaffen, es reguliert diese auch durch den kontinuierlichen Austausch von Sauerstoff und Kohlendioxid.

Lovelock schreibt: »Die Gaia-Hypothese ist für all jene, die gerne gehend oder einfach stehend schauen und die Erde mit all dem Leben, welches sie hervorbringt, bestaunen und die über die Konsequenzen unseres eigenen Hierseins nachsinnen.« Die Gaia-Hypothese bietet eine andere Sichtweise auf die Erde, nicht mehr das »deprimierende Bild von unserem Planeten als einem dementen Raumschiff, das führerlos und sinnlos ewig seine Kreise um

[9] James Lovelock: *Das Gaia-Prinzip: Die Biographie unseres Planeten*. Vom selben Autor auf Deutsch erschienen: *Gaia: Die Erde ist ein Lebewesen. – Gaias Rache: Warum die Erde sich wehrt.* (Anm. d. Red.)

die Sonne zieht«. Und jetzt beginnen wir zu erkennen, dass Gaia eine Tatsache ist und keine Hypothese.

DNA und Erdmagie

Die Untersuchungen zur DNA haben eine Schatztruhe von Möglichkeiten eröffnet, die in verschiedenen Feldern erkundet werden, vor allem in der Medizin und im Bereich des spirituellen Heilens. Durch die erwähnten Experimente, den neuen Schöpfungsmythos und die Gaia-Hypothese, ist klar, dass wir nicht nur alle auf einer fundamentalen Ebene miteinander verbunden sind, sondern unser erweitertes Verständnis der DNA – sowohl aus physischer als auch aus schamanischer Sicht – enorme Konsequenzen birgt. Im 25. Kapitel beschreibe ich einen Weg der Heilung auf dieser grundlegenden Ebene des Lebens. Dabei reisen Sie mit Ihren Geisthelfern zur DNA des Klienten und führen dort mit deren Hilfe die notwendigen Reparaturmaßnahmen durch.

In Teil II werden wir einige wesentliche Prinzipien und Annahmen der Erdmagie erkunden. Wir beginnen damit, was bei jeder Art von spiritueller Heilung notwendig ist. Dann betrachten wir ein universelles schamanisches Heilungsparadigma, das in vielen schamanischen Kulturen zur Anwendung kommt und einen Eckpfeiler der Erdmagie bildet. Diese grundlegenden Elemente erweitere ich dann mit Aspekten, die jeder anwenden kann, wie dem Durchführen einer heiligen Zeremonie und der Zusammenarbeit mit Geistführern aus dem Tierreich.

Teil 2

Grundlagen
der Erdmagie

5. Kapitel

Spirituelle Heilung

Um Erdmagie und jede andere Art von spiritueller Heilung ausüben zu können, sind gewisse Grundlagen notwendig, die man ernst nehmen sollte. Um sich mit großen Mächten zu verbinden und sie zu Heilungszwecken einzusetzen, bedarf es eines Verhaltenskodex, und jeder, der diesen Weg geht, sollte sich bemühen, die für spirituelle Heilung wichtigen Qualitäten bestmöglich zu verkörpern.

Ethik

Ich erinnere mich daran, eine Fernsehsendung über die neuen Heiden gesehen zu haben. Eine der Ausübenden wurde gefragt, welche Ethik ihre Religion habe. Sie antwortete: »Tue, was du tust, und schade niemandem.« Ich mag die Schlichtheit dieser Aussage; es ist auch das Credo von jedem, der Erdmagie ausübt oder einen anderen Heilungsweg geht.

Die folgenden Richtlinien sind für alle relevant, die Erdmagie praktizieren wollen:

1. Vor allem: Schade niemandem. Wenn Sie die drei folgenden Regeln beherzigen, ist es auch sehr unwahrscheinlich, dass Sie Schaden anrichten:

*2. Kenne deine Stärken **und** deine Grenzen.* Vielleicht bewirken Sie viel Gutes im direkten Handauflegen, aber bei Ihren Fernheilungen passiert nicht so viel. Es ist in Ordnung, Anfragen abzulehnen, die sich auf Gebiete beziehen, in denen Sie sich nicht so kompetent vorkommen. Als Psychotherapeut fühlte ich mich sehr fähig, mit männlichen Jugendlichen zu arbeiten, aber nicht mit weiblichen. Ich beriet gerne Paare, aber bei Familien fühlte ich mich nicht so wohl.

3. Eine angemessene und ausreichende Ausbildung ist unersetzlich. Dies ist unabdingbar. Ein Wochenendseminar in Schamanismus macht Sie nicht zum Schamanen. Der inspirierende Traum, dass Sie eigentlich eine große Heilerin sind, reicht genauso wenig aus.

4. Hole dir Unterstützung, wenn du sie brauchst. Seien Sie bereit, sowohl bei der Arbeit mit anderen als auch, wenn es um Sie selbst geht, andere Menschen um Rat und Hilfe zu bitten und einen Klienten notfalls an jemand anderen zu überweisen.

Wichtige Merkmale spiritueller Heiler

Unabhängig davon, welche Art spirituellen Heilens Sie bei anderen anwenden: Es beginnt immer mit der Beziehung, die Sie mit Ihren Geisthelfern haben. Diese Beziehung muss gut und zuverlässig verankert sein, egal ob es sich dabei um Krafttiere, Ahnen, Erzengel, Aufgestiegene Meister, Gott, den Großen Geist, die Quelle, Jesus, Buddha oder irgendein anderes Geistwesen handelt. In der Erdmagie arbeiten wir meistens mit einem Geistwesen in menschlicher Form oder zumindest mit einem Krafttier, aber wir sind nicht darauf beschränkt.

Je mehr ein Heiler über die folgenden Qualitäten verfügt, desto effektiver werden seine Behandlungen sein:

– *Wisse, dass du ein Vermittler bist.* Es muss Ihnen ganz klar sein, dass Sie ein Kanal sind, ein Medium für spirituelle Kräfte, die durch Sie hindurch wirken und Sie zu einem Instrument des *Spirits* machen. Manche Heiler sagen, nicht *sie* seien es, die die Arbeit machen. Das stimmt in gewisser Weise, doch es bedarf seitens des Heilers einer klaren Absicht und der Bereitschaft, da zu sein und zu tun, was zu tun ist. Sie müssen die Behandlung vorbereiten, geistig, seelisch und körperlich präsent sein, Ihre vertrauten Geisthelfer herbeirufen und sie bitten, durch Sie hindurch zu wirken, um den Klienten oder die Gruppe zu heilen.

Die Schwierigkeit besteht darin, zu erkennen, wann der *Spirit* wirklich durch Sie hindurch wirkt. Wenn ich mit schamanischer Heilarbeit beginne, gibt es immer noch einen Teil von mir (zum Glück nur etwa zwei Prozent), der sich nicht sicher ist, ob ich mich wirklich zur Verfügung stelle oder ob ich es nur erfinde. Nach ein paar Minuten wird die Stimme leiser und ich befinde mich in einem Zustand, den ich die »Zone« nenne. In diesem Zustand bin ich mir ganz sicher, dass nicht mein gewöhnliches Selbst am Werk ist, sondern dass ich mich vom *Spirit* bewegen lasse und dass geschieht, was immer geschehen soll. Meine Hände bewegen sich und manchmal murmle ich Worte in einer Art schamanischer Sprache. Ich weiß, dass es die Stimme des Geisthelfers ist, den ich »Großvater« nenne, und auch wenn ich nicht genau weiß, was die Worte bedeuten, verstehe ich sie. Wenn ich das, was geschieht, anzweifle, statt mich den Anweisungen meiner Geisthelfer anzuvertrauen, weiß ich, dass es mein Ego-Denken ist, das den Heilungsprozess behindert. Ich schiebe diese Gedanken schnell beiseite und begebe mich zurück in die »Zone«. Es ist ein kontinuierlicher Prozess der Hingabe, doch gleichzeitig erfordert er ein sehr aktives Aufrechterhalten der Heilungsabsicht für den Klienten, die Gruppe oder die Gemeinschaft.

Das bringt uns zum nächsten Faktor: Glauben.

– *Sei voller Glauben und Vertrauen.* Glauben bedeutet, in absolutem und vollständigem Vertrauen zu sein. Man beginnt mit einer Überzeugung, fügt eine starke Portion Vertrauen sowie eine gute Erfahrungsgrundlage hinzu und erhält Glauben: Überzeugung und Vertrauen, die auf Erfahrung beruhen. Die Grundlage des Glaubens ist die Überzeugung, dass es eine höhere Macht gibt, wie auch immer Sie sie nennen wollen, und die Bereitschaft, der größeren Weisheit dieser höheren Macht zu vertrauen. Je öfter Sie diese Erfahrung machen, desto tiefer wird Ihr Glaube, und trotz all der Schwierigkeiten, denen Sie vielleicht begegnen, und trotz Ihrer Voreingenommenheiten entwickeln Sie allmählich das Empfinden, dass das Leben weiß, was es tut. Es gab ein paar Situationen in meinem Leben, wo ich meinen Schöpfer auf Knien gebeten habe, mir zu helfen, um das durchzustehen, was ich gerade erlebte. Im Rückblick kann ich erkennen, wie diese Erfahrungen dazu beigetragen haben, mich zu dem zu machen, der ich heute bin. Ich habe ein Zitat von Philip Yancey gefunden, das genau diesen Gedanken zum Ausdruck bringt:

> *»Glauben bedeutet,*
> *im Voraus zu vertrauen,*
> *dass etwas im Nachhinein einen Sinn ergeben wird.«*

Harrison Owen, Autor von *The Power of Spirit*[10], fasste die Grundlagen dieses absoluten Vertrauens in die Weisheit des Schöpfers in seinen sogenannten »Vier unabänderlichen Gesetzen des *Spirits*« zusammen. Sie lauten:

1. Wer auch immer anwesend ist – es ist genau der Richtige, um jetzt anwesend zu sein.
2. Wann immer es beginnt – es ist genau der richtige Zeitpunkt.
3. Was auch immer geschieht – es ist das Einzige, was jetzt geschehen konnte.
4. Wenn es vorbei ist, ist es vorbei.

[10] Von Harrison Owen sind auf Deutsch erschienen: *Erweiterung des Möglichen: Die Entdeckung von Open Space. – Open Space Technology. – Raum für den Frieden. – The Spirit of Leadership: Führen heißt Freiräume schaffen.* (Anm. d. Red.)

Ich empfehle Ihnen, die Regeln auf ein Stück Papier zu schreiben und irgendwo aufzuhängen, wo Sie sie sehen, wenn Ihr Glaube geprüft wird. Ich habe sie mir auch an die Wand gehängt, um mich immer wieder an sie zu erinnern. Es gab Momente, in denen ich sie nicht glauben wollte – besonders das dritte Gesetz: »Was auch immer geschieht – es ist das Einzige, was jetzt geschehen konnte.« Es gab Zeiten, in denen ich meinte, besser zu wissen, wie die Dinge sein sollten. Dann half es mir, dass mich diese Gesetze gleichsam von der Wand aus anstarrten und mich auf die grundlegenden Wahrheiten hinwiesen.

Das erinnert mich an eine Aussage von Albert Ellis, dem Psychologen und Begründer der rational-emotiven Verhaltenstherapie, der mit seinem heiseren Ostküstenakzent einst in einer Vorlesung sagte: »Alle Neurosen sind einfach erwachsene Formen des Jammerns und Schmollens.« Das war seine Version dieser Grundsätze. Ein bisschen schroff, aber nicht ganz unwahr.

Es gibt jedoch auch die Schattenseite des echten Glaubens: den sogenannten »blinden Glauben«. Wenn wir alles Unterscheidungsvermögen außen vor lassen, unser instinktives Wissen ignorieren und statt unserem Bauchgefühl nur einer Idee trauen, kann das zu schwerwiegenden Konsequenzen führen. Es gibt einige allgemein bekannte historische Begebenheiten, wo die Massen einem Führer blind gefolgt sind und dabei untergingen. Meine wundervolle Freundin und Mentorin Joan Oliver, mit der ich vor einigen Jahren gearbeitet habe, verglich es mit der Begegnung mit einem Guru. »Wenn du auf einen Guru triffst, der sich tatsächlich für einen Guru hält, dann leg besser den Rückwärtsgang ein!«, empfahl sie. »Wenn du jedoch jemandem begegnest, der weiß, dass er sich nur als Guru verhält, dann bleib und hör zu, was er zu sagen hat.«

– *Sei zuversichtlich.* Dies ist für Heilerinnen und Heiler besonders wichtig. Wenn Sie sich ganz darüber im Klaren sind, dass die Kraft des *Spirits* durch Sie hindurch wirkt, und Sie an das glauben, was Sie tun, dann sieht der nächste Schritt so aus, dass Sie alles, was Sie tun, mit Zuversicht und Bestimmtheit erfüllen. Geschieht dies, dann werden die betroffenen Klienten oder die Gemeinschaft sehr viel empfänglicher sein. Zuversicht ist nicht mit Arroganz oder Dünkel zu verwechseln; hier ist vielmehr eine gewisse Selbstsicherheit gemeint, die auf Ihrem Vertrauen auf Ihr Wissen und Ihre Erfahrungen beruht. Wenn Zweifel aufkommen, behalten Sie sie für sich – es sei denn, Sie sind sich sicher, dass Sie das Erforderliche nicht leisten können. Der Zweifel kann sonst leicht die Heilung des Klienten stören, weil das möglicherweise seine eigenen Zweifel nährt. Verhalten Sie sich zuversichtlich, und Sie werden überrascht sein, wie schnell Sie es dann wirklich sind.

Es ist für den Empfänger einer spirituellen Heilung nicht erforderlich, alles blind zu glauben, aber eine gewisse Bereitschaft zur Offenheit ist sicherlich hilfreich. Idealerweise nimmt der Klient die Arbeit, die getan wird, ohne Vorurteile, aber auch ohne blindes Vertrauen entgegen. In den Workshops und Trainings, die ich leite, empfehle ich den Teilnehmern, wie gute Wissenschaftler an die Sache heranzugehen, nach dem Motto: Ich probiere das jetzt mal und dann werde ich sehen, was passiert. Wenn Sie nicht zögerlich und unsicher, sondern mit einer zuversichtlichen Haltung ans Werk gehen, weckt das im Klienten Vertrauen und fördert damit die Heilung. Wenn die Heiler zuversichtlich sind, kommt das auch in dem Fluss der spirituellen Kraft, der durch sie hindurchfließt, zum Ausdruck.

– *Sei herzzentriert:* Heutzutage ist allgemein bekannt, dass das Universum und alles, was darinnen ist, durch ein Energiefeld zusammengehalten wird. Die Quantenphysik hat es bewiesen. Die Vorstellung, dass wir alle Teile des gleichen Energiefeldes und unzertrennbar miteinander verbunden sind, wird in vielen spirituellen Traditionen seit Jahrtausenden weitergegeben. Heute bestätigen auch die Quantenphysiker und andere Wissenschaftler, was die Mystiker längst wissen.

Dieses Energiefeld besteht aus elektrischer und magnetischer

Energie. Gregg Braden beschreibt in seinem Buch *Der Realitäts-Code*, wie das Modell des Atoms, mit dem die meisten von uns aufgewachsen sind und das aus mehreren winzigen Objekten wie Protonen, Neutronen und Elektronen besteht, heute durch das Modell des Quantenatoms als einem Bündel sich ständig verändernder Energien ersetzt werden muss. Wichtig dabei ist, dass

diese Energie ... zu Teilen aus elektrischen und magnetischen Feldern besteht – *den gleichen Feldern, die wir in den Gedanken unseres Gehirns und den Überzeugungen unseres Herzens erzeugen* [Hervorhebung durch den Autor]. Mit anderen Worten: Die universalen Erfahrungen, die wir als Gefühle und Überzeugungen kennen, sind Bezeichnungen für die Fähigkeit unseres Körpers, unsere Erfahrungen in elektrische und magnetische Wellen umzusetzen.

Braden erklärt weiter: Wenn sich entweder die elektrischen oder die magnetischen oder beide Felder des Atoms verändern, dann verändert das die Art, wie es sich verhält und wie es sich als Materie zeigt. Wenn sich das Atom verändert, wandelt sich unsere Welt.

Das bedeutet, die materielle Wirklichkeit wird durch elektrische und magnetische Energien beeinflusst. Braden zitiert Studien des HeartMath-Instituts, denen zufolge elektrische Signale des Herzens bis zu 60-fach stärker sind als die Signale des Gehirns, und das magnetische Feld ist sogar 5000-fach stärker!

In der Metaphysik ist es allgemein bekannt, dass unsere Gedanken und Überzeugungen unsere Wirklichkeit erschaffen. (Das soll nicht heißen, dass ausnahmslos jeder Gedanke ein Potenzial zur Manifestation habe, doch das Potenzial tief sitzender Überzeugungen und sich wiederholender Gedanken ist erheblich größer.) Darin liegt gewiss Wahrheit, doch meistens wird außer Acht gelassen, welche Rolle das Herz dabei spielt: Es verfügt ja über messbar mehr magnetische und elektrische Energie als das Gehirn. Das legt den Gedanken nahe, dass wir, wenn Herz und Hirn die gleiche

Art von Energie aussenden – Liebe, Angst, Mitgefühl, Traurigkeit etc. –, auf unsere Welt einen viel größeren Einfluss ausüben, als uns bewusst ist.

Das ist das tiefere Geheimnis der Manifestation: Nicht nur zu sehen oder zu bestätigen, was Sie sich wünschen, sondern auch zu spüren, wie es sich anfühlt, wenn es in der materiellen Welt existent ist. Es sehen, hören und vor allem fühlen – und es wird so sein.

Im Hinblick auf spirituelles Heilen spielt das eine ganz besondere Rolle. Wenn unsere Überzeugung positiv ist, wenn wir zum Beispiel den Klienten bereits geheilt sehen, und wenn unser Herz die Energie von Mitgefühl ausstrahlt, dann verstärkt sich die Effektivität der Heilungsarbeit um ein Vielfaches. Den Forschungsergebnissen des HeartMath-Instituts zufolge erstreckt sich das Energiefeld unseres Herzens zwar nur etwa zweieinhalb Meter um uns herum, doch da wir letztlich mit allem, was existiert, verbunden sind, sind wir in unserer Heilungsarbeit nicht durch Raum und Zeit beschränkt – vorausgesetzt, unser Herz und unser Geist sind angemessen ausgerichtet und wir halten uns an den Rat unserer Geisthelfer. Das bedeutet, dass wir auch über Entfernungen hinweg heilen können.

6. Kapitel

Die Bedeutung von Gemeinschaft

Ich bin kein Einzelgänger. Ich genieße es, ab und zu ganz für mich allein zu sein, aber ich habe auch den enormen Wert von Gemeinschaft schätzen gelernt. Ich meine nicht nur Internet-Kommunikation, sondern denke dabei an echte, lebendige Menschen: Freunde, meine Familie, Leute, denen ich in meinen Workshops und Vorträgen begegne. Es beginnt mit meinen Kindern, deren Kindern, meinen Eltern, Neffen und Nichten, Cousinen und Cousins und den vielen Mitgliedern meiner großen Familie. Dann gibt es noch meinen Freundeskreis – manche kenne ich schon seit vielen Jahren. Darunter sind Alte, Gleichaltrige, Kinder und Jugendliche. Ich empfinde es als einen großen Segen, all diese lieben Menschen in meinem Leben zu haben und mich von ihnen geliebt zu wissen.

Während ich an diesem Buch schrieb und der Abgabetermin immer näher rückte, rief mich eines Tages meine erwachsene Nichte Debbie an und fragte, ob ich mit ihr und ihren Kindern an den Strand fahren wolle. Ich war völlig auf das Schreiben konzentriert und hatte seit Tagen quasi am Bildschirm geklebt, also zögerte ich zunächst und dachte, ich sollte weiterarbeiten. Ich hatte jedoch in den letzten Monaten, seit sich Debbie von ihrem Mann getrennt hatte, eine enge Beziehung zu ihren Töchtern Jordan, 12, Sydney, 8, und Paris, 6, entwickelt. Also sagte ich zu. Wir verbrachten ein paar Stunden gemeinsam am Strand und gingen hinterher irgendwo Abendessen. Ich schrieb an jenem Tag nicht mehr viel, aber ich genoss die Zeit mit ihnen sehr. Später am Abend ging mir der Gedanke durch den Sinn, dass ich auf meinem Sterbebett höchstwahrscheinlich nicht sagen würde: »Ich wünschte, ich hätte an diesem Tag weiter an meinem Buch gearbeitet, statt mit Debbie und den Mädchen herumzualbern.« Ich wusste, ich hatte die richtige Entscheidung getroffen, und es freute mich, zu spüren, dass ich den Kindern als Onkel zu dieser Zeit etwas geben konnte.

Bei einer anderen Gelegenheit vor einigen Jahren befand ich mich emotional und spirituell an einem Tiefpunkt des Kummers und der Niedergeschlagenheit, als innerlich das Bild auftauchte, dass ich in einem vier Meter tiefen Loch sitze. Das war eine gute Metapher; so fühlte ich mich: einsam, als Opfer, ohne Ausweg. Etwa einen Monat später lag ich an einem Samstagmorgen auf meinem Bett und dachte über mein Leben und meine Situation nach. Ich erinnerte mich an das Bild und holte es wieder vor mein inneres Auge. Als ich es näher betrachtete, erkannte ich zu meinem Erstaunen, dass an den Wänden mehrere Seile herabhingen. Ich sah nach oben und bemerkte, dass am Ende jedes Seils jemand stand, den ich liebte und der mich liebte. Ich brach in Tränen aus – Tränen der Freude und der Dankbarkeit für all die Freunde und Lieben in meinem Leben.

Es gibt viele Untersuchungen dazu, dass wir uns sehr viel schneller und nachhaltiger von emotionalem und körperlichem Stress erholen, wenn wir uns von anderen unterstützt fühlen. Wir sind nicht dafür geschaffen, allein und einsam zu leben.

Erdmagische Heilung und Gemeinschaft

In den letzten Tagen meiner psychotherapeutischen Praxis fühlte ich mich von der Struktur der Einzelsitzungen sehr eingeengt. Zusammen mit den (verständlichen) Regeln meines Berufsstands, die zum Beispiel keinen Raum für schamanische Praktiken ließen, wurde das für mich ein starker Anreiz, mich weiterzuentwickeln und diese Art von Arbeit hinter mir zu lassen. Ich hatte jedoch viel Freude an den zwei Männergruppen, die ich leitete. Dort ereigneten sich sehr kreative, starke Heilungsprozesse, und auch wenn wir sie nicht »schamanisch« nannten, standen sie doch deutlich unter dem Einfluss meiner schamanischen Ausbildung.

Natürlich gibt es Ausnahmen, aber nach meiner Erfahrung findet die wirksamste schamanische Arbeit in der Gruppe statt – und sei sie noch so klein –, wo jene, die der Klient kennt, Zeugen der Heilung sind. Nachdem ich das erkannt hatte, bestand ich bei meinen schamanischen Arbeiten meistens darauf, dass andere aus dem sozialen Umfeld meines Klienten dabei waren. Es hat sich immer wieder als höchst wirksam erwiesen, Zeugen und zusätzliche Unterstützung zu haben.

Stanley Krippner hat eine Langzeitstudie über spirituelles Heilen und besonders über Schamanismus durchgeführt. In dem Artikel »Conflicting Perspectives on Shamans and Shamanism: Points and Counterpoints« [»Widersprüchliche Ansichten über Schamanen und Schamanismus: Argumente und Gegenargumente«] geht er aus Sicht der Sozialpsychologie auf die Bedeutung der Gemeinschaft ein:

> Die typische schamanische Weltsicht betrachtet Individuen in Bezug auf ihre Clans und Verwandtschaftssysteme. Das bietet einen guten Rahmen für Studien in Sozialpsychologie. Der Mensch ist ein unglaublich soziales Tier; im Gegensatz zu vielen anderen Tieren ist der Mensch weder stark noch schnell. Sein Überleben hängt also von abstrakten Problemlösungen und von Gruppenbildung ab. Wahrscheinlich gibt es für die Gruppenbildung eine genetische Grundlage, denn sie hat in der menschlichen Evolution eine wichtige Rolle gespielt ... Schamanen entwickelten Rituale, die gruppenintern Zusammenhalt, Fruchtbarkeit und Heilung förderten.

Ein weiterer Faktor spricht dafür, schamanische Arbeit in Gruppen zu machen. Ich habe Zeremonien mit bis zu 900 Teilnehmern durchgeführt. Wenn es durch Trommeln, Singen oder

Tanzen richtig aufgebaut wird, kann enorm viel Energie entstehen, die dann dem Zweck der Zeremonie dienlich ist. Ich vermute, wenn wir sie in Elektrizität umsetzen könnten, würden leicht mehrere Haushalte damit auskommen. Ich meine natürlich die geistige Energie, die durch die Teilnehmer entsteht. Wie Jesus sagte: »Wo zwei oder mehr versammelt sind, bin ich mitten unter ihnen.«

7. Kapitel

Spirituelle Ursachen von emotionalen und körperlichen Krankheiten

Wie auch immer sich eine Krankheit auf der physischen und emotionalen Ebene manifestiert: Ihre tiefste Quelle sitzt im Spirituellen. Dies ist die grundlegende Perspektive der Heilung durch Schamanismus und Erdmagie, und auf dieser Ebene wird die Heilungsarbeit durchgeführt. Während wir an den spirituellen Ursachen einer Krankheit arbeiten, kann es sinnvoll sein, manche Klienten an einen regulären Arzt, einen Psychotherapeuten oder andere Fachleute weiterzuleiten, damit sich diese um die körperlichen oder emotionalen Beschwerden kümmern. Wenn Sie sich unsicher sind, ziehen Sie andere Gesundheitsfachleute zu Rate, die neben ihrem Fachgebiet auch für den schamanischen Ansatz offen sind.

In den meisten Fällen liegen einer Krankheit aus schamanischer Sicht drei mögliche Ursachen zugrunde: Seelenverlust, Kraftverlust und spirituelle Eindringlinge oder Fremdenergien. In Teil III werde ich auf die Diagnose und Behandlung dieser Bedingungen, die sich in verschiedenen körperlichen und emotionalen Beschwerden äußern, näher eingehen.

Seelenverlust

Um zu verstehen, was mit »Seelenverlust« gemeint ist, können wir uns die Seele als holografisches Bild vorstellen. Hologramme entstehen, indem eine bestimmte Art von Film mit einem Laserstrahl belichtet wird. Sie erinnern sich vielleicht an den ersten *Star-Wars*-Film, in dem Prinzessin Leia ein holografisches Bild von sich in den Roboter R2-D2 programmiert, um den inzwischen klassischen Hilferuf »Helft uns, Obi-Wan Kenobi« zu senden.

Wenn ein kleiner Teil des holografischen Films kaputt ist, entsteht immer noch ein dreidimensionales Bild, aber es ist nicht mehr so klar. Das ist eine gute Analogie für Seelenverlust, denn auch dabei geht nicht die ganze Seele verloren, sondern »nur« ein Teil. Die betroffene Person funktioniert noch ganz gut, aber sie hat möglicherweise das unbestimmte Gefühl, dass ihr etwas fehlt. Je größer der Seelenverlust, desto ernster können die Symptome werden, zu denen unter Umständen ein Gefühl der Entfremdung, Vergesslichkeit, Lethargie, psychische Taubheit und Koordinationsschwierigkeiten gehören.

Man kann diesen Symptomen auf verschiedene Weise begegnen, doch im Heilen mit Erdmagie wenden wir uns zuerst den spirituellen Ursachen zu, die beispielsweise im Seelenverlust liegen können. Die Diagnose findet in der Regel in Form einer schamanischen Reise oder einer geführten Meditation statt. Dem kann eine Seelenrückholung durch jemand anderen oder durch den Klienten selbst folgen. Beides kann wirksam sein. Ich empfehle jedoch allen Ungeübten, sich zunächst von jemandem helfen zu lassen, der in diesem Prozess ausgebildet ist.

Im Zusammenhang mit Traumatisierungen ist die Gefahr des Seelenverlustes besonders hoch. Opfer einer überwältigenden Erfahrung neigen dazu, sich psychisch und physiologisch zu dissoziieren. Das Nervensystem wird so überreizt, dass es sich zu einem gewissen Grad abschottet. Der betroffene Mensch fühlt sich dann von seinem Körper und seinem gewöhnlichen Selbst merkwürdig entfremdet. Auf der spirituellen Ebene löst sich dann ein Teil der Seele vom übrigen Rest.

Kaum ein Mensch geht durchs Leben, ohne Erfahrungen von Seelenverlust zu machen. Man kann danach weiter effektiv leben, doch die Reintegration jener zurückgelassenen Teile ermöglicht ein vollständigeres und authentischeres Selbst. Seelenverlust entsteht nicht nur durch Trauma; manchmal geben wir auch Teile unserer Seele weg, wenn wir uns sehr an einen anderen Menschen binden, uns an jemanden »verlieren«. In romantischen Beziehungen kommt es vor, dass sich Menschen so von ihrem Partner abhängig machen, dass sie ihm ein Stück ihrer Seele geben.

Und es kann auch passieren, dass Sie – ohne sich dessen bewusst zu sein – einem anderen Menschen einen Teil seiner Seele rauben. Wenn Sie sich zum Beispiel aus Angst oder Verzweiflung sehr an jemanden klammern, vielleicht weil eine Beziehung zu Ende gegangen ist, kann das dazu führen, dass Sie einen Teil der Seele des anderen bei sich behalten.

Kraftverlust

Von Geburt an haben wir ein Krafttier. Es ist schon im Mutterleib zu uns gekommen, sodass wir vom ersten Tag an spirituell geschützt waren. In den meisten modernen Kulturen wird dieses Konzept jedoch nicht kultiviert, sodass uns unser Krafttier, unser wichtigster Schutz und Ratgeber und unsere Hauptquelle für spirituelle Kraft, wegen mangelnder Fürsorge irgendwann verlässt. Daraus entsteht ein unbestimmtes Gefühl der Ohnmacht, Niedergeschlagenheit, Unsicherheit und des mangelnden Selbstvertrauens. Es mag auch andere Faktoren geben, die zu diesen Gefühlen führen, aber auf der spirituellen Ebene steht der Verlust eines Krafttieres dahinter.

Diese Kraft kann wiederhergestellt werden, indem das Krafttier zurückgeholt wird, und zwar mittels einer schamanischen Reise. Ihr Krafttier kann aber auch einfach wiederholt in Ihrem Leben auftauchen, sowohl physisch als auch in Ihren Träumen. Wenn das Krafttier zurückgekehrt ist, gilt es, die Beziehung zu ihm zu entwickeln und zu pflegen. Sie werden verschiedene Wege kennenlernen, um Ihr Krafttier mit Liebe und Aufmerksamkeit zu würdigen. An dieser Stelle will ich nur betonen, dass es eine sehr wichtige Beziehung ist und dass Ihr Krafttier im Reigen Ihrer Geisthelfer eine ganz besondere Stellung einnimmt.

Spirituelle Eindringlinge und Fremdenergien

Im Gegensatz zu Seelenverlust und Kraftverlust handelt es sich hierbei um eine Art spiritueller Gifte oder parasitärer Energien, die sich am falschen Ort befinden. Die Bandbreite reicht von kleinen, unwesentlichen Fremdkörpern bis zu ausgewachsenen spirituellen Besetzungen. Letzteres ist äußerst selten, Ersteres jedoch weit verbreitet. Auch hier kann der betroffene Mensch gut weiterfunktionieren, doch es kann zu wiederholt auftretenden oder chronischen Symptomen wie Suchtverhalten, selbstzerstörerischen Impulsen, zwanghaften Gedanken, Wutausbrüchen oder Krankheiten kommen.

Solche geistigen Eindringlinge können auf verschiedenen Wegen in Ihr System gelangen. Michael Harner schreibt dazu in seinem Buch *Der Weg des Schamanen:*

> Kraft-Eindringlinge – wie ansteckende Krankheiten – scheinen am häufigsten in städtischen Gebieten vorzukommen, wo die menschliche Besiedelung am dichtesten ist ..., weil viele Menschen, ohne es zu wissen, die latente Kraft besitzen, andere durch Ausbrüche ihrer persönlichen Kraft zu verletzen, wenn sie in ein gefühlsmäßiges Ungleichgewicht geraten, wie zum Beispiel Zorn. Wenn wir von einer Person sagen, dass sie »Feindseligkeit« ausstrahlt, dann ist das fast ein latenter Ausdruck für den schamanischen Standpunkt.

Es ist möglich, dass Sie es kaum bemerken, wenn Sie energetisch angegriffen werden, weil es so subtil geschieht. In anderen Situationen kann es ganz offensichtlich sein, zum Beispiel wenn Sie verbal, körperlich oder sexuell belästigt werden. Fremdenergien können auch übertragen werden, wenn Sie jemand verflucht, vielleicht ohne sich dessen bewusst zu sein. Viele Leute stoßen bedenkenlos Flüche aus oder sagen Dinge wie: »Ich wünsche ihm die Pest an den Hals!« Auch Emotionen, die lange in jemandem brodeln, ohne auf gesunde Art zum Ausdruck zu kommen, sowie angestauter Stress können dazu führen, dass der Zielperson Fremdenergien verpasst werden. Die gestaute emotionale, körperliche und psychische Energie ist auch eine ideale Brutstätte für Krankheiten.

Der Erd-Schamane Jade Wah'oo Grigori lehrt, dass bei traumatischen Erfahrungen, die durch andere Menschen hervorgerufen wurden, nicht nur die Gefahr des Seelenverlustes besteht, sondern auch der Infektion mit spirituellen Parasiten. Er hat durch seine geistigen Helfer gelernt, dass es spirituelle Parasiten gibt, die sich in einem Menschen einnisten, wenn dieser geschwächt ist, zum Beispiel weil er sich gerade als Opfer eines verbalen oder körperlichen Angriffs fühlt. Dieser Parasit sorgt dann dafür, dass sich diese Person wiederum jemand anderem gegenüber gewalttätig verhält, wodurch der Parasit weitergegeben wird. So breitet sich die Gewalt immer weiter aus.

Jade ist auch davon überzeugt, dass infizierte Menschen in dem Bemühen, den Parasiten nicht weiterzugeben, oft drogen- oder alkoholsüchtig werden. Die Seele tut das zwar, um Gewaltausbrüche zu vermeiden, doch oft zerstört sich der Mensch dabei selbst.

Trauma und Posttraumatische Belastungsstörungen (PTBS)

Für die Arbeit mit Klienten und möglicherweise auch an sich selbst kann es hilfreich sein, die Dynamik von Traumata zu verstehen. Heutzutage ist es fast unmöglich, ohne traumatische Erlebnisse durchs Leben zu gehen. Manche davon heilen rasch, aber andere haben körperliche, psychologische, emotionale und spirituelle Konsequenzen.

Wenn wir etwas erleben, das unser Nervensystem überfordert, reagiert unser Instinkt mit Maßnahmen, die unser Überleben sichern sollen. Wir schalten sofort auf Alarm: Unser Herzschlag beschleunigt sich, die Verdauung hält inne und unsere Augen erweitern sich, um so viele Informationen wie möglich aufzunehmen; unser Atem wird schneller und flach, damit wir besser hören; Adrenalin und andere Chemikalien werden ins Nervensystem ausgeschüttet, um uns in die Lage zu versetzen, zu erstarren, zu kämpfen oder zu fliehen.

Nach einer Weile des Erstarrens entladen sich die Chemikalien in unserem Blut und die Ladung des Nervensystems jedoch nur, indem wir fliehen oder kämpfen, denn das instinktive Stillhalten (wie die Wildtiere, die plötzlich ins Scheinwerferlicht eines Autos geraten) soll nur dazu dienen, einen besseren Begriff von der Situation zu erhalten, ob wirklich Gefahr droht und wenn ja, ob es sinnvoller ist, zu fliehen oder zu kämpfen. Das Ganze läuft instinktiv und sehr schnell ab.

Wenn dieser Prozess jedoch unterbrochen wird – wenn dem Kind zum Beispiel gesagt wird: »Hör auf zu heulen oder ich geb dir wirklich Grund dazu!« – oder wenn wir aus irgendeinem Grund weder fliehen noch kämpfen dürfen, dann kann sich unser Nervensystem nicht entladen, sodass wir sehr viel länger unter Hochspannung bleiben, als es die Situation eigentlich erfordert.

Wenn dies geschieht – und vor allem, wenn es wiederholt geschieht –, entsteht oft eine ganze Bandbreite von Symptomen, die als Posttraumatische Belastungsstörung bezeichnet werden. Dies ist ein medizinischer Begriff, deshalb wird es »Störung« genannt, doch eigentlich ist es lediglich eine Beschreibung der natürlichen Symptome, die entstehen, wenn wir noch lange nach einem traumatischen Ereignis in diesem Zustand der Hochspannung bleiben. Eigentlich müsste man es daher eher Posttraumatische Belastungsreaktion nennen, aber wir bleiben der Einfachheit halber bei der klassischen Abkürzung PTBS.

Obwohl nahezu jeder irgendwann überwältigende Ereignisse erlebt, entwickelt nicht jeder PTBS. Ob langfristige Symptome entstehen, hängt von verschiedenen Faktoren ab, zum Beispiel von der individuellen Lebensgeschichte und der Intensität und Dauer des traumatisierenden Ereignisses. Auch die Wahrnehmung der betroffenen Person spielt eine große Rolle: wie sie es erlebt und interpretiert hat. Manche Menschen leiden lange und stark unter einem Ereignis, während sich andere verhältnismäßig schnell erholen. Wenn zum Beispiel zwei Menschen Opfer eines bewaffneten Raubüberfalls werden und beide mit entsprechender Angst reagieren, kann der eine nach ein paar Wochen Störungen und Symptome entwickeln, während der andere nach einer Weile wieder sein normales Leben aufnimmt.

Symptome von PTBS

Im DSM-IV, dem diagnostischen Handbuch der Amerikanischen Psychiatrischen Gesellschaft, tauchen die Symptome von PTBS im Wesentlichen unter drei Kategorien auf: Wiedererleben des Traumas, Gefühlstaubheit und körperliche Erregung.

– *Wiedererleben des Traumas* bedeutet, dass Erinnerungen an die Situation und die damit verbundenen Gefühle in Albträumen, Flashbacks, ungewollten inneren Bildern oder Ängsten auftauchen: Der Auslöser erinnert die Person bewusst oder unbewusst an das traumatische Ereignis.

– *Gefühlstaubheit* entsteht, wenn das Nervensystem so überlastet ist, dass es sich abschaltet. Das äußert sich in Symptomen wie geminderte Fähigkeit, Gefühle oder Empfindungen wahrzunehmen, Gedächtnisverlust, mangelndes Interesse am Leben, Vermeidung von Situationen, die eine Reaktion auslösen könnten, gehemmter Selbstausdruck und Unfähigkeit, sich das eigene

Leben in der Zukunft vorzustellen. Manchmal wird dies als »Klinische Depression« diagnostiziert.

– *Körperliche Erregung* wird durch die andauernde Hochspannung des Nervensystems hervorgerufen. Dies kann zu Schlafstörungen, Reizbarkeit, Konzentrationsschwierigkeiten, Schreckhaftigkeit, erhöhter Wachsamkeit und allgemeiner Neigung zur Überreaktion führen.

Wenn Sie sich diese Symptome ansehen, werden Sie erkennen, dass sie in einer lebensbedrohlichen Situation nützlich sein können, im Alltag jedoch untauglich sind.

PTBS und Seelenverlust

Das Gefühl der Entfremdung vom eigenen, vertrauten Lebensgefühl, das unter extremem Stress auftaucht, nennt man in der Psychologie »Dissoziation«. Es ist eine vollkommen natürliche Reaktion auf überwältigende Erfahrungen. Man verlässt den Körper. Woody Allen hat es einmal genial auf den Punkt gebracht mit den Worten: »Nicht dass ich Angst hätte, zu sterben; ich will nur nicht dabei sein, wenn es passiert.« Ob Sie tatsächlich sterben oder ob es nur so scheint: Es geschieht so vieles auf der körperlichen, psychischen und emotionalen Ebene, dass ein Teil von Ihnen wirklich den Körper verlässt – nämlich ein Teil Ihrer Seele.

Mitten in einem traumatischen Ereignis sind wir extrem verletzlich. Es ist so viel los, dass sich unser organisches, instinktives Selbst überfordert fühlt und Maßnahmen ergreift, die unter lebensbedrohlichen Umständen das Überleben sichern sollen. Der Schöpfer hat uns so erschaffen, dass wir unter allen Umständen tun, was möglich ist, um unser Überleben zu sichern. Aus schamanischer Sicht ist Seelenverlust daher eine ganz natürliche Sache.

Die Behandlung bei Seelenverlust ist natürlich die Seelenrückholung, die ich im 23. Kapitel näher beschreibe. Es gibt eine interessante Parallele zwischen den Erlebnissen von Patienten, die auf PTBS hin behandelt werden, und dem, was Klienten einer schamanischen Behandlung berichten. Unter der posttraumatischen Belastung hat sich so viel Energie angestaut, dass sie oft – hoffentlich allmählich, damit keine neue Traumatisierung entsteht – durch Zittern und Weinen zum Ausdruck kommt. So kann sich der Stau lösen. Bei einer Seelenrückholung erleben manche Menschen ähnliche Reaktionen.

8. Kapitel

Die hilfreichen Geister unserer Ahnen

Die meisten, vielleicht sogar alle indigenen Kulturen kennen eine tiefe Verehrung der Ahnen. Häufig können Stammesmitglieder ihre Vorfahren durch Geschichten und Lieder über viele Jahrhunderte hinweg aufzählen. Das ist unserem westlichen Denken etwas fremd. Wir neigen dazu, uns eher auf die Gegenwart oder auf unsere zukünftigen Ziele zu konzentrieren. Wir können mit Sicherheit davon ausgehen, dass unsere ferneren Vorfahren mit den Rhythmen der Erde und mit Erdmagie vertraut waren. Durch eine Verbindung mit ihnen lernen wir etwas über unsere Beziehung zu ihnen, zum Land und zu all seinen Bewohnern, ja zur Erde selbst.

Auf den Knochen meiner Ahnen

Vor einer Weile fuhr ich nach Cedar Rapids in Iowa, um meine Schwester Nancy und meinen Schwager Jim zu besuchen. Ich bin in Cedar Rapids geboren und aufgewachsen, bis ich zwölf Jahre alt war und meine Eltern mit mir nach Kalifornien zogen. Nancy und Jim wurden langsam älter und ich war seit Jahren nicht mehr dort gewesen, insofern war es für mich eine kleine Pilgerreise. Ich liebe meine Schwester sehr und erinnere mich oft daran, wie sie mitten in den alkoholgetränkten Streitereien meiner Eltern in mein Zimmer kam, sich zu mir setzte und mich tröstete.

Jim ist inzwischen an den Rollstuhl gebunden, deswegen verbringen die beiden viel Zeit zu Hause. Nancy geht ab und zu in die

Gemeinde zum Bingospielen oder trifft sich mit ein paar Freundinnen, aber ich wusste, mein Besuch würde eine willkommene Abwechslung bilden. Meine andere Schwester Susan entschloss sich, für ein paar Tage aus Minneapolis zu kommen; einige Nichten und Neffen kündigten sich ebenfalls an, sodass es eine kleine Familienzusammenkunft wurde.

In diesem Zusammenhang erinnerte ich mich an die Bedeutung von Familie. Allmählich werde ich selbst zu einem Ältesten. Meine Eltern und ihre Eltern haben in Cedar Rapids gelebt; insgesamt kann ich auf vier Generationen zurückblicken, die dieses Land bewohnt haben.

Nachdem wir uns den ganzen Tag lang an alte Zeiten erinnert und viel fotografiert hatten, fuhr ich zu meinem Hotel zurück, das nur wenige Minuten von der Wohnung meiner Schwester entfernt lag. Ich wollte nicht in meinem Zimmer bleiben, deshalb beschloss ich, noch einen Spaziergang zu machen. Während ich die frische Abendluft genoss, hörte ich plötzlich die Stimme meines wichtigsten Geisthelfers. Großvater, wie ich ihn nenne, kam vor einigen Jahren bei einer schamanischen Einweihungsreise am Cone Mountain in der Ventana Wildnis nahe bei Big Sur, Kalifornien, als Lehrer und Helfer zu mir. An jenem Tag hörte ich ihn deutlich sagen: »Du gehst auf den Knochen deiner Ahnen!« Ich bekam eine Gänsehaut und blieb auf der Stelle stehen. Was bedeutete diese Botschaft? Ich dachte eine Weile darüber nach. Sicher, ich wusste, dass mindestens drei bis vier Generationen meiner Sippe hier auf diesem Land gelebt hatten. Dann begriff ich.

Ja, wenn Menschen sterben, entschwindet ihr Geist in den Äther, aber als sie lebten, war ihr Körper ein aktiver, lebendiger Ausdruck dieses Geistes. Der *Spirit* in der einzigartigen Form dieses inkarnierten Individuums war in diesem Körper enthalten. Die DNA und die anderen Substanzen des Fleisches durchlaufen Prozesse des Zerfalls und der Regeneration und existieren in anderen Lebensformen weiter. Die verschiedenen Wesen, die an diesem Prozess beteiligt sind – Ameisen, Fliegen, Bakterien und andere –, verbreiten die DNA dieser Person in der Atmosphäre, im Boden und im Wasser. Knochen, Fleisch oder Asche: Der grundlegende physische Aspekt eines Individuums verteilt sich im Land.

Genau wie es viele indigene Völker glauben, sind unsere Ahnen tatsächlich in der Welt um uns herum lebendig. Der Opa, die Großtante, die Schwester, alle, die vor uns starben, sind in den Bäumen, der Luft, den Wolken, dem Wasser und den Frühlingsblumen. Man könnte auch sagen, die ganze Natur ist eine einzige gigantische Recyclingtonne für die Kreaturen der Erde!

Dann hörte ich Großvater sagen: »Stell dir vor, du lebtest und gingest auf dem Land, auf dem deine Vorfahren seit zehntausend Jahren gelebt haben.« Dieser erstaunliche Gedanke schwappte durch mein Bewusstsein wie eine große Woge, die sich an einer Felsküste bricht. 10 000 Jahre! Zuerst war es kaum vorstellbar, doch allmählich sickerte es durch. Ich betrachtete die Bäume, Büsche und Pflanzen um mich herum und trat etwas behutsamer auf, voller Ehrfurcht gegenüber der ursprünglichen Bevölkerung dieses Landes, die hier lange vor den umgepflanzten Europäern gelebt hatten. Es war, als spräche das Land selbst zu mir. In mir entstand noch mehr Achtung vor der innigen Verbindung, in der die Menschen einst mit dem Boden unter meinen Füßen und allen dazugehörigen Wesen lebten.

Großvater schien mir eine kleine Verschnaufpause zu gönnen, um alles in mich aufzunehmen, doch dann kam es noch ärger: »Jetzt stell dir vor, du lebtest auf dem Land, auf dem deine Vorfahren schon seit 100 000 Jahren lebten!« Ich musste mich auf eine niedrige Mauer setzen, um nach Luft zu schnappen. Ich blinzelte, als würde mir das helfen, die enorme Größe dieser Aussage zu erfassen.

Ich erinnerte mich, dass man von Australien meint, die Urbevölkerung, die Aborigines, bevölkerten diesen Kontinent seit 50 000 bis 100 000 Jahren; ihre Kultur habe sich im Lauf dieser Zeit kaum verändert – bis zur Invasion durch europäische Siedler. Es war mir praktisch unvorstellbar. Ich konnte schon kaum begreifen, dass meine Verwandten der Vergangenheit in der Luft, die ich atmete, und in den Bäumen, die mich umstanden, durch die Moleküle, aus denen einst ihre Körper bestanden, in gewisser Weise weiterlebten.

Die Geister der Ahnen und das Land

So wie ich in Iowa begriff, dass ich auf den Knochen meiner Ahnen ging, konnte ich auch erkennen, wie auf einer fundamentalen Ebene jene, die vor mir gelebt hatten – zumindest die letzten vier Generationen – ein wenig in allem, was um mich herum natürlicherweise existierte, weiterlebten. Wenn die grundlegende Einheit des Lebens die DNA ist und die Atome und Moleküle noch grundlegendere Bausteine bilden, dann berührt es tief, sich klar zu machen, dass diese nicht einfach verschwinden, wenn der Körper stirbt, sondern ihren Weg ins Ökosystem finden, in die Pflanzen, Bäume, Tiere und sogar andere Menschen. Nach langer Zeit kann sich die DNA sogar in Felsen und anderer sogenannter anorganischer Materie befinden.

Betrachten wir diesen Aspekt noch einmal aus einer anderen Perspektive. Angenommen, der Geist oder die Lebenskraft eines Menschen besteht nicht nur aus dem Ätherischen, sondern auch aus der lebendigen Materie, aus welcher der Körper aufgebaut ist. Das steht im Einklang mit der Vorstellung der Einheit: dass alles miteinander verbunden und Ausdruck der gleichen Quelle ist. Wenn der Körper stirbt, verteilt sich die Essenz dieser Person also sowohl im Äther als auch in der materiellen Welt. Jene, deren Vorfahren seit Jahrhunderten oder gar Jahrtausenden das gleiche Stück Land bewohnten, sind also mit allem in ihrer Umgebung zutiefst verbunden!

Dies ist die grundlegende Haltung aller Völker, die seit langer Zeit auf ihrem Land leben, doch es steht im Gegensatz zu vielen zeitgenössischen spirituellen und religiösen Konzepten. Heutzutage meinen die meisten, dass die Seele oder der Geist eines Menschen von der materiellen Welt in die geistige Welt aufsteigt, ohne dass die physische Substanz des Körpers dabei eine Rolle spielt. Sicher ist darin eine gewisse Wahrheit enthalten, doch das ist nur ein Teil der Geschichte. Diese populäre kulturelle Überzeugung hält die Illusion aufrecht, dass unsere körperlichen und unsere spirituellen Aspekte voneinander getrennt seien und dass das eigentliche Selbst der Geist ist, nicht der Körper. Zutreffender wäre jedoch zu sagen, dass sich der Geist einer Person ausdehnt und sich sowohl in den Äther als auch in die materielle Welt hinein auflöst.

Das Land und seine Geschichten

Wie bereits erwähnt, existierten die Aborigines und ihre Kultur bereits seit 50 000 bis 100 000 Jahren ungestört in Australien – bis vor etwa 200 Jahren. Es gibt Vermutungen, dass auch andere schon früher dort gelandet sind, aber die Ureinwohner kamen erst in Bedrängnis, als der berühmte britische Forscher Kapitän Cook dort auftauchte.

Wenn die Wurzeln des Stammbaums so tief reichen, ist es unvermeidlich, dass die kulturelle Mythologie und die Sprache mit der Geografie verbunden sind. Für die Ureinwohner jenes Landes, das wir heute Australien nennen, sind die Ahnen Wesen, die nicht nur in der »Traumzeit« leben – an jenem Ort jenseits des Schleiers, jenseits des oberflächlichen Wachbewusstseins. Sie erkennen sie auch in den verschiedenen Formen und Gestalten der physischen Wesen, die auf der Erde leben. So betrachten sie auch die Tiere als ihre Verwandten.

Die spirituellen Überzeugungen und Praktiken dieser Menschen sind gleichzeitig komplex und schlicht. Sie sind die Frucht von Zehntausenden von Jahren an Geschichte, des Lebens auf diesem Boden. Das Land selbst steckt voller Geschichten und Lieder. Geht ein Aborigine übers Land – sie nennen das ein »Walkabout« –, kann er das gleiche Lied singen, das sein Vorfahre vor Tausenden von Jahren sang. Die Sprache enthält Einzelheiten der Landschaft, und in den Liedern wird die Ahnenreihe bewahrt.

David Abram erzählt in seinem Buch *Im Bann der sinnlichen Natur* eine amüsante und gleichzeitig vielsagende Geschichte, wie moderne Erfindungen diese alten Sitten beeinflussen:

> Der amerikanische Dichter Gary Snyder [erzählt davon,] im Herbst 1981 Australien besucht zu haben. Snyder fuhr durch einen Teil der zentralen Wüste auf der Ladefläche eines Pick-ups. Neben ihm saß ein Pintupi-Ältester namens Jimmy Tjungurrayi. Während der Wagen durch die Landschaft rollte, begann der alte Aborigine Snyder sehr rasch eine Geschichte aus der Traumzeit zu erzählen, irgendetwas vom Känguru-Volk und einer Begegnung mit einigen Eidechsen-Mädchen bei einem Berg, der von der Straße aus sichtbar war. Kaum war die Geschichte zu Ende, fuhr er gleich fort mit »einer Geschichte von einem anderen Hügel, der da drüben lag, und noch einer Geschichte über etwas dort drüben. Ich kam gar nicht mit. Nach etwa einer halben Stunde begriff ich, dass er mir die Geschichten mitteilte, die eigentlich während des Gehens erzählt werden sollten, und dass ich gerade die beschleunigte Version von etwas erlebte, das normalerweise während einer Fußwanderung gemächlich in ein paar Tagen erzählt wurde.«

Für uns, die wir in der modernen Welt aufgewachsen sind, ist es schier unbegreiflich, wie eng die indigenen Menschen mit dem Land verbunden sind, auf dem sie gehen und leben. Erdmagie möchte uns unter anderem ermutigen, uns wieder dem Land und all seinen Bewohnern zu nähern und wieder mit der dynamischen Schönheit und Großzügigkeit der Natur direkt vor unserer Haustür vertraut zu werden. Dazu gehört auch, unsere Ahnen zu ehren und zu erkennen, dass sie in einem sehr realen Sinn ein Teil unseres

Landes sind, ob sie nun wirklich zu unserem persönlichen Stammbaum gehören oder einfach vor uns auf diesem Land gelebt haben.

Verbindungen mit den Ahnen

Im Allgemeinen verstehen wir unter unseren Ahnen jene, mit denen wir genetisch verbunden sind, egal wie viele Generationen es her sein mag. Es ist jedoch nicht unvorstellbar, dass wir tatsächlich alle von dem ursprünglichen Mann und der ursprünglichen Frau abstammen, also sind wir in gewisser Weise alle miteinander verwandt. Auf jeden Fall haben wir unser biologisches Material mit vielen anderen gemeinsam, die über diese Erde gegangen sind, ob sie nun direkt mit uns verwandt sind oder nicht. Und wenn Sie vergangene Leben für möglich halten, dann kann sich eine Seele in vielen verschiedenen Ethnien und geografischen Gegenden inkarniert haben. So kann ein Mensch, dessen Familie seit vier Generationen in Minnesota lebt, sich sehr mit Asien verbunden fühlen – auch ohne familiäre Beziehung dorthin.

Es gibt also zwei Arten von Ahnenverbindungen, und wenn wir ihre Würdigung wiederbeleben wollen, sollten wir uns beider Arten erinnern: der Blutsverbindung und der territorialen Verbindung.

Blutsverwandte Ahnen

Wir leben in einer Gesellschaft, die sich vom Land getrennt hat und damit auch von der Verbindung mit den Ahnen. Die meisten Menschen meinen heutzutage, dass das Land dazu da ist, von uns gestaltet und genutzt zu werden. Versperrt uns ein Berg oder eine Wildnis den schnellsten Weg zur Arbeit, soll er abgetragen oder asphaltiert werden. Das ist ein weiteres Symptom unserer weit verbreiteten Dissoziation von der Natur. Wir würdigen auch in der Regel nicht jene, die vor uns gelebt haben. Im Gegensatz zu anderen Kulturen legt das westliche Denken im Alltag auf die Ahnen wenig Wert. Dies hat unter anderem viel mit der großen Mobilität unserer Tage zu tun, angefangen damit, dass die Europäer vor ein paar Jahrhunderten nach Amerika auswanderten.

Wenn man alle paar Jahre alles zusammenpackt und umzieht, ist es schwieriger, mit der eigenen Ahnenreihe verbunden zu bleiben, die im Land unserer Vorväter wurzelt. Man kann nicht auf den Knochen seiner Ahnen gehen, wenn sie 1000 Kilometer weit weg liegen.

Doch auch wenn lange historische Wurzeln in einem bestimmten geografischen Gebiet fehlen, ist es möglich, sich mit den eigenen blutsverwandten Ahnen zu verbinden. In der geistigen Welt gibt es keine Grenzen von Raum und Zeit. Im Vergleich zu den indigenen Völkern Australiens oder anderer Gegenden der Welt fehlt es uns nur daran, dass es keine Landschaft gibt, die unserer Sippe seit Generationen vertraut wäre. Das primäre genetische Material unserer Ahnen gibt es nur auf dem Land, wo sie einst gelebt haben, und wir haben keine mythischen Geschichten über unsere Umgebung, die seit Generationen tradiert worden sind.

Doch so ist es eben. Es ist nutzlos, sich nach etwas zu sehnen, das nicht sein kann. Die meisten von uns gehen nicht auf Boden, der ihnen eine lange und innige Verbindung mit ihren Ahnen geben könnte. Doch Sie können Ihre Ahnen trotzdem jederzeit anrufen, egal wo Sie in der Welt leben. Sie werden kommen und Sie unterstützen, und eines Tages werden Sie bei ihnen sein und künftigen Generationen weiterhelfen.

Territoriale Ahnenverbindungen

Es ist faszinierend, wie viele Menschen auf den schamanischen Reisen, die ich in Workshops in den USA angeleitet habe, indianische Geisthelfer sehen. Auch der Geisthelfer, den ich Großvater nenne, erscheint häufig als indianischer Ältester. Er hat mir erzählt, dass er im Lauf der letzten 25 000 Jahre mit vielen Heilern gearbeitet hat und einst selbst als ein Mitglied der Urbevölkerung dieses Landes über die Erde ging. Er ist zwar ein versierter »Shapeshifter«, das heißt, er kann eine beliebige Gestalt annehmen, aber es überrascht mich nicht, dass er sich besonders oft in dieser Erscheinung zeigt.

An anderen Orten habe ich ähnliche Erfahrungen gemacht. Bei Workshops, die ich in Australien gegeben habe, berichteten die Teilnehmer von Aborigine-Geisthelfern, die ihnen erschienen sind. Ich habe das auch selbst erlebt, als ich Didgeridoo spielen lernte. Völlig unerwartet tauchte in meinem Bewusstsein ein Aborigine-Geisthelfer auf und begann, mich zu belehren. Seine Lehren waren sanft und bezogen sich vor allem darauf, dass ich mich mehr entspannen und nicht so anstrengen sollte, und auf meine Atemtechnik. Vor einigen Jahren auf Hawaii wurde ich während eines Gebets an einem Heiau, einem alten hawaiianischen Tempel, von einem Ahnengeist Hawaiis besucht.

In diesen und vielen anderen Situationen haben sich uns die Geister der Ahnen eines Landes gezeigt. Meistens scheinen sie einfach aufzutauchen – sei es im Schlaf oder während wir wachen –, doch es ist durchaus möglich, aktiv und absichtsvoll mit ihnen Kontakt aufzunehmen. Wenn ein Volk seit vielen Jahrhunderten auf einem bestimmten Stück Land gelebt und mit ihm im Austausch gestanden hat, dann hat sich in den Geschichten und Überlieferungen dieses Volkes viel Weisheit und Wissen angesammelt. Im Kontakt mit diesen Geistwesen kann einiges von diesem Wissen und dieser Weisheit wiedererlangt werden, auch Anleitungen für alte heilige Heilungszeremonien.

Nehmen Sie in Ihren Gebeten und Zeremonien sowohl mit Ihren blutsverwandten Ahnen als auch mit den Ahnen des Landes, auf dem Sie leben, Kontakt auf. Ihre Bemühungen und Ihre Anerkennung werden geschätzt und mit Lehren und Rat belohnt.

9. Kapitel

Geisthelfer aus dem Tierreich und Krafttiere

Die Geisthelfer aus dem Tierreich werden auch als »Totemtiere« oder »Krafttiere« bezeichnet.

Der Begriff »Totemtier« steht eher für Geisttiere, die einer ganzen Familie, Gruppe oder Sippe zugehören. Indigene Gemeinschaften bestehen häufig aus mehreren Sippen oder Clans, die sich durch ihre Totemtiere kennzeichnen. Als Totemtier kann auch ein fetischartiges Objekt bezeichnet werden, dem der Geist eines bestimmten Tieres innewohnt, zum Beispiel eine aus Holz geschnitzte Eule oder Schlange.

Wenn Individuen eine starke Beziehung zu einem bestimmten Geisttier haben, umgeben sie sich gerne mit Totems (also physischen Abbildungen) dieses Tieres in Form von kleinen Figuren, Bildern, Federn oder Fellen. Wegen ihrer Beziehung zu diesem Tier sind diese Totems für sie von der Essenz oder dem Geist dieser Tierart erfüllt. Wenn ich mich in meinem Büro umschaue, sehe ich verschiedene Totems, darunter eine kleine Kristall-Eule, einen relativ großen schwarzen Bronze-Raben sowie einen Bären und eine Regenbogenschlange aus Speckstein. Nicht alle diese Tiere sind meine Krafttiere, aber jedes ist mir auf die eine oder andere Weise geschenkt worden und enthält die Essenz dieses Geisttieres, und mit einigen arbeite ich auch regelmäßig.

Ein Krafttier ist ein Geisttier, das mit einem Schamanen zusammenarbeitet und ihm Heilung, Rat und Schutz bietet. Die

Beziehung zu diesen Geisthelfern ist für Schamanen sehr wichtig. Ihr Krafttier – und häufig gibt es mehr als eines – begleitet sie auf ihren Reisen in die »Nichtalltägliche Wirklichkeit« (NAW). Wie bereits erwähnt, braucht man heutzutage kein Schamane zu sein, um eine Beziehung zu einem Krafttier zu haben. Bei jeder Form von Erdmagie ist es wichtig, zu wissen, wer Ihr Krafttier ist. Dieser Geisthelfer beschützt Sie in der alltäglichen Welt und in der NAW.

Ihr Krafttier

Es gibt verschiedene Wege, wie Sie Ihr Krafttier finden können. Es kann in einer Meditation zu Ihnen kommen oder in einer Vision, in einem Traum oder auf einer schamanischen Reise. In Teil III finden Sie eine Meditation für das Zurückholen eines Krafttieres, die Sie mit Ihrer eigenen Stimme aufnehmen und dann abspielen oder sich von jemand anderem vorlesen lassen können. Sie können auch die CD *Krafttiere* nutzen, die mein gleichnamiges Buch ergänzt. Auf der CD gibt es eine Reisebegleitung mit Trommeln und eine sanftere mit Rasseln zur Auswahl. In beiden geführten Meditationen geht es darum, das eigene Krafttier zu finden.

Eine andere Möglichkeit besteht darin, darauf zu achten, zu welchen Tieren Sie sich stark hingezogen fühlen. Wenn ein Tier immer wieder in Ihrem Leben auftaucht – sei es als physisches Tier oder als ein Symbol – und Sie eine Seelenverwandtschaft mit ihm spüren, ein intuitives Wissen, dass dies Ihr Krafttier ist, dann vertrauen Sie dieser Wahrnehmung. Dieses Tier kann regelmäßig in Ihren Träumen oder innerhalb kurzer Zeit mehrmals in Ihrem normalen Alltag erscheinen. Vielleicht spüren Sie auch schon seit Langem eine tiefe Verbindung mit diesem Tier.

Oder Sie fragen den Großen Geist, wer Ihr Krafttier ist. Dann öffnen Sie Ihr Herz und Ihren Geist für eine Antwort. Lassen Sie alle persönlichen Präferenzen und Zweifel beiseite und achten Sie darauf, welches Tier in Ihrem Bewusstsein erscheint.

Die Beziehung zum eigenen Krafttier ist äußerst persönlich und etwas ganz Besonderes. Die Persönlichkeit und die Merkmale dieses Tieres stellen oft einen Spiegel Ihrer eigenen Eigenschaften dar. Ich habe dies immer wieder bestätigt gefunden. In manchen Fällen ist das Krafttier auch da, um Aspekte der Persönlichkeit zu stärken, die eines Anstoßes bedürfen. Wenn Sie zum Beispiel Schwierigkeiten mit Abgrenzung haben, kann der Geist des Bären Sie eine Zeit lang begleiten, um Ihnen zu helfen, für sich selbst einzustehen.

In der Regel werden Krafttiere nur Wildtiere sein, keine Haustiere. Domestizierte Tiere – lebendige oder verstorbene – können als Geisthelfer auftreten, aber eher nicht als Krafttiere. Das hängt damit zusammen, dass der Geist eines Wildtieres eine stärkere Verbindung mit der Natur hat, und darum geht es bei der Erdmagie und bei allen schamanischen Praktiken.

Ein Krafttier bleibt gewöhnlich mehrere Jahre bei Ihnen. Doch wie bei einer Freundschaft kann es sich auch verflüchtigen, wenn die Beziehung nicht gepflegt wird. Nach einer Weile ist es ganz natürlich, dass sich ein bestimmtes Krafttier verabschiedet und ein anderes auftaucht, das für diese Phase Ihrer Entwicklung passender ist. Das Krafttier Ihrer Kindheit wird wahrscheinlich nicht mehr das Krafttier sein, das Sie in Ihren Dreißigern begleitet. Zu verschiedenen Zeiten des Lebens haben wir unterschiedliche Bedürfnisse; daher kann Ihnen dann auch ein anderes Krafttier besser raten. Es ist eine sehr kooperative Beziehung.

Ahnen und Krafttiere

Viele Urvölker waren davon überzeugt, dass Krafttiere einst als ihre Vorfahren über die Erde wandelten, dass sich sowohl Ahnen aus grauer Vorzeit als auch eher kürzlich verstorbene Verwandte in Tierform zeigen. Es ist nicht schwer, sich vorzustellen, warum es physische Repräsentanten unserer Ahnen geben kann. Nach dem

Tod kann nicht nur die DNA Teil jenes Tieres geworden sein, sondern die Seele eines Menschen verschmilzt auch mit vielen Dingen des Landes, auf dem der Mensch gelebt hat und wo seine Überreste wieder zu Erde geworden sind. Diese Aspekte der Verstorbenen, die sich auf das Land und seine Bewohner verteilt haben, können in einer bestimmten Tierform konzentriert auftreten. Häufig wird das ein Totemtier des jeweiligen Clans sein.

Ein gutes Beispiel für dieses Konzept finden wir in der heute noch lebendigen hawaiianischen Spiritualität. Dort kennt man »'Aumakua«, das sind die Geister von Verstorbenen, die in verschiedenen physischen Formen wie Bäumen, Pflanzen, Steinen und natürlich Tieren erscheinen. Die allerersten 'Aumakua waren Menschenkinder, die sich mit den Akua oder Primärgöttern (vor allem Ku, Kane, Lono und Kanaloa) vermählten. Man glaubt, dass Menschen beim Sterben durch eine Phase gehen, in der sie bei diesen Akua bleiben und dort ein gewisses Maß an Mana oder Kraft erwerben. Irgendwann können sie sich dann ihren Nachfahren zeigen. Meistens, wenn auch nicht immer, tun sie es in der Gestalt eines Tieres oder eines Geisttieres.

Wir können Krafttiere genau wie 'Aumakua anrufen und um Schutz, Rat, Heilung und spirituelle Unterstützung bitten. Sie sind bei jeder Art von schamanischer Reise essenziell notwendig. Es ist daher sehr wichtig, dass Sie die Beziehung zu Ihrem Krafttier entwickeln und wie eine gute Freundschaft pflegen.

Geisttiere als Boten und Heiler

Als Nächstes wollen wir erkunden, wie wir von Geisttieren Botschaften empfangen und wie sie uns bei Heilungen helfen. Vorab will ich jedoch kurz darstellen, wie wir überhaupt Botschaften und Informationen empfangen können – nicht nur von unseren tierischen Begleitern, sondern von allen spirituellen Geisthelfern und Geistführern, welcher Art auch immer.

Wie wir Botschaften aus der geistigen Welt empfangen

Wenn Sie meinen, dass Ihnen ein Geisttier eine Botschaft übermitteln möchte, ist es am einfachsten, Ihre Augen zu schließen
und den Geist dieses Tieres zu fragen, worin die Botschaft besteht.
Achten Sie nun auf alles, was passiert. Vielleicht tauchen visuelle
Eindrücke auf, vielleicht hören Sie eine innere Stimme, vielleicht
haben Sie eine starke Empfindung, oder ein Gedanke geht Ihnen
plötzlich durch den Sinn. Dies sind die vier grundlegenden Wege,
auf denen wir spirituelle Informationen empfangen: visuell, auditiv, kinästhetisch und kognitiv. Selbstverständlich sind auch Kom-
binationen möglich.

Wenn Sie für die spirituellen Dimensionen empfänglicher werden, merken Sie, dass Ihnen einer dieser Wege am meisten liegt
und sich für Sie am natürlichsten anfühlt; vielleicht gibt es noch
einen zweiten, der auch ganz gut funktioniert. Nicht jeder ist stark
visuell veranlagt. Vertrauen Sie der Wahrnehmung, die für Sie am
besten ist. Je mehr Sie üben und je mehr Sie sich auf die spirituellen Dimensionen einschwingen, desto mehr werden sich Ihnen
auch die anderen Wege erschließen. Wichtig ist, dass Sie die klare
Absicht hegen, diese Botschaften zu empfangen, und dann offen
sind, denn sie können auf Arten auftauchen, die Sie nicht im Min-
desten erwarten.

Hier sind einige Beispiele, wie tierische Geistführer Ihnen in
diesen verschiedenen Modalitäten erscheinen:

– **Visuell:** Wenn Sie einen Delfin ein paar Dutzend Meter
vor der Küste sehen, oder Krähen, die praktisch direkt vor Ihren
Füßen landen, dann wissen Sie, dass dies ungewöhnliche Begeg-
nungen sind, die für Sie Bedeutung haben. Eine visuelle Begegnung kann auch im Bereich des Nichtphysischen stattfinden,
vor Ihrem inneren Auge. Vielleicht haben Sie die Vision eines
Bären oder eines mythologischen Tieres wie eines Drachen, oder
Sie erinnern sich morgens an einen sehr lebendigen Traum von
einem Wolf. Tiere können sich auch durch Abbildungen aller Art

visuell bemerkbar machen – oder in Texten wie den Botschaften von Orakelkarten.

– **Auditiv:** Vielleicht bemerken Sie irgendwann den Ruf einer Eule oder das Keckern eines Eichhörnchens. Möglicherweise zeigt sich Ihnen ein Geisttier auch durch eine innere Stimme, die Ihnen einen Rat gibt (der meistens kurz und knapp und auf den Punkt ist). Ein Geräusch in Ihrer Umgebung löst möglicherweise eine Assoziation zu einem Tier aus. Oder Sie hören in einem Gespräch zufällig einen Satz, von dem Sie intuitiv wissen, dass er eine Botschaft eines Geisttieres ist.

– **Kinästhetisch:** Hier spüren Sie etwas. Manchmal nennen wir es auch Intuition. Sie fühlen oder spüren eine geistige Präsenz eines oder mehrerer Ihrer tierischen Begleiter oder Krafttiere und haben ein Gespür dafür, dass sie Ihnen eine Botschaft vermitteln wollen. Oder es durchläuft eine bestimmte Empfindung Ihren Körper und Sie wissen sofort intuitiv, dass sie mit Ihrem Krafttier oder einem tierischen Geisthelfer zu tun hat. Manchmal merke ich erst nach einer Weile, dass sich meine Wirbelsäule schlangenförmig bewegt; dann weiß ich, dass der Geist der Schlange präsent ist.

– **Kognitiv:** Hier kommt das Wissen durch Gedanken zu Ihnen. Wir nennen das auch oft eine Inspiration oder eine Erkenntnis. Menschen, die eher analytisch veranlagt sind, erhalten Ihre Botschaften oft auf diesem Weg. Wenn dies Ihr primärer Modus ist, kann Ihr Krafttier mit Ihnen kommunizieren, indem es einen Gedanken oder eine Idee auslöst. Oft werden Sie selbst gar nicht genau wissen, woher Sie das haben, und wenn man Sie fragt, sagen Sie etwas wie: »Das weiß ich eben.«

Übung: Entdecken Sie, wie Sie Ihre spirituellen Botschaften empfangen

Beobachten Sie in den nächsten Tagen, wie Sie im Alltag die einfachsten Entscheidungen treffen. Welche Erwägungen lassen Sie dort leben, wo Sie leben? Wie gehen Sie einkaufen? Wie entscheiden Sie, was Sie anziehen? Wenn Sie erkennen, welche Modalitäten in Ihrer Wahrnehmung der Alltagswelt entscheidend sind, können Sie davon ausgehen, dass dies auch für Sie die wesentliche Ebene der Kontaktaufnahme mit der geistigen Welt sein wird. Halten Sie nach Botschaften Ihrer Krafttiere oder anderen Geisthelfer *Ausschau?* Oder *hören* Sie deren Stimme? Oder *spüren* Sie ihre Präsenz? Oder ist es für Sie eher ein Weg der *Kontemplation* und der *Erkenntnis?* Achten Sie darauf, auf welchen Wegen die spirituellen Botschaften zu Ihnen kommen, und mit ein wenig Praxis wird Ihr Vertrauen in deren Zuverlässigkeit wachsen.

Botschaften von tierischen Geisthelfern interpretieren und verstehen

Wie bereits bemerkt, ist ein Tier, das sich in der gewöhnlichen Wirklichkeit auf ungewöhnliche Weise bemerkbar macht – eine Taube, die einen Meter vor Ihnen auf der Balkonbrüstung landet, ein Waschbär, der Ihren Garten besucht, oder ein Fuchs, der bei einem Spaziergang plötzlich Ihren Weg kreuzt –, ein untrügliches Zeichen von dem Geistwesen dieser Tierart. Die Taube erinnert Sie eventuell daran, ruhig zu bleiben, der Waschbär zeigt Ihnen, dass Sie über alles Nötige verfügen, und der Fuchs weist vielleicht darauf hin, dass Sie sorgsamer darauf achten sollten, wem Sie Ihr Vertrauen schenken. Wenn an drei aufeinander folgenden Morgen eine Krähe im Baum vor Ihrem Fenster sitzt, obwohl Sie vorher nur sehr selten eine gesehen haben, dann könnte das bedeuten, dass es in Ihrem Leben magischer zugehen wird. Und wenn Sie wiederholt einen Kolibri entdecken, brauchen Sie möglicherweise mehr Freude und Süße in Ihrem Leben.

Tierische Geisthelfer lehren uns oft auf kryptische, traumartige Weise, aber manchmal ist ihr Rat auch so klar und deutlich wie ein Schlag ins Gesicht. Falls Sie die Botschaft jedoch nicht verstehen oder sie tiefer ergründen wollen, gibt es verschiedene Möglichkeiten: Schlagen Sie in meinen Büchern über Krafttiere das entsprechende Tier nach und lesen Sie die dazugehörigen Erläuterungen. Im Anhang habe ich andere Bücher und Internetadressen aufgelistet, die gute Informationen über die Tiere und Hinweise auf ihre Botschaften enthalten.

Einer der nützlichsten und direktesten Wege, um eine Botschaft zu entschlüsseln, besteht darin, einfach den Geist des Tieres zu fragen. Wenn Sie bemerken, dass ein Geisttier mit Ihnen kommuniziert (und Sie nicht gerade Auto fahren oder dergleichen), schließen Sie als Erstes die Augen; stellen Sie sich das Tier innerlich vor und fragen Sie: »Was willst du mir vermitteln?« Dann atmen Sie tief durch, entspannen sich und achten darauf, was an Eindrücken auftaucht — seien sie visueller, auditiver, kinästhetischer oder kognitiver Art. Indem Sie jenem, was Sie so erfahren, im Lauf der nächsten Stunden und Tage nachsinnen, können Sie weitere Erkenntnisse gewinnen. Wenn Sie mit dem schamanischen Reisen vertraut sind, können Sie sich auch dieses Mittels bedienen, um die Botschaft besser zu verstehen. Je mehr Sie das Entschlüsseln üben, desto leichter wird es.

Geisttiere in der Natur

Wenn Ihr tierischer Geisthelfer nicht gerade ein mythologisches Tier ist, das es nur in den geistigen Reichen gibt, können Sie dem Tier auch in der dreidimensionalen Welt begegnen, sei es als tatsächliches Tier oder als Symbol. Wie auch immer es erscheint, es kann für Sie bedeutsam sein und eine Botschaft vermitteln.

Das Symbol eines Tieres kann auf vielfältige Weise erscheinen. Die meisten von uns haben zum Beispiel nicht die Gelegenheit,

Bären in der Wildnis zu begegnen, doch sie tauchen in vielen anderen Zusammenhängen auf: im Fernsehen, in Träumen, als kleine Figuren in einem Laden; vielleicht hören Sie einfach jemanden von Bären reden oder müssen immer wieder an sie denken.

Um zu erkennen, ob Ihnen der Geist dieses Tieres wirklich eine Botschaft übermitteln will, sollten Sie auf alles Ungewöhnliche oder auf Wiederholungen in kurzer Zeit achten (egal ob es sich um das wirkliche Tier oder um ein Symbol handelt). Vielleicht landet eine Krähe auf Ihrem Terrassentisch, während Sie gerade im Garten eine Tasse Tee trinken. Kurze Zeit später sehen Sie im Fernsehen zufällig ein Bild von einer Krähe. Und abends gehen Sie aus und hören im Vorübergehen, wie Leute von Krähen sprechen. Wenn etwas Derartiges geschieht, versucht der Krähengeist, Ihnen eine Botschaft zukommen zu lassen. Sollte die Krähe dazu noch Ihr Krafttier oder Totemtier sein, ist das von noch höherer Bedeutung für Sie.

Hier geht es nicht nur um die einzelne Krähe, die in Ihrem Garten sitzt oder über die gesprochen wird, sondern um den Geist der Krähe, der durch diese physischen Erscheinungen kommuniziert. Egal ob es sich um die körperliche Erscheinung des Tieres oder um sein Symbol handelt: Es ist immer die spirituelle Essenz dieses Tieres, die eine Botschaft vermitteln will. Wenn Ihnen ein Kolibri vor der Nase herumschwirrt, ist das auf einer Ebene einfach ein Kolibri, aber zugleich ist es ein Repräsentant der Essenz der gesamten Tierart.

Die Botschaft des Grashüpfers

Ich spiele seit meinem sechzehnten Lebensjahr Gitarre und singe dazu, und in den 1980er-Jahren habe ich sogar ein paar Anläufe genommen, eigene Lieder zu schreiben und aufzunehmen. Auch wenn ich seitdem nie völlig aufgehört habe, zu musizieren, ist es doch auf meiner Prioritätenliste ziemlich weit nach unten gesunken. Vor ein paar Jahren rückte es dann wieder in den Vordergrund. Ich schrieb ein paar meiner alten Stücke um und komponierte wie verrückt neue Melodien, ergriffen von einem herrlichen Fieber der lyrischen und musikalischen Kreativität. Nach kurzer Zeit hatte ich mehrere Lieder fertig. Ich spielte sie meiner Frau und ein paar Freunden sowie in ein paar Kaffeehäusern vor und erhielt sehr positive Rückmeldungen. Von allen Seiten ermutigte man mich, meine Lieder aufnehmen zu lassen.

Mir war klar, dass ich in ein professionelles Studio gehen musste, um mit der Qualität zufrieden zu sein. Ich hatte seit Jahren kein Aufnahmestudio mehr betreten und war ziemlich nervös, aber ich machte trotzdem in einem Studio bei uns in der Nähe einen Termin aus.

Am Tag vor der Aufnahme saß ich in meinem Büro und genoss das schöne Wetter und die laue Luft, die durch die offene Glastür hereinkam. Ich sortierte meine Lieder mit einem Gefühl der Nervosität und Aufregung. Immer wieder tauchte in mir die kritische Stimme des Egos auf und stellte warnende Fragen wie: »Was glaubst du denn, wer du bist? Was machst du da eigentlich?«

Während ich so darüber nachsann, hopste ein riesiger Grashüpfer ins Zimmer und landete direkt neben meinem Computer. Ich hatte schon jahrelang keine Grashüpfer mehr gesehen – und nun sprang einer direkt neben mich! Ich starrte ihn einen Moment lang an und fragte dann innerlich: »Also gut, liebes Geisttier, was bedeutet ein Grashüpfer?« Und in meinen Gedanken hörte ich die Antwort: »Fasse Mut und spring!«

»Nun gut, ziemlich klare Metapher«, dachte ich, aber ich wollte mehr wissen. Zuerst schlug ich in meinem Buch über Geisttiere nach – aber siehe da: Kein Wort über Grashüpfer! Also ging ich ins Internet. Auf einer Website (http://www.sayahda.com/cyc2.html) »sprang« mich unter anderen möglichen Bedeutungen besonders der Satz an: »Eine der Gaben dieser Insekten ist die des Klangs und des Gesangs. Gesänge sind ein alter Weg der Bewusstseinsveränderung und der Kommunikation mit unseren Verwandten in den geistigen Welten.«

Ich bekam eine Gänsehaut beim Lesen: Mein Körper teilte mir mit, dass es sich um eine spirituelle Wahrheit handelte. Jetzt war klar, dass ich ins Tonstudio gehen musste. Und ich kann erfreulicherweise mitteilen, dass ich am nächsten Tag fünf Lieder aufnahm und mit den Ergebnissen sehr zufrieden war.

Ich habe schon viele Dinge dieser Art erlebt und kenne Dutzende von Geschichten von anderen, wo ein Tier auftauchte und eine wichtige Botschaft des Rats oder der Heilung überbrachte. All das beweist mir immer wieder die Macht der Erdmagie.

Geisttiere als Boten von Verstorbenen

Geisttiere treten oft auch in ihrer physischen Form als Boten von Verstorbenen auf. Viele Leute haben mir von solchen Erfahrungen erzählt oder geschrieben. Meistens ist der Bote ein Vogel, aber durchaus nicht immer.

Tony zum Beispiel ging kurz nach dem Tod seines Vaters an einem Strand entlang. Ein Delfin schwamm dicht am Ufer. Er schien das gleiche Tempo zu halten wie Tony und machte ab und zu einen Sprung. Tony wusste intuitiv, dass der Geist seines Vaters durch den Delfin mit ihm kommunizierte.

Eine andere erstaunliche Erfahrung handelt von Gänsen. Scott Renfro hat sie mir geschrieben und mir erlaubt, sie hier zu veröffentlichen:

Meine Eltern liegen auf einem Friedhof am Ende der Straße, in der ich wohne. Eines Tages beschloss ich nach einem Besuch bei meiner Freundin Stacey, mit dem Fahrrad zum Friedhof zu fahren und einen kleinen Blumenstrauß hinzubringen. Ab und zu spüre ich die Gegenwart meiner Eltern, ganz besonders wenn ich in der Nähe des Grabes bin. Beim

Betreten des Friedhofs bat ich den Geist meiner Eltern, zu mir zu kommen und mir bei ein paar Dingen zu helfen, die mir Sorgen machten. Ich säuberte die Grabstelle und ordnete die Blumen richtig an – ich bin ein wenig perfektionistisch. Ich betete und dankte dafür, dass ich meine Eltern so lange bei mir hatte, wie es eben war. Doch das genügte mir nicht. Ich hatte das Bedürfnis, meine Mutter um ein Zeichen zu bitten, dass sie im Geiste bei mir waren.

Ich weiß, dass uns die nahestehenden Verstorbenen durch Tiere Botschaften zukommen lassen, deshalb achte ich stets sehr wachsam auf Botschaften aller Art. An jenem Tag schmerzte mein Herz, und mein Vertrauen wankte; deswegen war mein Bedürfnis nach einer Botschaft besonders groß. Ich sollte einen Artikel schreiben und war unsicher, ob ich es schaffen würde.

Fast unmittelbar nachdem ich meine Mutter um ein Zeichen gebeten hatte, dass sie und mein Vater bei mir seien, flog eine Schar Gänse nur etwa 30 Meter links von mir vorbei. Ich wusste aus dem Buch von Steven Farmer und von anderen, dass Gänse unter anderem bedeuten, ich solle meine Ahnen um Rat und Hilfe bitten. Außerdem sind sie eine Aufforderung zu kreativem Schreiben.

Ich war baff. Ich fühlte mich sehr gesegnet, dass ich dieses Zeichen erkennen konnte. Es passte so perfekt zu dem, womit ich gerade rang. Die Botschaft hätte nicht klarer sein können, aber da ich ein Skeptiker bin, bat ich meine Mutter, eine Gans direkt über meinen Kopf fliegen zu lassen, damit ich sicher wäre, dass sie es wirklich ist. Ziemlich anspruchsvoll, nicht wahr? Aber ich sehnte mich nach etwas ganz Sicherem. Ich wartete eine ganze Weile, ohne dass etwas geschah. Schließlich stieg ich auf mein Fahrrad und begann meinen Heimweg.

Während ich so durch den Friedhof radelte, hing ich weiter meinen Sorgen nach. Ich hatte zwar gerade eine Bestätigung erhalten, aber ich war immer noch unsicher. Trotz meiner Skepsis hielt ich jedoch alle meine Sinne offen – Gott sei Dank! Kurz vor dem Friedhofstor hörte ich noch einmal Gänsegeschrei, diesmal zu meiner Rechten. Ich hielt an und schaute mich um: Eine Gans flog direkt auf mich zu! Ich war wie gelähmt und rührte mich nicht vom Fleck.

Die Gans flog direkt über meinen Kopf und schaute mir dabei unmittelbar in die Augen. Direkt danach kam eine zweite Gans, die mich ebenfalls anschaute und über meinen Kopf segelte. Beide Gänse unterbrachen ihre Schreie, während sie über mich flogen, als wollten sie sagen: »Ja, wir wurden zu dir gesandt.« Ich hatte um eine Gans gebeten und zwei bekommen, und beide hatten mich direkt angeschaut, als wollten sie sichergehen, dass ich auch aufpasste. Sie waren wohl mit mir zufrieden, denn sobald sie an mir vorüber waren, nahmen sie ihre Schreie wieder auf. Ich empfing Liebe, als ich sie dringend brauchte, von der Gans als Botschafterin meiner lang verstorbenen Eltern, die ich immer noch liebe und vermisse.

Heilung mit Geisttieren

Ein weiterer Dienst, den uns die Geisttiere erweisen, ist die Heilung von vielen Beschwerden. Wenn Sie Heilarbeit machen, ob Sie es nun »Schamanismus« nennen oder »Erdmagie«, ist es unbedingt notwendig, dass Sie sich von Ihrem Krafttier raten und helfen lassen. Wenn Sie mehr Erfahrungen gesammelt haben, werden Sie merken, dass einer Ihrer geistigen Begleiter mehr für das Heilen geeignet ist als andere. Von den vier Krafttieren, mit denen ich zurzeit arbeite, ist es immer ein bestimmtes, das ich rufe, wenn ich heilerisch arbeite.

Es kann auch sein, dass ein bestimmtes Geisttier während einer Krise unerwartet erscheint oder dass Sie darum bitten, es möge

Ihnen eines zur Seite stehen. Wenn Sie darum bitten, halten Sie Ausschau nach Zeichen! Achten Sie auf sämtliche Informationen, die durch alle Sinne kommen.

Yoshiko und der Geist des Wolfes

Das Folgende ist eine beeindruckende Geschichte davon, wie der Geist des Wolfes einem jungen Mann bei seiner Heilung half. Ein junger, an Leukämie erkrankter Japaner namens Yoshiko schrieb mir von einem Traum, den er gehabt hatte, und bat mich um eine Interpretation. Der Wolf tauchte in seinen Träumen auf und überbrachte ihm auf diesem Weg Botschaften. Hier folgen die E-Mails, die wir im Lauf einiger Wochen ausgetauscht haben.

Yoshiko schrieb:
Seit letztem April kämpfe ich mit Leukämie. Ich hatte meine Behandlungen abgeschlossen und Ende Juli letzten Jahres das Krankenhaus verlassen. Dann bekam ich eine Infektion und musste wieder den ganzen September in die Klinik. Ich bin fast gestorben, aber ich habe mich wieder erholt. Jetzt liege ich erneut im Krankenhaus wegen Grippe und Lungenentzündung. Wann immer ich dem Tod nahe war, hatte ich merkwürdige Träume. In einem davon begegnete ich einem Wolf. Das war das erste Mal seit meiner Erkrankung, dass ich in meinen Träumen ein Tier gesehen habe. Der Traum ging so:
Ich befand mich in einer Art Prärie und traf auf einen Wolf. Er starrte mich an. Ich konnte mich seinem Blick nicht entziehen. Seine Augen waren wunderschön. Plötzlich hörte ich seine Stimme sagen: »Komm!«, und er begann zu gehen. Zuerst wusste ich nicht, was ich tun sollte, doch dann sah er zu mir zurück und forderte mich auf: »Komm, folge mir!« Also folgte ich ihm. Er führte mich auf einen Hügel, doch

dann erkannte ich, dass es eine Klippe war. Ich erblickte einen schönen Wald mit einem Fluss und einen Sonnenaufgang. Es war alles so schön! Dann sagte der Wolf: »Geh heim! Er wartet auf dich.« Ich wusste nicht, wovon er sprach, also fragte ich: »Wie kann ich heimgehen?« Er antwortete: »Spring!«, und stieß mich von der Klippe. Ich hatte große Angst, aber dann merkte ich, dass ich fliegen kann!

Während ich fiel, sprach er weiter: »Dies ist nicht der Ort, wo du sein solltest ... Du musst heimgehen. Er wartet auf dich.« Ich fragte: »Werde ich dich wiedersehen?« Und er antwortete: »Bald.« Dann wachte ich auf. Ich hatte eine Woche lang hohes Fieber gehabt, aber nach dem Traum fiel es, und vor allem fühlte ich mich großartig! Ich hatte eine schlimme Grippe und Lungenentzündung und war wieder dem Tod nahe gewesen, aber nach diesem Traum war das alles fast weg.

Meinen Sie, der Traum hat eine Bedeutung? Ist der Wolf mein Beschützer? Ich frage mich, wie ich diesen Traum verstehen soll. Es wäre mir eine große Freude, wenn Sie ihn für mich interpretieren könnten.

Ich antwortete darauf:

Das ist ein großartiger Traum und ich freue mich, dass Sie darin Trost gefunden haben. Ja, der Geist des Wolfes wacht über Sie. Er wird Sie in die andere Welt führen, wenn die Zeit dafür gekommen ist, sei es bald oder in vielen Jahren. Er ist ein starker Beschützer, sehr loyal und absolut vertrauenswürdig. Sie haben geschrieben, dass Ihre Grippe und Ihre Lungenentzündung nach diesem Seelenbesuch besser waren und es Ihnen sehr gut ging, was nur bestätigt, dass er Ihnen wirklich hilft.

Es tut mir leid, von Ihrem Kampf mit dieser Krankheit zu hören, und ich vertraue darauf, dass Sie alle Hilfe bekommen, die Sie brauchen – physisch und spirituell. Rufen Sie den Geist des Wolfes, wann immer Sie sich fürchten oder in Schwierigkeiten sind, und er wird Ihnen helfen.

Etliche Tage später schrieb Yoshiko:
Ich bin vor zwei Wochen endlich aus der Klinik entlassen worden. Direkt danach sah ich den Wolf wieder. Ich war so froh, aus der Klinik heraus zu sein, aber ich war auch voller Ärger. Ich hatte die Nase voll vom Kranksein. Seit einem Jahr scheinen das Gute und das Böse um mich zu kämpfen, und das Böse fraß meinen Geist auf.
In meinem Traum waren wir in dem Wald und ich saß nahe bei dem schönen Fluss. Der Wolf kam zu mir und setzte sich direkt neben mich, ohne etwas zu sagen. Als ich ihm in die Augen sah, fühlte ich, wie er sagte: »Du bist nicht allein. Ich bin immer bei dir.« Wir blieben dort lange Zeit. Ich war vorher ziemlich aufgebracht gewesen, aber nach diesem Traum fühlte ich mich ruhig und beschützt.
Im Lauf des letzten Jahres war ich so oft dem Tod nahe, aber dann kam immer irgendwo Hilfe her. Ich hatte eine Vision von einem Mann, der ganz in Licht eingehüllt war. Er strich mit seinen Händen über meinen Körper und über meinen Kopf. Dann war er verschwunden, aber ich fühlte mich hinterher sehr viel besser. Ich wollte viele Male sterben, aber ich konnte nicht. Ich frage mich, warum mich Gott so leiden lässt und mir dann wieder hilft. Und ich frage mich: Gibt es irgendeinen Grund für mich, zu leben?

Ich schrieb zurück:
Auch dieser Traum hat Sie daran erinnert, dass der Wolf über Sie wacht und Ihnen bei Ihrer Heilung hilft. Nehmen Sie immer wieder Kontakt mit ihm auf, er ist offenbar sehr bereitwillig, Ihnen als Beschützer und Begleiter zu dienen. Es ist schwer zu verstehen, warum es Leiden gibt, sei es das eigene oder das Leiden anderer. Es ist eine Tatsache unse-

res Lebens, dass es immer wieder Zeiten gibt, wo das vorkommt. Ich weiß nicht, ob es überhaupt eine angemessene Erklärung dafür gibt, und ich kann Sie gut verstehen, dass Sie fragen, was diese Zyklen der Schwierigkeiten und der Erleichterung sollen. Wenn wir leiden, verlieren wir oft zumindest für eine Weile unser Vertrauen in das Leben, manchmal verfluchen wir sogar Gott.

Es gibt ein Zitat aus dem Buch Illusionen[11] von Richard Bach, das lautet ungefähr so: »Und so kannst du prüfen, ob deine Aufgabe auf der Erde erledigt ist: Wenn du lebst, ist sie es nicht.«

Ich wünsche Ihnen alles Gute bei der Bewältigung dieser schwierigen Aufgabe!

Drei Wochen später schrieb Yoshiko:

Entschuldigung, dass ich Ihnen das letzte Mal so eine depressive Mail geschrieben habe. Es geht mir mental und körperlich recht gut. Ich sehe den Wolf jetzt jede Nacht in meinen Träumen. Wir spielen, laufen, essen … Es ist herrlich! Er hat gesagt, ich inspiriere und erheitere die Menschen, einfach indem ich bei ihnen bin. Er hat gesagt, ich muss wieder gesund werden, aber ich muss mich auch während der schlechten Zeiten annehmen – niemand ist perfekt. Ich bin jedes Mal sehr glücklich, wenn ich mit ihm geredet habe. Es ist prima!

Ich antwortete:

Es ist schön, von Ihnen zu hören – auch dass Sie so viel mit dem Wolf spielen. Er rät Ihnen offenbar wundervoll und es macht einen sehr hoffnungsvollen Eindruck!

---

[11] Richard Bach: *Illusionen: Die Abenteuer eines Messias wider Willen*. Vom selben Autor ist auch die bekannte Geschichte *Die Möwe Jonathan*.

Dann schrieb Yoshiko:

> Ich weiß, es ist nicht realistisch, aber ich hoffe, dass alle auf der Welt glücklich und irgendwie von allem geheilt sein werden, worunter sie jetzt vielleicht leiden. Ich bete jeden Tag für alle meine Freunde und wünsche mir, dass jeder, dem ich begegne, glücklich und gesund sein wird. Habe ich schon geschrieben, dass ich einmal, während ich in der Klinik war, meinen Glauben verlor? Da war ein Junge, der auch Leukämie hatte. Es ging ihm ziemlich schlecht, aber er besuchte mich fast jeden Tag und sagte mir, dass ich wieder gesund würde.
>
> Als er eines Tages nicht kam, wusste ich, dass er im Sterben lag. Es ging mir zu jener Zeit auch ziemlich schlecht und ich konnte kaum gehen. Aber ich setzte mir eine Perücke auf und falsche Augenbrauen (weil mir alles Haar ausgefallen war) und besuchte ihn in seinem Zimmer. Er lag im Sterben. Aber als er bemerkte, dass ich da war, lächelte er! Das war das letzte Mal, dass ich ihn lebend sah. Ich betete zu Gott, uns zu helfen oder ihn zu verschonen, falls er uns nicht beiden helfen könne. Dieser Junge hatte noch so viel Zukunft vor sich, aber Gott hat ihn nicht verschont. Nach dieser Erfahrung verlor ich eine Zeit lang meinen Glauben. Aber jetzt habe ich ihn wiedergefunden. Ich habe im Krankenhaus viele Leute kennengelernt, und alle meine Freunde haben für mich gebetet. Ich hätte das nie erwartet. Ich dachte, ich wäre allein, aber ich merkte, das stimmte nicht. Ich konnte meine Freunde um Hilfe bitten, wenn ich es brauchte, und sie freuten sich, wenn sie etwas für mich tun konnten. Ich fühle mich sehr gesegnet. Jetzt denke ich, dass ich für mich selbst und für die Menschen leben sollte, die an Leukämie gestorben sind. Sie wollten leben, aber aus irgendeinem Grund konnten sie es nicht.
>
> Übrigens hat der Wolf mich seiner Familie vorgestellt; sie haben mich herzlich willkommen geheißen. Es war, als

wollte mir der Wolf zeigen, wie wundervoll es ist, eine Familie und Kinder zu haben. Ich glaube, ich werde keine Kinder bekommen können, aber es war schön, so eine nette Familie kennenzulernen. Ich bin ihm ähnlich, denn ich bin auch sehr besorgt um die Menschen, die mir nahestehen; deshalb habe ich mich in seiner Familie sehr wohlgefühlt. Ich wünschte, ich könnte solche Verbindungen haben.

Zwei Monate später schrieb Yoshiko:

Es geht mir sehr gut. Ich werde sowohl mental als auch körperlich immer kräftiger. Ich plane sogar, wieder berufstätig zu sein! Ich sehe meinen lieben Wolf immer noch ein paarmal die Woche. Er ist zu einem Teil meines Lebens geworden. Ich habe die Meditation von Ihrer CD ausprobiert; da habe ich ihn auch gesehen: Er rannte und tollte umher, aber in meinen Träumen ist er ruhig. Er hat mich ermutigt, den nächsten Schritt zu machen, also beschloss ich, wieder arbeiten zu gehen.

Während ich dieses Buch abschloss, erhielt ich noch eine Mail von Yoshiko:

Ich arbeite jetzt wieder, und zwar in der Finanzindustrie, in einer der meistbeschäftigten Gruppen. Deshalb muss ich manchmal bis 2 Uhr morgens arbeiten. Viel Druck … Ich bin in den letzten zwei Monaten oft erschöpft gewesen. Dann erschien mein lieber Wolf mit seiner Familie in meinem Traum und half mir. Zuerst strich mir seine Tochter Kachina über den Kopf und wir schliefen zusammen. Während sie mir über den Kopf strich, sagte sie: »Du bist ein guter Mensch.« Später erkannte ich, dass ihre Mutter Aurora direkt neben uns saß und auf uns aufpasste. Sie war ruhig. Etwas weiter weg sah ich meinen Wolf, wie er über uns wachte, und ich fühlte mich sehr sicher.

Am nächsten Tag sah ich den Wolf in meinem Schlafzimmer, während ich noch wach war. Ich war kurz vor dem Einschlafen, aber ich spürte, dass jemand neben mir saß. Ich sah seine Augen – wunderschöne Augen! Ich hatte überhaupt keine Angst. Ich wusste, dass er es war, sobald ich seine Augen im Dunkeln glühen sah. Ich hörte ihn sagen: »Ich bin immer bei dir, bin es immer gewesen.« In der letzten Zeit hatte ich wegen des Drucks bei der Arbeit schlecht geschlafen, aber in jener Nacht schlief ich bestens. Vor ein paar Tagen fragte ich ihn in meinem Traum, ob er auch meine Freunde beschützen könne, und er sagte: Ja, an wen ich dächte, den werde er beschützen. Und er sagte, er habe das bereits getan. Das ist sehr interessant. Ich bat ihn also, meine Eltern und meine Schwester zu beschützen, außerdem meine Freundin in USA, die mir von Ihnen erzählt hat. Er meinte, meine Freundin sei sehr nett und er liebe sie auch. Sie weiß nicht, dass der Wolf bei ihr ist, aber er ist da. Ich fand diese Geschichte sehr interessant und wollte sie gerne mit Ihnen teilen.

Alles Liebe,
Yoshiko

Der Geist des Wolfes kam zu diesem jungen Mann als Lehrer, Heiler und Beschützer. In vielen Traditionen gilt der Wolf als Lehrer und Beschützer, und Yoshikos Erlebnisse zeigen, wie mitfühlend und stark ein tierischer Geistführer sein kann.

Ich wiederhole gerne noch einmal, dass in allen emotional oder physisch schwierigen Situationen – und seien sie auch so lebensbedrohlich wie die von Yoshiko – ein Geisttier auftauchen kann, um Ihnen zu helfen. Sie müssen jedoch nicht darauf warten. Sie können auch von sich aus jederzeit den Geist des Tieres anrufen, von dem Sie meinen, dass es Ihnen hilfreich sein könnte.

Als Nächstes wollen wir uns mit einigen anderen Arten von Geisthelfern befassen.

10. Kapitel

Himmlische Geisthelfer

Bislang habe ich den Schwerpunkt eher auf eine Verbindung mit den Ahnen und Geisttieren gelegt, doch es gibt auch eine Reihe anderer Geistwesen, die bei der Ausübung von Erdmagie sehr hilfreich sind. Es kommt einfach darauf an, zu welchen Geistwesen Sie sich besonders hingezogen fühlen. Zu unserem Zeitpunkt der Geschichte und Evolution haben wir das Privileg, Zugang zu vielen verschiedenen spirituellen und religiösen Praktiken zu haben; so haben wir auch die Gelegenheit, uns unsere eigene persönliche Reihe von Geisthelfern zusammenzustellen.

Aus schamanischer Sicht sind himmlische Geisthelfer Wesen, die in der »Oberen Welt« leben. Viele der heutigen Religionen und spirituellen Praktiken neigen dazu, sich mehr oder weniger ausschließlich auf die himmlischen Bereiche zu beziehen. Natürlich nennen sie es nicht »Obere Welt«, und meistens schließen sie auch die Möglichkeit aus, dass Wesen von dort die irdischen Reiche besuchen könnten. Je mehr wir uns der Natur entfremden, desto weniger bemerken wir die Lebenskraft, die uns umgibt und die durch jedes Lebewesen auf diesem Planeten zum Ausdruck kommt. Doch in der Erdmagie ehren wir alle himmlischen Geistwesen genauso wie die Geistwesen der Erde, die uns beraten und helfen, das Leiden der Welt zu lindern.

Abgesehen von wenigen Ausnahmen sind die Geistwesen der himmlischen Reiche oder der Oberen Welt menschenähnlich. Zu ihnen gehören unter anderem die Ahnen, die Erzengel und die Aufgestiegenen Meister. Dies sind kraftvolle Begleiter, die genauso um Hilfe gebeten werden können wie die Geistwesen des Tierreichs. Es kommt in erster Linie auf Ihre persönlichen Vorlieben an, auf die Fragestellung, um die es geht, und auf die Beziehung, die Sie zu einem Geisthelfer entwickelt haben.

Schutzengel

Von Ausnahmen abgesehen, ist ein Schutzengel häufig ein verstorbener geliebter Mensch oder ein Vorfahre, den Sie direkt oder indirekt kannten, meistens aus den beiden vorigen Generationen. Sie unterscheiden sich von den Erzengeln darin, dass sie selbst einmal über die Erde gegangen sind. Es sind menschliche Wesen, die weiterhin nach Ihnen schauen und zu Hilfe kommen, wenn Sie sie darum bitten. Zum Zeitpunkt des Todes erwarten uns oft unsere Schutzengel auf der Schwelle zur Geisteswelt, zusammen mit anderen Geisthelfern. Wenn ein Mensch ein wenig offen dafür ist, nimmt er manchmal wahr, wie sie auf ihn warten.

Mein ältester Bruder Ron kämpfte jahrelang mit den immer stärkeren Einschränkungen und Beschwerden des Diabetes. Die letzten zwei Jahre seines Lebens ging er nur noch in Krankenhäusern ein und aus, bis er irgendwann beschloss, es sei jetzt genug und er wolle sterben. Seine Frau Susan organisierte für ihn einen Platz in einer Einrichtung, wo er weiterhin Flüssigkeit und Morphium bekam. Ich hatte zum Glück Zeit, um an ihren Wohnort Minnesota zu fliegen und mich von Ron zu verabschieden. Vom Zeitpunkt seiner Entscheidung an lebte er nur noch neun Tage. Ich empfand es als einen Segen, dass ich noch ein paar Stunden mit ihm verbringen konnte, während er langsam in die Geisteswelt überging.

Während wir an seinem Sterbebett Wache hielten, hatte ich ungefähr eine halbe Stunde, in der ich mit ihm alleine war. Ich sprach mit ihm in meiner – wie ich sie nenne – »hypnotischen« beziehungsweise »Meditations-Stimme«: etwas tiefer und langsamer, als ich gewöhnlich rede. Seine Augen waren die ganze Zeit geschlossen und er konnte nur mit Nicken und Brummen kommunizieren. Natürlich wusste auch er, dass seine Zeit gekommen war; insofern ging ich sanft, aber auch sehr direkt mit ihm um. An einem gewissen Punkt des Gesprächs reckte er ein wenig den Kopf. Ich fragte ihn, ob er jemanden sehe, und er nickte. Ich fragte, ob er unsere Eltern sehe. Er nickte. Ich fragte, ob er Randy, unseren Neffen, sehe, der im Alter von 13 Jahren verstorben war. Ja. Ich fragte noch nach einigen anderen Verwandten, die ihm nahestanden, und er nickte immer wieder bestätigend. Ich wusste intuitiv, dass unsere Eltern nicht nur am Tor zur Geisteswelt auf ihn warteten, sondern dass sie auch hier an seinem Sterbebett bereits als Schutzengel über ihn wachten.

Als Nächstes leitete ich Ron durch eine geführte Meditation. Ich fragte ihn, ob er den Engel hinter sich sehen und spüren könne. Er brummte und nickte leicht. Ich schlug ihm vor, sich sanft nach hinten in den Engel sinken zu lassen und zu fühlen, wie ihn die Engelsflügel sanft und liebevoll umarmten. Bei jedem Schritt der Meditation fragte ich ihn, ob er es so sehe, und jedes Mal bestätigte er es. Es dauerte nur ein paar Minuten, aber es fühlte sich zeitlos an. Als ich die Meditation abschloss, füllten Tränen meine Augen, und ich sah, dass auch Ron eine Träne über die Wange lief. Ich legte ihm die Hand aufs Herz und betete, dass er einen sicheren Übergang haben möge. Ich küsste ihn auf die Stirn, sagte zu ihm: »Adieu, mein Bruder«, und zog mich dann langsam von ihm und aus dem Zimmer zurück. Ich spürte einen tiefen Frieden und große Freude.

Es ist eine meiner kostbarsten Erinnerungen. Ich bin sicher: Wenn meine Zeit gekommen ist, wird mich Ron zusammen mit dem Rest der Bande an der Schwelle erwarten.

Erzengel

Erzengel sind himmlische Wesen, die nie auf der Erde gelebt haben. Doreen Virtue schreibt in ihrem Buch *Himmlische Hilfe – Wie man die Engel erkennt*:

Die Erzengel beaufsichtigen die Schutzengel. Sie sind meistens größer, stärker und mächtiger. Je nach Glaubensrichtung gibt es vier, sieben oder unendlich viele Erzengel.

Die Erzengel sind unabhängig von religiösen Bekenntnissen, sie helfen jedem, egal welcher Religion oder auch ohne Religion. Sie können jedem von uns gleichzeitig individuell zur Seite stehen, weil sie jenseits von räumlichen und zeitlichen Beschränkungen existieren.

In unserem Zusammenhang möchte ich hier die vier wesentlichen Erzengel vorstellen, plus meinen Favoriten Chamuel. Bei diesen kurzen Beschreibungen orientiere ich mich an dem oben genannten Buch von Doreen Virtue:

– **Erzengel Michael:** Sein Name bedeutet »Der wie Gott ist«. Michael ist sozusagen der Allzweck-Erzengel mit dem Schwert an seiner Seite. Er hilft Ihnen, wenn Sie Angst haben oder Schutz brauchen, und er leitet Sie auf Ihrem Lebensweg. Mit welchen Geistwesen Sie auch sonst arbeiten mögen: Er ist der perfekte Erzengel für wichtige Lebensveränderungen. Darüber hinaus kann er prima bei mechanischen oder elektronischen Problemen helfen. Ich erinnere mich an zwei Situationen, bei denen sich mein Computer merkwürdig verhielt. Ich bat Michael um Hilfe, und in wenigen Sekunden war das Problem verschwunden.

Michael war auch bei meinem Bruder Ron in seinen letzten Tagen.

– **Erzengel Raphael:** Dieser Erzengel ist besonders hilfreich bei körperlichen Heilungen. Sein Name bedeutet passenderweise »Gott heilt«. Wie auch immer Sie heilerisch arbeiten und welche Wesen Ihnen dabei zur Seite stehen: Sie sollten Raphael unbedingt mit einbeziehen. Bitten Sie ihn auch bei eigenen Verletzungen oder Krankheiten um Hilfe, oder wenn ein Tier verletzt oder krank ist. Auf Reisen können Sie ihn darum bitten, für eine sichere und angenehme Reise zu sorgen.

– **Erzengel Gabriel:** Sie (ja, *sie[12]*) ist die Botin unter den Engeln und eine wichtige Unterstützung für Autoren, Lehrer und Journalisten. Wenn Sie merken, dass Sie mit einem Projekt nicht vorwärtskommen, kann sie Sie wirksam voranschubsen. Stellen Sie sicher, dass Sie darauf vorbereitet sind, wenn Sie sie um Hilfe bitten! Sie hilft auch bei allem, was mit Kommunikation zu tun hat, bei Kinderwunsch und bei Problemen, die mit der frühen Kindheit zusammenhängen.

– **Erzengel Uriel:** Uriel ist der Problemlöser unter den Engeln. Wenn Sie eine Situation lösen müssen, bitten Sie ihn um Hilfe. Sein Name bedeutet »Gott ist Licht«. Er erhellt alle schwierigen Situationen und schenkt Ihnen Erkenntnisse, um das Problem zu bewältigen.

– **Erzengel Chamuel:** Er ist der Finde-Engel. Wenn Sie etwas (oder auch jemanden) vermissen beziehungsweise verloren haben oder nicht finden, bitten Sie Chamuel um Hilfe. Sein Name bedeutet »Der Gott sieht«. Ich habe vielfach die Erfahrung gemacht, dass er mir half, etwas wiederzufinden. Er kann auch bei romantischen Beziehungen, Freundschaften oder neuen Arbeitsplätzen hilfreich sein. Und er ist nützlich in der Klärung von Missverständnissen innerhalb von Beziehungen.

Nach meiner Erfahrung verträgt sich die Zusammenarbeit mit diesen himmlischen Geistwesen wunderbar mit den Beziehungen zu anderen Geistwesen aus anderen Reichen. Wie gesagt, es hängt davon ab, was Sie persönlich vorziehen: Wo fühlen Sie sich hin-

---

[12] Die Wahl des weiblichen Personalpronomens rührt daher, dass Doreen Virtue und etliche andere Menschen, die mit Engeln arbeiten, die Energie dieses Erzengels als eher »weiblich« erspüren. Siehe auch das Buch *Die Erzengel – 15 Begleiter auf dem Weg in ein erfülltes Leben* von Isabelle von Fallois. (Anm. d. Red.)

gezogen, was glauben Sie und wo stehen Sie auf Ihrem Lebensweg? Ich möchte Sie jedoch gerne ermutigen, auch Beziehungen zu neuen Geistwesen auszuprobieren. Schauen Sie einfach, was passiert. Der Beweis liegt immer in Ihren Erfahrungen, nicht in Ihren Überzeugungen.

11. Kapitel

Naturgeister

Viele Kulturen in aller Welt kennen diverse Namen für verschiedene Naturgeister. Diese Geistwesen sorgen für die unterschiedlichen Aspekte der Natur. Manche nennen sie auch »Elementale«, »Feen« oder »Devas«, auch wenn jede dieser Gruppen eigentlich eigene Eigenschaften und Zuständigkeitsbereiche hat.

Ein faszinierendes Beispiel für die Zusammenarbeit mit Naturgeistern ist die Geschichte der Findhorn Foundation nahe dem schottischen Dorf Findhorn an der Nordostküste Schottlands. Die Findhorn-Gemeinschaft begann 1962 mit Eileen und Peter Caddy, ihren drei Kindern und ihrer Freundin Dorothy Maclean. Sie waren schon vorher den spirituellen Lehren von Sheena Govan gefolgt. Trotz des schlechten Bodens und des rauen Klimas hatten sie in ihrem Garten bald so erstaunliche Erträge, dass andere dazustießen und die Gemeinschaft wuchs. Sie existiert bis zum heutigen Tag und ist immer noch den spirituellen Grundsätzen von Maclean und den Caddys verpflichtet.

Kurz nachdem sie nach Schottland gezogen waren, empfing Dorothy Maclean einige tiefgründige Informationen, die auf der Internetseite der Findhorn Foundation[13] dargestellt werden:

Im Mai 1963 empfing Dorothy Maclean während ihrer Meditation eine innere Erkenntnis:

[13] Den folgenden Abschnitt siehe auf Englisch unter www.findhorn.org/What we do/Vision/Co-creation with Nature.

»... Die Kräfte der Natur sind etwas, in das man sich ein-
fühlt, mit dem man Kontakt aufnimmt. Eine deiner Aufga-
ben als mein freies Kind ist es, Naturkräfte wie den Wind
zu spüren, ihre Essenz und ihren Sinn wahrzunehmen und
mit dieser Essenz positiv und harmonisch umzugehen.«
Als Dorothy ihre Erkenntnis Peter mitteilte, hatte er die
Idee, eben jenes, was Dorothy über die Naturkräfte gelernt
hatte, auf ihren verkümmernden Garten anzuwenden.
Dorothy empfing daraufhin die Erkenntnis:
»Ja, ihr könnt im Garten kooperieren. Beginnt damit, an
die Naturgeister zu denken, an die höheren, alles überstrahlenden Naturgeister, und mit ihnen in Einklang zu gehen.
Das wird so ungewöhnlich sein, dass es ihr Interesse weckt.
Sie werden sich sehr darüber freuen, dass ein paar Mitglieder der menschlichen Rasse ihre Hilfe wollen.«
Dorothy stimmte sich zuerst auf die Gartenerbse ein. Als
sich ihre Kommunikation vertiefte, merkte sie, dass sie
nicht nur mit dem Geistwesen der einzelnen Pflanze in
Kontakt stand, sondern mit dem »überstrahlenden« Wesen
der Spezies, nämlich dem *Bewusstsein, das die archetypische
Gestalt und den Entwurf für das höchste Potenzial einer Art
enthält* [meine Hervorhebung].

Dorothy Maclean assoziierte die Freude und Reinheit, die
diese Wesen ausstrahlten, mit Engeln. Zuerst wollte sie sie auch
so nennen, aber dann fürchtete sie, dass der Begriff mit zu vielen
Stereotypen belastet sei, und entschied sich daher, sie »Devas« zu
nennen. Das Wort »Deva« kommt aus dem Sanskrit und bedeutet
»Lichtwesen«.

Peter und Dorothy wandten die Erkenntnisse aus diesen
Meditationen in ihrem Garten an, und der Garten gedieh
prächtig. Das waren die ersten Schritte der Findhorn
Gemeinschaft, mit der Natur in Ko-Kreation zu gehen.

1966 begegnete Peter Caddy Robert Ogilvie Crombie, den sie meistens »Roc« nannten. Rocs Fähigkeit, mit den Elementalwesen zu kommunizieren, ist ein gut dokumentierter Teil der Geschichte der Gemeinschaft. Dass die Gemeinschaft zu einem Ort wurde, an dem die Rolle der Natur im gewöhnlichen Leben in den Vordergrund des Bewusstseins gebracht wurde, ist auch maßgeblich seinem Einfluss zu verdanken.

Die »alles überstrahlenden« Wesen, die Dorothy Maclean »Devas« nannte, sind Naturgeister, vor allem jene, die mit verschiedenen Pflanzen arbeiten. Es gibt viele Geschichten über die enormen gärtnerischen Erfolge in Findhorn, wo auf einem anerkannt kargen Boden, in dem sonst kaum etwas wuchs, jahrein, jahraus Gemüse, Früchte und Blumen gedeihen. Ich habe auch gehört (konnte es allerdings nicht überprüfen), dass sie in Findhorn einen Teil des Gartens den Insekten überlassen haben. Sie sollen mit den Devas und den typischen Gartenschädlingen kommuniziert und ihnen erklärt haben, dass sie in diesem Teil des Gartens völlig ungestört bleiben würden, dass sie jedoch bitte den übrigen Garten den Menschen lassen möchten. Und es soll funktioniert haben.

Auf den Britischen Inseln nennt man die Naturgeister vieler Orts »fairies«, also »Feen«. In anderen Ländern und Kulturen haben sie andere Namen, aber es ging immer darum, die Geistwesen zu benennen, die in den Pflanzen leben. Vor dem industriellen Zeitalter lebten und arbeiteten die Menschen sehr viel enger mit dem Land zusammen; da war es natürlich und allgemein akzeptiert, mit diesen Wesen zu kommunizieren. Sie waren nicht nur die Hüter, sie dienten auch als Vermittler zwischen Menschen und Pflanzen, und jeder, der über die entsprechende Bereitschaft und das Bewusstsein verfügte, konnte mit ihnen kommunizieren. Manchmal machten sie sich sichtbar, doch meistens verschmolzen sie so gut mit ihrer Umgebung, dass sie nicht bemerkt wurden.

Wenn Sie durch einen dichten Wald gehen, nehmen Sie vielleicht aus dem Augenwinkel eine Bewegung wahr, doch wenn Sie sich hinwenden, ist nichts mehr zu sehen: Dann sind Sie vielleicht einer Fee begegnet. Mit viel Glück haben Sie die Chance, dass sie sich auch einen Augenblick lang entdecken lassen, bevor sie verschwinden.

Feen und andere Naturgeister

In den meisten Kulturen kennt man Geschichten und Legenden von Naturgeistern und Elementalen. Die Namen sind zwar unterschiedlich, aber ihre Aufgabe ist immer ähnlich: Sie hüten die Pflanzen und die Elemente, und ihre Personifizierung ermöglicht uns Menschen, leichter eine Beziehung zu ihnen zu entwickeln als zu dem eher abstrakten *Spirit*. Ich habe nur einige der bekannteren ausgewählt, die ich hier beschreiben will. Wenn Sie tiefer in das Thema eintauchen möchten, empfehle ich Ihnen die Quellen im Anhang.

– **Feen:** Wenn wir an Naturgeister denken, tauchen oft als Erstes Vorstellungen von Feen auf. Auf den Britischen Inseln sind die Feen das legendäre »Kleine Volk«, die vertriebenen früheren Bewohner des Landes. Im Lauf der Zeit wurden sie immer kleiner und kleiner, bis sie schließlich an Orten leben konnten, die den Menschen unzugänglich waren. Eine andere Legende erzählt, dass sie die Tuatha de Danaan sind, das Volk der Göttin Dana, die einst über Irland herrschten. Sie wurden vor langer Zeit besiegt und buchstäblich in den Untergrund getrieben.

Feen können zaubern und ihre Form verändern. Sie haben oft Flügel und können fliegen oder sich zumindest sehr flink bewegen. Sie sorgen für das Pflanzenreich, auch für die Bäume. Wenn Sie sie bitten, können Ihnen die Feen in Ihrem Garten helfen; sie mögen es, wenn Sie der Erde Gutes tun. Die Bevölkerung der

Britischen Inseln, besonders Irlands, ehrt die Feen noch immer, indem man ihnen an bestimmten Abenden Nahrung vor die Tür stellt. Sie können sie auch ehren, indem Sie irgendetwas Gutes für die Umwelt tun, zum Beispiel Abfälle einsammeln, oder indem Sie freundlich zu den Pflanzen sind.

– **Nymphen:** Diese Elementale arbeiten mit dem Wasser. Sie helfen, die Gewässer zu reinigen, sie in heilendes Wasser zu verwandeln und den Wasserfluss in der Erdkruste im Gleichgewicht zu halten. Sie helfen auch den Wasserwesen wie Fischen, Amphibien und Meeressäugern. Sie sind Ihnen freundlich gesinnt, wenn Sie ihre Lebenswelt respektvoll behandeln.

– **Elfen:** Die meisten meinen, dass Elfen eine mysteriöse Rasse sind, die seit Anbeginn der Zeit auf der Erde lebt. Sie entwickelten sich zu ätherischen Wesen, die den Menschen ähnlich sehen. Sie sind ganz ähnlich, wie sie in Tolkins *Der Herr der Ringe* und in den Filmen von Peter Jackson dargestellt wurden. Sie haben hohe Wangenknochen und spitze Ohren, sind außerordentlich schön und haben sehr scharfe Sinne, besonders ihr Sehen und Hören ist sehr ausgeprägt. Manche Elfen gelten als unsterblich, während andere Stämme nach ein paar Hundert Jahren sterben. Der Tod bedeutet für sie einfach, zur Natur zurückzukehren.

Elfen sind friedvolle, ruhige und geduldige Wesen, die im Einklang mit der Natur leben. Sie wohnen in Wäldern oder nahe von Seen, besonders gerne in dichten, großen Bäumen. Sie halten sich aus den meisten Dingen heraus und mischen sich nicht mit anderen Rassen. In der Regel sind sie für die Aufrechterhaltung von Frieden und Harmonie in der Pflanzenwelt verantwortlich und versorgen die Pflanzen mit Licht.

– **Gnome:** Sie leben entweder in der Erde oder in Wäldern. Gnome sind stark mit dem Element Erde verbunden. Sie sind etwa 60 bis 90 Zentimeter groß und sehen knorrig aus. Sie neigen dazu, auf die Menschen herabzusehen, und trauen ihnen nicht über den Weg. Sie kümmern sich um den Wald und arbeiten mit den Pflanzenwurzeln, indem sie Informationen, welche die Pflanzen erhalten, an die Erde weitergeben. Sie unterstützen auch die Tiere, vor allem jene, die im Wald dicht am Boden leben.

– Leprechauns (eine irische Art von Kobolden): Leprechauns gehören zu meinen persönlichen Lieblingen. Sie sind ältere, kleine Männer, die sehr verspielt sind und gerne herumtricksen. Sie brauen ein berauschendes Getränk, dem sie viel und gerne zusprechen. Man sagt, dass sie oft alte, vergrabene Schätze hüten. Wenn Sie einen fangen, wird er Ihnen großen Reichtum versprechen, aber seien Sie vorsichtig: Er trägt zwei Beutel bei sich: einen mit einer Silbermünze, die sich immer erneuert, wenn sie ausgegeben wird, und einen mit einer Goldmünze, mit der er sich aus der Patsche zieht. Sobald er die goldene weggibt, wird sie zu Asche oder Laub.

Wenn Sie Ihren Blick von einem Leprechaun abwenden, kann er blitzschnell verschwinden. Diese Burschen sind sehr trickreich; sie werden versuchen, Ihren Blick irgendwie abzulenken, damit sie verschwinden können.

– Meerjungfrauen: Das Bild der Meerjungfrau ist tief in unser Bewusstsein eingegraben: Der Oberkörper ist jener einer Frau und der Unterleib der eines schuppigen Fisches. Es gibt auch andere Versionen, aber in der irischen Tradition heißt es, die Meerjungfrauen seien heidnische Frauen, die vom heiligen Patrick von der Erde verbannt wurden. Sie riefen passende Männer zu sich und bildeten das Meervolk. Im Unterschied zu dem heute verbreiteten Bild, dass sie halb Mensch und halb Fisch sind, werden sie in älteren Geschichten als Säugetiere beschrieben, die menschliche und fischige Aspekte haben. In anderen Berichten haben sie eher delfinartige Unterleibe und nicht schuppige, und manchmal sieht es auch so aus, als seien es zwei zusammengebundene Beine.

In alten Legenden hören wir von unglücklichen Seeleuten, die sich von den bezaubernden Stimmen der Meerjungfrauen vom Kurs abbringen ließen und ertranken. Meerjungfrauen gelten als sehr hübsch und lieben es, zu singen und zu musizieren. Sie verbringen den größten Teil ihres Lebens unter Wasser, doch es gibt auch Geschichten, in denen sie menschliche Gestalt annehmen und unter uns gelebt haben. Der Mythologie zufolge haben sie eine lichte und eine dunkle Seite. Werden sie respektvoll behandelt, sind sie liebevoll, großzügig und zärtlich. So manchem Mann haben sie Weisheit und Wohlstand gebracht. Aber sie sind auch für ihre Willenskraft bekannt. Ähnlich wie die Göttinnen Aphrodite und Venus sollen sie so manchen Mann vernichtet haben, wenn sie ihm nicht mehr gewogen waren.

Übung: Eine Feen-Suche

Hierbei geht es darum, eine Fee zu finden. Sie sind eher transparent und verschwinden sehr schnell, wenn sie sich entdeckt fühlen. Die Überlieferung lehrt uns, dass wir sie am ehesten dort finden, wo »weder das eine noch das andere« ist. Das bedeutet: zwischen zwei sehr unterschiedlichen Dingen in der Natur, also zwischen zwei sichtbaren Wurzeln eines großen Baumes, einem Stein und der Erde oder aber auf dem Boden zwischen den Kräutern.

Gehen Sie also in die Natur und rufen Sie telepathisch die Feen. Bewegen Sie sich sehr langsam und achten Sie auf die Zwischenräume. Wahrscheinlich werden Sie aus dem Augenwinkel ein Aufblitzen bemerken, und wenn Sie Glück haben, sehen Sie dann eine. Man kann Feen auch gut mit Süßem locken, zum Beispiel mit Crunchy oder Bonbons ...

Sollten Sie das Glück haben, eine Fee zu entdecken, können Sie danach eine schamanische Reise oder eine Meditationsreise zu dieser Fee machen und ihr Fragen stellen. Schreiben Sie alles auf, was Sie erleben.

»Ich glaube doch an Feen! Ganz fest! Ganz fest!«

Ich habe den Walt-Disney-Film *Peter Pan* zum ersten Mal gesehen, als ich sechs Jahre alt war. Wenn Sie auch den ursprünglichen Film kennen, erinnern Sie sich vielleicht an die Szene, wo die Fee Glöckchen fast stirbt. Käpt'n Hook, Peters Erzfeind, hatte immer ein schreckliches Gift bei sich: Es stammte aus den Tränen, die aus seinen roten Augen flossen, und war eine Mischung aus Bosheit, Neid und Enttäuschung; es war sofort tödlich und es gab kein Gegengift. Aus Liebe zu Peter Pan trank Glöckchen das Gift, das eigentlich für Peter bestimmt war. Als Peter entdeckte, was geschehen war, war ihr Licht am Verlöschen. Er flehte sie an, zurückzukommen: »Bitte, Glöckchen, verlass mich nicht!«, doch ihr Licht verlosch immer mehr. Er wandte sich an die Kinder, die bei ihm waren, und bat sie, immer wieder zu wiederholen: »Ich glaube doch an Feen! Ganz fest! Ganz fest!«

Als ich die Szene sah, klatschte ich zusammen mit allen Kindern im Kino mit und wir riefen immer wieder dieses Feen-bestätigende Mantra. Ich hatte Tränen in den Augen, was mir ein bisschen peinlich war, aber ich bin mir sicher, den meisten anderen Kindern ging es ähnlich. Bei den Erwachsenen bin ich mir nicht so sicher.

Natürlich war es nur ein Film, und im Lauf der Jahre wurde ich immer wieder daran erinnert, dass es Feen eigentlich nicht gibt – höchstens eben in solchen Geschichten. So dauerte es nicht lange, bis auch ich den Glauben daran aufgab; ich opferte ihn auf dem Altar des »Erwachsenwerdens«.

Erst Jahre später entdeckte ich, dass es viele Gesellschaften gibt, in denen der Glaube an Feen nicht nur akzeptabel ist, sondern Teil der Kultur, wie etwa in Irland. Ich erfuhr auch, dass es noch viele andere Namen für die Naturgeister gibt, jene Geister, die sich um den »Garten Erde« kümmern, zum Beispiel »Menehune«, »Pockwatchies«, »Veles« oder »Sidhe«.

Es gibt sie also wirklich, die Feen.

132

Libelle oder Fee?

Zu den Fähigkeiten der Feen gehört es, ihre Gestalt zu ändern. Schamanen können das auch. Das Folgende ist eine erstaunliche, wahre Geschichte, wie ich eine Fee die Gestalt verändern sah. Bis zu diesem Zeitpunkt neigte ich zwar dazu, an Feen zu glauben, aber ich war immer noch ein wenig skeptisch. Nach dieser Erfahrung waren alle Zweifel verflogen.

Unter meiner Garage gibt es einen kleinen Raum, in dem ich meine Musikausrüstung aufbewahre. Ich nenne ihn oft mein »Musikzimmer« oder meine »Höhle«. Ich ziehe mich dorthin zurück, wenn ich Lieder schreibe oder einfach Gitarre spiele und singe. Es ist ein schönes Zimmer und ich bin froh, dass ich einen Platz habe, wo ich mich nur auf die Musik konzentrieren kann.

Beim Betreten des Raumes muss ich ein paar Stufen hinaufsteigen. Eines Abends bemerkte ich dabei rechts von mir auf einem Regalbrett eine Libelle. Normalerweise leben Libellen bevorzugt bei Gewässern. Hier in der Nähe gab es nichts dergleichen, insofern überraschte mich der kleine Gast. Ich bewunderte seine glitzernden Flügel, seinen leuchtend grünen Körper und die riesigen Augen. Ich hätte schwören können, dass er mich anlächelte.

Dann erinnerte ich mich an verschiedene Geschichten, dass Libellen eigentlich Feen sind, die einen anderen Körper angenommen haben, oder zumindest ihre Reittiere. Aus irgendeinem Grund wusste ich in diesem Augenblick ganz sicher, dass hier vor mir eine kleine Fee saß, die sich in eine Libelle verwandelt hatte. Es war mir einfach plötzlich vollkommen klar.

In vielen Traditionen gelten Libellen als heilig. Die Schweden betrachten sie als heilige Tiere, und eine schwedische spirituelle Gruppe hält sie für das Symbol der Göttin Freya. Auch den Chinesen und Japanern sind sie heilig und Symbole für Erfolg, Glück, Kraft und Mut. In den Legenden der Zunis tauchen Libellen als schamanische Geschöpfe auf, die zaubern können und sehr mächtig sind.

Das Geschenk

Nachdem ich erkannt hatte, dass mein kleiner Gast eine Fee war, sprach ich mit ihm[14] und hieß ihn in meinem eigenen heiligen Raum willkommen. Ich dankte ihm, dass er Insekten jagte, und wünschte ihm einen guten Appetit. Dann ging ich weiter die Stufen hinauf, nahm meine Gitarre, legte die Noten auf den Notenständer und begann, zu spielen und zu singen. Während der Pausen zwischen den Liedern hörte ich das Surren seiner Flügel.

Die Libelle schwirrte im Raum umher und landete nach ein paar Augenblicken auf meinem Notenständer. Ich lächelte, so wie man lächelt, wenn man einen alten Freund wieder trifft. »Du magst wohl die Musik«, sagte ich im Stillen. Bei näherem Hinsehen bemerkte ich, dass er etwas zwischen den Beinchen hatte. Eine tote Fliege, die von Spinnenweben eingehüllt war. Wieder wünschte ich ihm guten Appetit bei seiner Mahlzeit und bedankte mich für sein Werk.

Dann geschah etwas völlig Unerwartetes: Er ließ die Fliege fallen, und er schien es ganz absichtlich zu tun. Ich wusste, dass es ein Geschenk für mich war! Ich war verblüfft und entzückt darüber, auch wenn mir Fliegen nicht so sehr gut schmecken. Ich dankte ihm trotzdem überschwänglich für seine Großzügigkeit und versprach, am Abend etwas Leckeres vor die Tür zu stellen, für ihn und seine Feenfreunde.

Dann geschah die zweite Überraschung: Ich spielte noch ein paar Lieder, bevor ich meine Gitarre niederlegte, um eine Pause zu machen. Ich holte etwas von meiner Ausrüstung und ein Glas Wasser. Als ich zurückkam, saß er an genau der gleichen Stelle auf dem Notenständer. Er hatte sich gar nicht bewegt. Ich fragte, ob ich seine Flügel streicheln dürfe. Ich hatte den Eindruck, dass er nichts dagegen hätte, also strich ich sanft über seine zarten, wun-

---

[14] Steven Farmer verwendet hier im Englischen die Pronomen im Maskulinum: *he, him, his.* Es gibt die Ansicht, dass es unter den Feen – wie auch bei den Elfen – sowohl solche weiblichen Geschlechts als auch solche männlichen Geschlechts gibt. (Anm. d. Red.)

derschönen Flügel – und er ließ es zu. Ich meinte fast, ihn schnurren zu hören, aber ich bin mir nicht sicher.

Ich brauche wohl nicht zu betonen, wie begeistert ich von meinem kleinen Freund und unserer Begegnung war. Er saß noch weiter bei mir, während ich ein paar Lieder spielte. Als ich den Raum gegen Abend verließ, verabschiedete ich mich von ihm und bot ihm an, so lange zu bleiben, wie er wolle. Später am Abend stellte ich ein paar Apfelstücke für die Feen vor die Tür. Am nächsten Morgen waren sie verschwunden, genauso wie mein kleiner Freund.

Ich habe ihn seitdem nicht wieder gesehen. Die Begegnung mit dem Feenreich, die mir in Form dieser schönen Libelle und ihrem wundervollen Geschenk widerfuhr, werde ich jedoch mein Leben lang nicht vergessen.

12. Kapitel

Pflanzengeister und Pflanzenbewusstsein

Den Naturgeistern nahe verwandt sind die Geister der Pflanzen – die Essenz oder Lebenskraft, die durch und in der physischen Form der jeweiligen Pflanze zum Ausdruck kommt. Diese Sichtweise ist sicherlich noch leicht zu akzeptieren, doch was ist mit der Intelligenz der Pflanze, ihrem Bewusstsein? Wir haben bereits von Malidoma Somé gehört, dass Pflanzen vielleicht die intelligentesten Wesen auf diesem Planeten sind. Wir können annehmen, dass eine Pflanze Bewusstsein hat, obwohl es vielleicht ganz anders ist als das, was wir gewöhnlich für Bewusstsein halten. In der westlichen Welt halten wir das menschliche Gehirn für den Gipfel der Intelligenz und meinen, wir wären die am höchsten entwickelte Art auf dem Planeten, aber wir haben einen blinden Fleck, wenn wir meinen, dass unser Bewusstsein dem anderer Wesen überlegen sei.

Am 2. Februar 1966 machte Cleve Baxter, einer der führenden Experten für Lügendetektoren, eine erstaunliche Entdeckung. Es geschah – wie so oft bei wissenschaftlichen Entdeckungen –, während er nach etwas anderem suchte. In seinem Fall war in der Nähe seines Büros ein Pflanzenausverkauf gewesen, und seine Sekretärin hatte ein paar Zimmerpflanzen erstanden. Er gab ihnen Wasser und war neugierig, wie lange es wohl dauern würde, bis die Feuchtigkeit die oberen Spitzen der Pflanzen erreicht hätte, besonders bei einem Drachenbaum mit einem langen Weg den Stamm hinauf und bis zu den Blattenden. Er legte Elektroden an, mit denen er normalerweise die galvanische Hautreaktion maß, um an verschiedenen Orten den Widerstand zu messen. Wenn die Feuchtigkeit dort ankäme, musste der Widerstand geringer werden, weil Wasser ein guter Leiter ist.

Doch Baxter bemerkte auf den Aufzeichnungen etwas Ungewöhnliches, das er eher bei einer Person erwarten würde, die einen Lügendetektor-Test machte. Die Feuchtigkeit konnte die Blätter noch nicht erreicht haben. Das ließ ihn neugierig werden, wie die Pflanze auf eine Bedrohung reagierte. Er stellte sich vor, er würde ein Blatt der Testpflanze verbrennen, und ohne dass er den Gedanken zum Ausdruck gebracht hatte, berührte er die Pflanze mit der Elektrode. Das Signal schlug maximal aus. Er holte sich von seiner Sekretärin eine Schachtel Streichhölzer und bewegte ein angezündetes Streichholz nahe an der Pflanze vorbei, doch die Reaktion war bereits so intensiv, dass sie sich nicht weiter verstärkte. Als er die Streichhölzer jedoch wieder ins Vorzimmer brachte, beruhigte sich die Pflanze.

Baxter war klar, dass er hier einer bedeutenden Sache auf der Spur war. Von nun an widmete er einen großen Teil seiner Zeit der Erforschung dieses Phänomens. Er führte verschiedene Experimente durch, die bewiesen, dass Pflanzen menschliche Emotionen wahrnehmen und darauf reagieren. Dieses Phänomen nannte er »Primäre Wahrnehmung«, da Pflanzen über andere Wege der Sinneswahrnehmung verfügen als Menschen. Primäre Wahrnehmung findet auf einer viel fundamentaleren Ebene statt. Andere begannen schließlich, vom »Baxter-Effekt« zu reden.

In einem Artikel mit dem Titel »Man in Partnership with Nature« schreibt Jeff Frank:

> Mr. Baxter bewies wissenschaftlich, dass Pflanzen denken und reagieren können! Ein Bewusstsein! ... Baxter forschte monatelang und fand heraus, dass Pflanzen auf Drohungen

genauso antworten wie auf heilende, friedvolle Gedanken. Pflanzen hören gerne sanfte Musik und Klassik (aber kein Heavy Metal) und scheinen mit dem Leben der Tiere verbunden zu sein. Die Pflanzen konnten erkennen, wenn ein Mensch am Lügendetektor log! Baxter stellte fest, dass Pflanzen in Stresssituationen, zum Beispiel wenn sie beschnitten werden, »ohnmächtig« werden, um den Schmerz nicht zu fühlen. Die Sensoren zeigen keinen Ausschlag mehr an. Ihre Früchte geben sie nur gerne im Rahmen eines liebevollen Rituals, einer Kommunion zwischen Essendem und Gegessenem, einer Art Opferhandlung. Baxter sagte: »Vielleicht wird auch Gemüse lieber ein Teil einer anderen Lebensform, statt im Boden zu verrotten, wie ein Mensch seinen Tod leichter hinnehmen kann, wenn er meint, dass ihn dieser in eine höhere Daseinsform führt.«[15]

Nach Baxters ersten Entdeckungen gab es einiges Interesse an dem Thema und etliche Wiederholungen seiner Experimente, doch die westliche Wissenschaftsgemeinde äußerte insgesamt eher Spott und später Ignoranz. Als Baxter seine Entdeckungen jedoch mit indischen Wissenschaftlern mit buddhistischem oder hinduistischem Hintergrund diskutierte, reagierten diese eher mit der Haltung »Und dafür habt ihr so lange gebraucht?«. Baxters Arbeiten passten gut zu den Konzepten des Buddhismus und Hinduismus, außerdem zu den damaligen Entdeckungen der Findhorn-Gemeinschaft sowie zu den Aussagen der Quantenphysiker und den Resultaten der zuvor erwähnten DNA-Experimente.

Pflanzenmedizin

Den größten Teil der Zeit, die wir Menschen auf der Erde verbringen, haben Pflanzen für uns eine bedeutende Rolle gespielt, nicht

---

[15] Siehe http://thenaturelyceum.org/findhorn2.html

nur für unsere Ernährung, sondern auch für unsere Gesundheit und unser Wohlbefinden. Viele unserer heutigen Medikamente beruhen auf pflanzlichen Wirkstoffen oder auf chemischen Verbindungen, die die Pharmazeuten pflanzlichen Vorbildern nachempfunden haben. Das bekannte Mittel Aspirin ist chemisch einem Stoff sehr ähnlich, der in den Blättern und der Rinde des Weidenbaums und in der Wildstaude Mädesüß enthalten ist.

Informationen des World Wildlife Fund zeigen uns, in welchem Ausmaß die Pflanzenmedizin zu unserem Leben beigetragen hat:

Die Weltgesundheitsorganisation schätzt, dass sich ungefähr 80 Prozent der Weltbevölkerung in ihrer primären Gesundheitsversorgung hauptsächlich auf Pflanzenmedizin verlassen. Die Traditionelle Chinesische Medizin kennt ungefähr 5000 Pflanzen, mit denen 40 Prozent der städtischen und 90 Prozent der ländlichen Patienten behandelt werden. 1991 wurden in China 700 000 Tonnen Pflanzenmaterial zu Medizin verarbeitet, davon stammten 80 Prozent aus Wildsammlung. In Indien, wo die traditionelle Gesundheitsversorgung ebenfalls stark kulturell verankert ist, sind 400 000 traditionelle Heilpraktiker registriert, im Vergleich dazu gibt es 332 000 registrierte Schulmediziner.

In den industrialisierten Ländern haben Pflanzen zu mehr als 7000 Verbindungen beigetragen, die von der Pharma-Industrie hergestellt werden, darunter Bestandteile von Herzmitteln, Abführmitteln, Krebs-Medikamenten, Hormonpräparaten, Empfängnisverhütungsmitteln, Antibiotika, schleimlösender Arznei, Betäubungsmitteln und Medikamenten zur Bekämpfung von Parasiten. Ungefähr eines von vier verschreibungspflichtigen Medikamenten der westlichen Pharmazie enthält Wirkstoffe, die von pflanzlichen Verbindungen abgeleitet wurden.[16]

Hier geht es darum, anzuerkennen, wie viel Pflanzen zu unserem Leben beitragen, vor allem zu unserer Gesundheit und unserem Wohlbefinden. Zu der neuen Entwicklung unserer Beziehung zur Natur und zur Erde gehört auch eine verstärkte direkte Verwendung von Pflanzenmedizin. Doch es gibt auch einen anderen Weg, Pflanzen zur Heilung und Gesundung einzusetzen: Pflanzengeist-Medizin.

Pflanzengeist-Medizin

Schamanen entwickeln eine Freundschaft mit den verschiedenen Pflanzen, die in ihrem Lebens- und Arbeitsgebiet wachsen. Diese Freundschaft kann so innig werden, dass die Pflanze ihm ihre Eigenschaften mitteilt, und zwar durch Kommunikation in Traumzuständen – sei es auf einer schamanischen Reise, in einer Meditation, auf einer Visionssuche oder induziert durch andere Pflanzenmedizin. Im Zusammenhang mit schamanischem Arbeiten und Erdmagie bedeutet Träumen einen veränderten Bewusstseinszustand, eine andere Wahrnehmung. Sich zwischen der alltäglichen Welt und der NAW hin und her zu bewegen, gehört zu den Künsten derjenigen, die mit schamanischen Techniken und Erdmagie arbeiten. Man könnte auch sagen, wir bewegen uns von diesem Traum, den wir alltägliche Wirklichkeit nennen, in den anderen Traum auf der anderen Seite des Schleiers unseres gewöhnlichen Bewusstseins.

Dort können wir den Pflanzengeistern begegnen und die heilenden Möglichkeiten einer Pflanze erfahren. Der Pflanzengeist

---

[16] In der amerikanischen Originalausgabe dieses Buches wird an dieser Stelle auf den (zumindest derzeit nicht [mehr] zugänglichen) Link http://www.wwf.org.uk/filelibrary/pdf/useofplants.pdf hingewiesen. Die Website www.wwf.org.uk existiert selbstverständlich noch. (Anm. d. Red.)

kann Ihnen als Bild erscheinen, vielleicht ähnlich den Naturgeistern, oder er spricht direkt zu Ihnen. Der Pflanzengeist kann ein Gefühl oder eine Empfindung in Ihrem Körper auslösen, bestimmte Gedanken hervorrufen – oder eine Kombination all dessen. Auch hier haben wir es wieder mit den vier Kanälen zu tun, durch die wir spirituelle Informationen empfangen: visuell, auditiv, kinästhetisch und kognitiv.

Der Kräuterexperte und schamanische Heiler Eliot Cowan, der das Buch *Pflanzengeist-Medizin* verfasst hat, meint: Wenn Sie mit einer Pflanze Freundschaft schließen, indem Sie sie kennenlernen, kann der Geist dieser Pflanze Ihnen bei der Heilung helfen. Mit anderen Worten: Als Heiler können Sie den Geist einer Pflanze um Hilfe bitten, auch ohne dass Ihr Klient etwas von der Pflanze einnehmen muss!

Cowan erklärt das so:

> Die Pflanzengeist-Medizin ist der Weg des Schamanen mit den Pflanzen. Sie erkennt an, dass Pflanzen Geist haben und dass Geist die stärkste Medizin ist. Geist kann die tiefsten Bereiche des Herzens und der Seele heilen.
> Daran ist nichts Exotisches. Lassen Sie sich nicht von den Geschichten aus dem Amazonasgebiet beirren. Um den mächtigsten Heilpflanzen der Welt zu begegnen, brauchen Sie nur Ihre Haustür zu öffnen und hinauszugehen. Sie wachsen überall um Sie herum. Wenn Sie mir nicht glauben oder wenn Sie einen Hang zu idyllischen Plätzen haben, können Sie natürlich auch irgendwo anders hinfahren. Aber wenn Sie lange genug dort bleiben, läuft es auf das Gleiche hinaus: den Umgang mit den örtlichen Kräutern …
> Pflanzengeist-Medizin diagnostiziert keine Krankheiten und behandelt sie auch nicht. Ich habe keine Kräuterzubereitungen zur Heilung irgendwelcher Beschwerden … Wer mit Pflanzengeist-Medizin arbeitet, wählt die Pflanze, die er

bei einer bestimmten Person verwendet, völlig unabhängig von ihren Symptomen.

Wenn Sie mit einem Pflanzengeist Kontakt aufnehmen möchten, können Sie es mit folgender Übung versuchen. Sorgen Sie sich nicht darum, ob Sie es richtig machen. Wenn beim ersten Mal nichts passiert, üben Sie weiter.

Übung: Kontakt mit dem Pflanzenvolk

Machen Sie einen Walkabout[17] durch Ihren Garten, durch die Nachbarschaft, durch einen Park oder durch irgendein Gebiet, in dem Pflanzen wachsen und es einigermaßen ruhig und geschützt ist. Nehmen Sie Notizbuch und Stift mit, ebenso etwas Tabak und Maismehl. Falls Sie ein Pflanzenbestimmungsbuch für Ihre Gegend haben, können Sie es auch einpacken, aber es ist nicht notwendig. Gehen Sie langsam, mit höchstens drei viertel Ihrer normalen Geschwindigkeit. Wenn Sie sich von irgendeiner Pflanze angezogen fühlen, setzen Sie sich in ihre Nähe. Danken Sie der Pflanze, dass sie Sie gerufen hat, und legen Sie zum Dank eine Prise Tabak oder Maismehl an die Wurzeln.

Wenn Sie sitzen, schließen Sie die Augen und wenden Sie Ihre Aufmerksamkeit eine Weile nach innen und auf Ihren Atem. Lassen Sie Ihren Atem mühelos zu einem angenehmen Rhythmus finden, der kleinen Meereswellen ähnelt. Fühlen Sie den Rhythmus Ihres Herzschlags. Fühlen Sie den Boden, auf dem Sie ruhen.

Wenn Sie bereit sind, öffnen Sie Ihre Augen und beobachten Sie eine Weile die Form und Gestalt der Pflanze. Achten Sie auf die Farben, die Formen der Blätter, der Zweige, des Stamms, der Wurzeln. Wenn Sie das ganze Bild wahrgenommen haben, schließen Sie wieder die Augen. Achten Sie auf alle Geräusche um Sie herum. Stim-

---

[17] Walkabout: Ursprünglich eine Initiationswanderung der jugendlichen australischen Aborigines, heute oft als Bezeichnung für jegliche von einer spirituellen Absicht geprägte Wanderung verwendet. (Anm. d. Übers.)

men Sie sich auf die Pflanze ein. Bitten Sie den Pflanzengeist, Sie zu lehren. Achten Sie auf alle Empfindungen und Eindrücke, unabhängig davon, ob sie in einem Zusammenhang zu stehen scheinen oder nicht. Schauen Sie, hören Sie und nehmen Sie alle intuitiven Informationen wahr, die zu Ihnen kommen. Fragen Sie den Pflanzengeist nach heilerischen Wirkungen, falls er welche hat. Wie bei jeder Kommunikation mit Geistwesen können die Antworten durch jeden der vier Wahrnehmungskanäle kommen.

Seien Sie geduldig. Es kann eine Weile dauern, bis die Pflanzengeister kommunizieren, und vielleicht tun sie es durch Symbole, durch Ihre Gefühle oder als leise Stimme in Ihren Gedanken. Wahrscheinlich werden Sie nicht alles, was Sie über die Pflanze wissen wollen, gleich beim ersten Versuch erfahren. Stellen Sie sich also darauf ein, mehr Zeit darauf zu verwenden. Schreiben Sie alle Informationen auf, die Sie mitgeteilt bekommen. Sie mögen zunächst wenig sinnvoll erscheinen, aber vielleicht später oder bei folgenden Besuchen. Wenn Ihnen diese Art des Kontakts liegt, werden Sie gerne des Öfteren dafür Zeit einräumen.

Nachdem Sie meditiert und mit der Pflanze kommuniziert haben, schreiben Sie alles in Ihr Notizbuch. Vorsicht: Bitte essen Sie nichts von der Pflanze, denn es gibt in jedem Teil der Welt etliche Giftpflanzen! Wenn Sie mehr über die Pflanze erfahren möchten, können Sie ein Foto von ihr machen und dann recherchieren, um welche Pflanze es sich gehandelt hat und was über sie bekannt ist.

In Teil III werden Sie lernen, den Pflanzengeist auf einer schamanischen Reise aufzusuchen und detailliertere Informationen zu gewinnen.

Kräuter

Ehrlich gesagt bin ich wie einige der Kinder in den *Harry Potter*-Büchern, die den größten Teil des Unterrichts zum Thema Kräuterkunde und Zaubertränke schwänzen oder nicht aufpassen. Ich kenne ein paar Kräuter aus meiner eigenen Erfahrung, weil ich sie in Zeremonien verwende. Es gibt ausführliche Literatur über die Eigenschaften verschiedener Pflanzen, falls Sie mehr darüber wissen möchten, oder Sie nehmen, wie Cowan empfiehlt, einfach mit dem Pflanzengeist Kontakt auf und lassen sich von ihm belehren.

Die folgenden Kräuter wurden von den amerikanischen Ureinwohnern jahrhundertelang verwendet. Sie werden alle als heilig geehrt und in spirituellen Zusammenhängen genutzt. In manchen Traditionen gelten Tabak, Salbei, Zeder und Süßgras als die vier heiligen Pflanzen, ein Geschenk der Geister der vier Richtungen. Heutzutage sind sie in gewissem Maß kommerzialisiert, doch wenn Sie sie mit Respekt und Ehrfurcht verwenden, werden sie Ihnen in allen Zeremonien dienen, in denen ihre Verwendung angemessen ist. Bei der Verwendung gilt in der Regel: Weniger ist mehr.

– **Tabak:** Die ursprüngliche Form des Tabaks hat kaum noch etwas mit dem zu tun, was wir in den Zigaretten unserer Zeit finden: Die heutigen Zigaretten enthalten 599 Zusatzstoffe, die alle in Lebensmitteln vorkommen dürfen, aber nicht darauf geprüft wurden, was passiert, wenn man sie verbrennt. Die meisten dieser Substanzen werden dabei nicht gerade verträglicher. Beim Verbrennen einer Zigarette werden über 4000 chemische Verbindungen produziert, von denen viele giftig und karzinogen sind. Eigentlich sollte man es nicht mehr Zigarettentabak nennen, sondern »Quelle für giftige Chemikalien und Karzinogene«. Klingt nicht gerade heilig, oder?

Wie ist das also mit dem Tabak als heiligem Kraut? Es gibt verschiedene Geschichten über den Ursprung. Eine meiner liebsten stammt von meinem Freund Jade Wah'oo Grigori und lautet so:

Einst ging Großvater mit seinem Volk über die Erde. Dann kam die Zeit, da er in den Himmel aufsteigen würde. Das Volk erschrak. »Wie sollen wir dich dann erreichen, Großvater? Wie wirst du wissen, wann wir dich brauchen?« Großvater dachte nach und beschloss, ihnen seinen Körper zu lassen. Das war der Tabak. Er sagte den Leuten: »Wann immer ihr mich braucht oder zu mir beten wollt, verwendet diesen Tabak.« Und das Volk war glücklich. Wann immer sie Tabak rauchten oder ihn als Opfergabe darbrachten, rauchten sie Großvaters Körper. So konnten sie ihm Gebete schicken.

Ein interessanter Nebengedanke gilt dem Tabak (oder Nikotin) in Zigaretten. Wenn die Leute rauchen, denken sie manchmal Dinge wie: »Diese Dinger werden mich noch umbringen«, oder sie nennen ihre Zigaretten »Sargnägel«. Nun, abgesehen von den logischen Konsequenzen dieser Sucht ziehen diese Gedanken als Gebete zu Großvater und er wird sie erhören. Nicht als Strafe, sondern weil es Gebete sind. Großvater unterscheidet sie nicht in Gut und Schlecht. Vor Jahren habe ich viel geraucht, und nachdem ich diese Geschichte gehört habe, wurde ich sehr vorsichtig mit meinen Gedanken. Ich achtete sorgfältig darauf, dass ich beim Rauchen für meine Lieben betete, für Mutter Erde, Frieden, Gesundheit und alles mögliche andere Positive.

Die indigenen Völker Amerikas glauben, dass durch das Rauchen von Tabak die Tore zum Schöpfer geöffnet werden. Wie in der vorigen Geschichte über Großvater steht das auch für die Kommunikation zwischen den Menschen und dem Schöpfer. Er wurde auch in Heilungszeremonien eingesetzt. Dort wird der Rauch nicht inhaliert, weil er ja die Gebete zum Schöpfer tragen soll, und er wird auch nicht außerhalb der Zeremonie geraucht. Tabak soll die irdischen und die spirituellen Reiche miteinander verbinden, weil seine Wurzeln tief in die Erde reichen und sein Rauch zum Himmel aufsteigt.

Die Schamanen des nordwestlichen Amazonasgebiets nennen Tabak »Mapacho« und halten ihn ebenfalls heilig. Der Tabak dieser Gegend ist sehr viel stärker als das, was in Nordamerika wächst. Manche trinken Tabaksaft, um Visionen auszulösen. Diese Schamanen werden »Tabaqueros« genannt. Sie verwenden Tabak zusammen mit anderen Pflanzen als Medizin.

– **Salbei:** Es gibt zahlreiche Sorten von Salbei, aber da ich in Kalifornien lebe, ist mir der sogenannte Weiße Salbei *(Salvia apiana)* am geläufigsten. Er hat relativ breite, pelzige Blätter und wächst in mittleren Höhenlagen. Für heilige Zwecke wird auch oft eine Form des in Amerika »Salbeibusch« oder »Wüstensalbei« genannten Beifußes *(Artemisia trilobata)* verwendet. Viele der Salbei-Arten lassen sich zum Räuchern verwenden.

Salbei wird zur Reinigung von negativen Energien verbrannt. Wir nennen diese reinigende Form des Räucherns »Smudging«. Man kann einzelne Blätter in einer kleinen Schale verbrennen oder sie zusammengebunden verwenden als sogenannte »Smudge Sticks« oder Räucherbündel. Man kann sie in einschlägigen Läden oder übers Internet kaufen; wenn Sie jedoch die Möglichkeit haben, selbst welchen zu ernten, empfehle ich das sehr, denn dann können Sie den Pflanzen den angemessenen Respekt erweisen. Sie können die Kräuter kurz nach der Ernte selbst bündeln oder – wie ich – die Blätter einzeln trocknen lassen.

Ich verbrenne zum Räuchern gerne immer nur ein paar Blätter, denn man braucht nicht viel. Salbei kann schnell zu viel werden – seien Sie also vorsichtig! Weißer Salbei wird manchmal auch als »Schwester Salbei« angesprochen, weil er eher sanft reinigt. Der Wüstensalbei hingegen gilt als »Großmutter Salbei«, weil die Macht dieser Pflanze mehr Respekt und Ehrfurcht gebietet: Sie ist eine der ältesten Pflanzen auf der Erde. Ihre Verwendung ähnelt einer gründlichen, detaillierten Reinigung und Entgiftung. Beide Arten von Salbei sind gut zu verwenden, genauso wie viele andere.

In jeder Zeremonie ist es gut, mit einer Reinigung mit Salbei zu beginnen. Nehmen Sie eine Feder oder Ihre Hand, um zuerst den Raum zu smudgen (wenn Sie drinnen sind), dann alle heiligen Dinge, die Teil der Zeremonie sind, und dann die anwesenden Teilnehmer. Streichen Sie den Rauch sanft über alle Dinge, eines nach dem anderen; wenn Sie eine Feder verwenden, können Sie sie damit auch leicht berühren. Idealerweise sollten Sie zuerst sich selbst smudgen oder sich von jemandem smudgen lassen. Danach sind die Teilnehmer an der Reihe, einer nach dem anderen, wenn sie in den zeremoniellen Bereich kommen. Dabei beginnen Sie oben am Kopf (die Person steht mit dem Gesicht zu Ihnen) und streichen den Rauch dann mit der Feder über den Rumpf, die Arme und Beine nach unten. Dann bitten Sie die Person, sich umzudrehen, und gehen auf der Rückseite genauso vor. Bitten Sie die Person, sich wieder zu Ihnen zu drehen, und streichen Sie ein wenig Rauch auf die Brust der Person zu und berühren Sie die Brust leicht auf der Höhe des Herzens. Dies ist ein sehr guter Weg, um eine Zeremonie zu beginnen.

– **Zeder:** Zeder ist ähnlich wie Salbei ein reinigendes Kraut, das eine Person, einen Ort oder ein Objekt auch schützen kann. Zedern[18] können alte, große Bäume werden. Beim Räuchern entwickeln sie einen angenehmen Duft und eigenen sich gut zur energetischen Reinigung des Hauses und gegen Krankheiten. Zeder wird in Zeremonien gerne nach Salbei verwendet.

– **Süßgras:** Wenn in einer Zeremonie alle gesmudgt worden sind und bevor Sie Zeder räuchern, können Sie alle noch einmal mit dem Rauch von Süßgras *(Hierochloe odorata)* smudgen. Jede Person sollte sich den Rauch zuerst zum Herzen fächeln, dann zum Kopf, zum Leib und wieder zum Herzen. Es dient weniger der Reinigung, sondern ist eher eine Segnung. Wenn der Raum durch Salbei und/oder Zeder gereinigt wurde, rufen Sie mit Süßgras die Süße und den Segen der Liebe und Fürsorge der Erde herbei. Alle negativen Energien sollen Süßgras verabscheuen; daher hilft es, diese fernzuhalten.

Süßgras wird meistens in Zöpfen angeboten. Sie können es in dieser Form verräuchern oder kleine Stücke abschneiden und sie in einer kleinen Schale verglühen lassen.

[18] Mit engl. *Cedar* werden verschiedene Pflanzenarten bezeichnet: häufig *Librocedrus decurrens,* die sogenannte *Kalifornische Räucher-Zeder,* ebenso häufig *Thuja plicata,* oft auch *Thuja occidentalis* und manchmal sogar Wacholderarten. (Anm. d. Übers.)

– **Palo-Santo-Holz:** *Palo santo* bedeutet »heiliges Holz«. Es wird seit alter Zeit von den Inkas verwendet. In der jüngsten Vergangenheit hat es sich weiter verbreitet, da immer mehr Menschen es auf ihren Reisen nach Peru entdeckt haben. Der süße, warme Duft liegt zwischen jenem von Salbei und Süßgras, mit einer gewissen Neigung zum Süßgras hin. Es wird unter der Kontrolle der peruanischen Regierung von den Eingeborenen im peruanischen Dschungel geerntet. Es stammt nur von den heruntergefallenen Zweigen und Ästen, kein Baum wird dafür gefällt. Die Hölzchen können als Stücke oder zu Pulver zermahlen verbrannt werden. Man kann auch mit einem Messer ein paar Späne abschaben.

Wenn Sie es zum Smudgen verwenden, tun Sie es mit einer Feder und fächeln Sie den Rauch durch den Raum, auf Ihre heiligen Dinge, auf Sie selbst und andere. Während ich an diesem Buch arbeite, mache ich jedes Mal, bevor ich mich hinsetze, eine Reinigungs- und Segnungszeremonie, in der ich meinen Computer, meinen Stuhl und mich selbst smudge.

13. Kapitel

Die schamanische Reise

Mit der schamanischen Reise, die auch »Seelenflug« oder »Träumen« genannt wird, senden Schamanen ihre Seele in andere Wirklichkeiten, die parallel zu unserer Alltagswelt existieren. Wie bereits erwähnt, prägte Carlos Castaneda, Autor des Buches *Die Lehren des Don Juan: Ein Yaqui-Weg des Wissens,* den Begriff der »Nichtalltäglichen Wirklichkeit« (NAW): Er bezeichnete damit die Welt jenseits dessen, was wir mit unseren gewöhnlichen Sinnen wahrnehmen und was uns nur entgeht, weil es sich unsere Kultur zur Gewohnheit gemacht hat, sich nur auf die gewöhnliche Realität zu konzentrieren. Die reichhaltige und komplexe Welt der NAW (manchmal auch »Traumzeit« genannt) ist das Reich der Geisthelfer, mit denen der Schamane arbeitet, um seiner Gemeinschaft Heilung und Rat zu vermitteln.

Wie Sie bereits wissen, gibt es eine ganze Bandbreite von Geisthelfern. Sie können sich als Ahnen zeigen, als Erzengel, Aufgestiegene Meister, religiöse Gestalten, Naturgeister, Feen, Tiergeister oder Pflanzengeister. Am wichtigsten sind die Krafttiere des Schamanen, jene Geisttiere, mit denen er am engsten zusammenarbeitet. Die Entwicklung einer starken Beziehung zu seinen Krafttieren ist nicht nur ein Muss für jeden, der schamanisch arbeiten will, sondern auch für alle, die Erdmagie betreiben möchten. Wie bei einer menschlichen Freundschaft wird es einige geben, mit denen Sie enger zusammenarbeiten, und andere, die Sie nur in bestimmten Situationen rufen. Es ist wichtig, dass Sie diese Beziehungen pflegen, indem Sie Ihre Krafttiere durch Gesang, Tanz, Gaben und Besuche in der NAW würdigen.

Es gibt sicherlich Unterschiede, wie die spirituelle Kunst eines Schamanen zum Ausdruck kommt; dennoch sind gemeinsame Merkmale charakteristisch. Schamanen oder schamanisch arbeitende Menschen sollten ...

1. fähig sein, sicher in die NAW zu reisen und mit den Geistwesen zu arbeiten, die dort leben, zum Wohlbefinden oder zur Heilung eines Individuums oder einer Gemeinschaft;

2. wissen, dass sie ihren Leuten, ihrer Umgebung und all ihren Bewohnern dienen;

3. eine enge, lebendige Beziehung zu ihren Geisthelfern pflegen, um ein Gleichgewicht zwischen der menschlichen Gemeinschaft und der Natur aufrechtzuerhalten;

4. Krankheiten heilen, indem sie die spirituelle Ursache erkennen und behandeln.

Die schamanische Trance

Um auf eine schamanische Reise zu gehen, müssen Sie in einen veränderten Bewusstseinszustand gelangen, der die für diese Erfahrung notwendige Wahrnehmung ermöglicht. Wir nennen das eine »Schamanische Trance«, Michael Harner nennt es den »Schamanischen Bewusstseinszustand«. Veränderte Bewusstseinszustände sind recht gewöhnlich und an und für sich nichts Besonderes. Wir gehen mehrmals am Tag in Trancezustände und wieder heraus, manchmal absichtlich, oft ohne es zu bemerken. Tagträumen ist ein Beispiel für eine leichte Trance, und auch alle Trancen, die durch Hypnose entstehen. Meditation ist ebenfalls ein Trancezustand, und je nach Hintergrund und Tagesform kann ein Mensch in einer Meditation tief in einen veränderten Bewusstseinszustand gelangen.

Ab und zu müssen wir in diese veränderten Bewusstseinszustände gehen, vielleicht damit sich unser Geist und unsere Aufmerksamkeit eine Weile ausruhen und der Alltagswelt entkommen können. In Tagräumen wandern wir umher, ohne uns körperlich zu bewegen. Manchmal schaltet sich unsere Imagination ein und stimuliert den kreativen Prozess, aus dem Kunstwerke entstehen. Auch verschiedene Medikamente und Pflanzendrogen können unsere Wahrnehmung der Wirklichkeit beeinflussen. Nicht dass es notwendig wäre, unserer Wirklichkeit ständig zu entrinnen – auch wenn manche das so empfinden mögen. Vielmehr ist die Trance ein natürliches Phänomen, das hin und wieder auftritt und sich durch verschiedene Methoden induzieren lässt.

Der besondere veränderte Bewusstseinszustand der schamanischen Trance kann durch Singen, Tanzen, Trommeln, Rasseln, Meditieren oder eine Kombination aus all diesem erzeugt werden. Er entsteht auch durch den Konsum bestimmter Pflanzen, die »Entheogene« genannt werden, zu denen zum Beispiel Tabak, Cannabis sativa, Ayahuasca, Peyote und Psilocybin-Pilze gehören und die den Schamanen in verschiedenen Teilen der Welt wohlbekannt sind. Meistens wächst die zum Träumen und Reisen verwendete Pflanzenmedizin in der Gegend, in welcher der Schamane lebt.

Hier will ich mich jetzt vor allem auf die rhythmische Induktion konzentrieren, also die Trance durch Trommeln oder Rasseln. Wenn ich im Folgenden vom Trommeln spreche, ist immer auch das Rasseln gemeint.

Trommeln und Theta-Rhythmen

Verschiedene Studien haben die heilende Wirkung des Trommelns dokumentiert. Es reduziert Stress, stärkt das Immunsystem, hellt die Stimmung auf, lindert Posttraumatische Belastungsstörungen und vieles andere. In indigenen Kulturen verwenden Schamanen das Trommeln seit Jahrtausenden, um in die schamanische Trance zu kommen. Neuere Untersuchungen zeigen, dass Trommeln eine bestimmte Wirkung auf die Gehirnwellen hat.

Wenn Sie in Ihrem normalen, wachen Bewusstseinszustand sind, produziert Ihr Gehirn einen sogenannten »*Beta*-Rhythmus« mit einer Frequenz von 12–30 Zyklen pro Sekunde (Hz). Wenn Sie sich entspannen oder wenn Sie meditieren, verlangsamt sich das Denken, und die Gehirnwellen kommen in einen *Alpha*-Rhythmus mit einer Frequenz von 8–12 Hz. Alpha-Zustände werden mit einem allgemeinen Wohlgefühl assoziiert, das sich in einem entspannten Zustand bis zur Euphorie steigern kann. Wenn Sie länger als 30 Minuten meditieren, gehen Sie wahrscheinlich in den noch tieferen Entspannungszustand der *Theta*-Rhythmen von 4–8 Hz. Die noch langsameren *Delta*-Rhythmen von 1–4 Hz entstehen bei den meisten Menschen nur im traumlosen Tiefschlaf. In unserem Zusammenhang wollen wir uns vor allem mit den Theta-Rhythmen befassen.

Theta wird auch als »Dämmerzustand« bezeichnet. Wir erleben diesen Zustand, wenn wir aus einem tiefen Schlaf erwachen oder wenn wir sehr erschöpft sind, kaum noch die Augen offen halten können und spontane Bilder und Gedanken aus unserem Unterbewusstsein auftauchen. Wenn Theta aktiv ist, sind wir sehr viel empfänglicher für Informationen, die nicht aus unserem gewöhnlichen Bewusstseinszustand stammen. Diese Informationen sind jedoch manchmal schwer zu verstehen, wenn wir in Alpha oder Beta zurückgekehrt sind. Die Fähigkeit, Theta auch in Meditation zu erzeugen, kann Stresssymptome lindern und die intuitiven und medialen Fähigkeiten fördern.

In ihren bahnbrechenden Forschungsarbeiten hat die Wissenschaftlerin Melinda Maxfield die Wirkung rhythmischen Trommelns auf die Gehirnwellen-Aktivität erkundet und in einem Aufsatz mit dem Titel »Effects of Rhythmic Drumming on EEG and

Subjective Experience« (»Wirkungen rhythmischen Trommelns
auf das EEG und die subjektive Erfahrung«) zusammengefasst:

> Diese Forschung bestätigt die Theorie, der zufolge der Einsatz von Trommeln in Ritualen und Zeremonien indigener Kulturen spezifische neurologische Effekte hat sowie die Fähigkeit, in der Gehirnwellenaktivität temporäre Veränderungen hervorzurufen, was die Imagination fördert und den Eintritt in veränderte Bewusstseinszustände (VBZ), insbesondere den schamanischen Bewusstseinszustand (SBZ), ermöglicht.
>
> Trommeln im Allgemeinen und rhythmisches Trommeln im Besonderen erzeugt oft innere Bilder, die ihrem Inhalt nach zeremoniell und rituell sind und ein wirksames Instrument zum Eintritt in nicht alltägliche oder veränderte Bewusstseinszustände bilden, selbst wenn sie einem kulturellen Ritual, einer Zeremonie oder einer bestimmten Absicht entnommen werden. Das Trommeln erzeugt auch subjektive Erfahrungen und Bilder mit allgemeinen Themen. Zu diesen gehören: Verlust des Zeitkontinuums; Körperempfindungen, darunter Druck auf oder eine Erweiterung verschiedener Körperteile und Verzerrungen der Körperwahrnehmung; »Energiewellen« und die Empfindung, zu fliegen, sich zu drehen, zu tanzen, zu laufen etc.; das Gefühl, besonders energetisiert, entspannt, wach, klar, heiß oder kalt zu sein; Emotionen, von Seligkeit bis Rage; lebhafte Bilder von Eingeborenen, Tieren, Menschen und Landschaften; und nicht alltägliche oder veränderte Bewusstseinszustände, in denen man sich dessen bewusst ist, dass sich die mentalen Funktionen verschoben haben, zum Beispiel beim schamanischen Reisen, bei außerkörperlichen Erfahrungen und bei Begegnungen mit anderen Wesen.
>
> *Ein Rhythmus von etwa 4 bis 4½ Schlägen pro Sekunde ist am wirksamsten, um in Theta zu gelangen* [meine Hervorhe-

bung]. (Die Theta-Frequenz wird gewöhnlich mit dämmrigen, fast unbewussten Zuständen assoziiert, wie zum Beispiel auf der Schwelle zum Einschlafen oder beim Erwachen. Diese Frequenz hat auch mit Zuständen des Wachträumens und hypnagogischen Imaginationen zu tun.)

Das Muster des Trommelschlags in Schlägen pro Sekunde kann mit den temporären Veränderungen in der Gehirnwellenfrequenz und/oder subjektiven Erfahrungen in Zusammenhang gebracht werden, wenn es mindestens 13 bis 15 Minuten lang aufrechterhalten wird.

Weitere Untersuchungen haben bestätigt, was Maxfields Forschungsarbeiten offenbaren: dass ein Trommelschlag von 4–7 Schlägen pro Sekunde nach etwa 12 Minuten die Gehirnwellen in Theta versetzen. In indigenen Kulturen hat man festgestellt, dass Schamanen, die sich mithilfe der Trommeln in Trance versetzen, ebenfalls einen Rhythmus von 4–7 Schlägen pro Sekunde verwenden. Offenbar wissen die Schamanen intuitiv, welcher Rhythmus eine Bewusstseinsveränderung hervorruft, die den Eintritt in die NAW ermöglicht.

Die drei Welten der Nichtalltäglichen Wirklichkeit (NAW)

Man spricht in der Regel von drei Reichen oder Welten, die es in der NAW gibt: die »Untere Welt«, die »Mittlere Welt« und die »Obere Welt«, die manchmal auch das »Himmelreich« genannt wird. Es gibt kulturelle Abweichungen, aber in den Grundzügen zieht sich dieses Modell durch viele indigene Kulturen. Bei einer schamanischen Reise wird der Reisende meistens vorher die Absicht haben, in eine dieser drei Welten zu reisen, aber mit mehr Erfahrung kann man auch während einer Reise zwischen den Welten wechseln.

– **Untere Welt (UW):** Sollte nicht mit der Unterwelt im Sinne von Hölle verwechselt werden. Das Konzept der UW ist viel älter als die Vorstellung von einem bösen Ort, an den Sünder kommen, wenn sie gestorben sind. In die UW sollten Sie reisen, wenn Sie anfangen, das schamanische Reisen zu lernen. In diesem Bereich begegnen Sie Geisttieren (wenn auch nicht ausschließlich) und Ihrem Krafttier.

– **Mittlere Welt (MW):** Dies ist die Welt, in der wir leben. Manchmal möchten wir durch die MW reisen, zum Beispiel wenn Sie in Chicago leben und einem leidenden Verwandten in Los Angeles beistehen wollen. Fernheilungen, wie ich sie in Teil III besprechen werde, werden in der MW durchgeführt.

– **Obere Welt (OW):** Sie können auf einer schamanischen Reise auch in die OW gehen. Das ist nicht der Himmel im üblichen Sinn, sondern ein Bereich der schamanischen NAW, in dem die Geister von Menschen und menschenähnlichen Wesen beheimatet sind. Hier begegnen Sie vor allem Ahnen, Erzengeln, religiösen Gestalten und Aufgestiegenen Meistern.

Manche Menschen sorgen sich, dass sie auf ihrer Reise dunklen Energien begegnen könnten. Das ist durchaus möglich, vor allem in der UW. In der OW kommen sie eigentlich nicht vor, aber in der MW natürlich durchaus. Wann immer Sie auf Ihrer Reise etwas Furchterregendem oder Unheimlichem begegnen, rufen Sie Ihr Krafttier (das Sie ohnehin überallhin begleiten sollte) und nutzen Sie die Kraft der Transfiguration – das bedeutet, es in etwas Ungefährliches und nicht Bedrohliches zu verwandeln.

Auf einer meiner Reisen in die UW bin ich einer riesigen Spinne begegnet. Vielleicht hatte es damit zu tun, dass ich so ein Bild in einem Film gesehen hatte. Wie auch immer, ich fühlte mich bedroht. Ich holte mein Krafttier dicht zu mir und erhielt von ihm die Macht, die riesige, haarige Spinne in eine winzige, harmlose zu verwandeln. Dann konnten wir unseren Weg fortsetzen, der zuvor durch dieses Geistwesen versperrt gewesen war.

In Teil III finden Sie Anleitungen für zwei verschiedene Methoden des Reisens: eine mit Trommel- oder Rasselbegleitung, die andere als geführte Meditation. Es gibt auch andere Wege, aber diese beiden sind am weitesten verbreitet. So werden Sie die Möglichkeit haben, die OW und die UW zu besuchen.

14. Kapitel

Heilige Zeremonie

Alles, was Sie als Erdmagie-Praktizierender tun, ist heilige Zeremonie, ob die Absicht auf Heilung ausgerichtet ist oder auf die Anerkennung eines Lebensübergangs (zum Beispiel von der Jugend ins Erwachsenenalter), auf die Würdigung der Mond- oder Jahreszyklen oder einfach auf den Dank gegenüber den Geisthelfern. In meinem Buch *Sacred Ceremony* gehe ich ausführlich auf die Details einer heiligen Zeremonie ein und auf die Frage, wie Sie eine Zeremonie für sich selbst oder für eine Gruppe durchführen können. Im Zusammenhang des vorliegenden Buches will ich daher nur die wichtigsten Elemente erwähnen.

Intention und Inspiration

Obwohl zu den meisten Zeremonien heilige Gegenstände und physische Ausdrücke gehören, sind die beiden wichtigsten Aspekte für eine erfolgreiche Zeremonie Intention und Inspiration. Intention oder Absicht bedeutet, dass Sie den Sinn der Zeremonie klar benennen und diese Ausrichtung die ganze Zeremonie über aufrechterhalten. Ich habe schon einige allgemeine Gründe erwähnt, die eine Zeremonie haben kann, aber je spezifischer die Absicht ist, desto fokussierter ist der Prozess. Bei einer Heilungszeremonie beispielsweise muss der Erdmagie-Praktizierende wissen, was geheilt werden soll und wie er dabei vorgehen will. Es ist entscheidend wichtig, dass er diese Intention beibehält und auch den Klienten und die Gruppe darum bittet.

Das andere wesentliche Element ist Inspiration. Wörtlich übersetzt bedeutet es »*Spirit* atmen«. Als Leiter der Zeremonie sollten Sie daher die ganze Zeit im Einklang mit den Anweisungen des *Spirits* sein und ständig aufmerksam auf die Hinweise von Ihren Geisthelfern achten, die möglicherweise eine Veränderung in der Struktur oder im Prozess der Zeremonie erfordern. Es ist letztlich eine gemeinsame Anstrengung, in der der *Spirit* mit Ihnen, dem Klienten und sämtlichen Teilnehmern arbeitet. Als Beweis dafür, dass diese höhere Absicht wirksam ist, kann jeder die Gegenwart des *Spirits* spüren.

Sie sollten diesen Prozess nicht leichtfertig verändern, sondern nur, wenn es wirklich der Absicht des *Spirits* entspricht und dem Klienten oder der Gruppe dient. In Heilungszeremonien, die ich durchgeführt habe, ist es einige Male vorgekommen, dass ich anfing, einen Fluch aufzulösen, und dann unerwartet eine Seelenrückholung daraus wurde, weil mir die innere Stimme des *Spirits* dies auftrug. Wenn Sie Erdmagie praktizieren, ist es unabdingbar, dass Sie die ganze Heilungszeremonie über mit dem *Spirit* verbunden sind.

Zeremonie oder Ritual?

Dieses Zusammenwirken mit dem *Spirit* unterscheidet letztlich eine heilige Zeremonie von einem heiligen Ritual. Heilige Rituale sind ebenso wertvoll. Sie verbreiten oft ein Gefühl der göttlichen Präsenz, doch manchmal tritt die Struktur und das damit verbundene Dogma mehr hervor und überlagert die Chance, die Gegenwart Gottes tief zu empfinden. Ich bin sicher, Sie haben es auch schon erlebt, dass Sie an einem Ritual teilnahmen, dem die Substanz fehlte und dessen Leiter uninspiriert schien – was sich in den Teilnehmern widerspiegelte.

Es gibt sicherlich noch weiter gehende Ähnlichkeiten, doch dies unterscheidet eine heilige Zeremonie von einem heiligen Ritual. Wahrscheinlich haben die meisten heiligen Rituale einst als heilige Zeremonien begonnen, inspiriert durch die Informationen, die einem Schamanen von seinen Geisthelfern offenbart wurden. Jemand sah, was der Schamane tat, wiederholte es und dann wurden die Struktur und der Prozess des Rituals generationenlang weitergereicht. Ab einem gewissen Punkt wurde es dann starr, als könne alleine der Prozess des Rituals die Präsenz hervorrufen. Manchmal funktionierte das, aber oft blieb es einfach ein leeres Ritual. Wie bereits gesagt, möchte ich Sie ermutigen, Ihrer Intuition und Ihrem Unterscheidungsvermögen zu vertrauen, wenn Sie an Ritualen und Zeremonien teilnehmen. Sie werden den Unterschied bemerken.

Vier Elemente der heiligen Zeremonie

In jeder Zeremonie bilden vier wesentliche Elemente die Grundlage, auf der die übrigen Details und der Ausdruck der Zeremonie ruhen. Diese sind der Ort, die Struktur, die Autorität und die Werkzeuge.

1. Ort: Entscheiden Sie sich, bevor Sie anfangen, wo Sie die Zeremonie abhalten wollen. Wenn es im Innenraum eines Gebäudes ist, grenzen Sie den Ort ab. Rücken Sie die Möbel beiseite, wenn nötig, oder wählen Sie die Nähe zu einem bereits als heilig gekennzeichneten Ort. Wenn die Zeremonie mit einer Gruppe stattfinden soll, versammeln Sie sich in einem Kreis und identifizieren Sie genau, wo dieser Kreis sein soll. Soll die Zeremonie im Freien stattfinden oder wollen Sie an einem gewissen Punkt nach draußen gehen, überlegen Sie sich auch hier genau, wo es stattfinden soll. Planen Sie den Übergang von drinnen nach draußen, wenn nötig. Sobald Sie sich in den zeremoniellen Bereich begeben, sind Sie in einem heiligen Raum. Dies ist der erste Schritt des Übergangs von der Alltagswirklichkeit in den heiligen zeremoniellen Raum, deshalb ist es wichtig, das alles vorher zu bedenken.

2. Struktur: Sie sollten unbedingt eine klare Vorstellung davon haben, wie die Zeremonie ablaufen soll, inklusive der logistischen Aspekte in Form von benötigten Materialien oder dergleichen. Vergegenwärtigen Sie sich das ganze Wo, Wann und Wie der Zeremonie. Meditieren Sie darüber oder machen Sie eine Reise und holen Sie den Rat Ihrer Geisthelfer ein. Fehlt es an Struktur, besteht das Risiko, dass die Zeremonie keine rechte Richtung findet. Wenn Sie sich hingegen zu rigide an eine Struktur klammern, kann es passieren, dass Sie das Element der Inspiration verlieren und Dinge, die spontan und unerwartet geschehen wollen, ignorieren, weil sie nicht in Ihren Plan passen.

Wenn ich gebeten werde, eine Zeremonie abzuhalten, lasse ich die Idee in mir arbeiten. Das bedeutet, ich fange an, darüber nachzudenken, und achte auf Zeichen, Erkenntnisse oder Inspirationen, die kognitiver, visueller, auditiver oder kinästhetischer Natur sind. Ich mache mir viele Notizen und entwickle vor der Zeremonie eine Art Entwurf, wie es gehen kann und was ich tun will. In der Regel verläuft der Prozess dann auch glatt und entlang dessen, was ich geplant habe, aber ich bin auch schon durch die Eingriffe des *Spirits* überrascht worden.

Ich erinnere mich an eine Sitzung, für die ich zuvor schon eine Reise gemacht hatte: Dabei hatte ich die Information erhalten, dass die Person eine Seelenrückholung brauchen würde. Also bereitete ich mich darauf vor. Doch mitten in der eigentlichen Heilungszeremonie informierten mich meine Geisthelfer, dass ich zuerst eine schamanische Extraktion durchführen (das heißt: eine Fremdenergie, die nicht in diese Person gehört, entfernen) und dann mit der Seelenrückholung fortfahren solle. Ich tat, wie mir geheißen wurde, und die Zeremonie verlief erfolgreich.

Ein anderer Aspekt der Struktur ist die Reihenfolge der verschiedenen Stufen von *Separation, Transformation* und *Inkorporation*. In der ersten Stufe schaffen Sie eine Trennung von der alltäglichen Welt, zum Beispiel mit einer *Invokation*, der Trommeln, Tanzen oder Singen folgen kann. Nach diesem Anfang gehen Sie sanft zur zweiten Stufe über: zur Transformation. Dabei geht es um das Wesentliche der Zeremonie: die *Heilung*, die *Divination* oder das *Zelebrieren*. Es kann ein paar Minuten dauern, aber zuweilen auch Stunden oder Tage.

In der dritten Stufe, der Inkorporation, wird alles »zurück in den Körper« gebracht. Hier wird die Zeremonie vollendet. Die Person oder die Gruppe, die im Mittelpunkt des Geschehens stand, wird wieder in die Alltagswelt zurückgebracht, mitsamt der Veränderungen, die während der transformativen Stufe stattgefunden haben. Sorgen Sie dafür, dass es ein klares Ende der Zeremonie gibt, zum Beispiel durch einen Trommelschlag, durch Händeklatschen oder ein Schlussgebet. Ohne deutliches Ende wissen die Teilnehmer nicht so genau, ob die Zeremonie noch weitergeht oder nicht.

3. Autorität: Dies ist in zweierlei Hinsicht gemeint: Zum einen geht es um Sie als Leiter der Zeremonie. Parallel zu meinen Aussagen über Ihre Rolle als Heiler gilt auch hier: Es spielt keine Rolle, wie Sie sich nennen. Wenn Sie eine Zeremonie beginnen, sind Sie der Leiter. Scheuen Sie sich nicht davor, im Aufmerksamkeitsfokus der Teilnehmer zu stehen. Sie müssen sich nicht in Selbstherrlichkeit ergehen, aber die Aufgabe erfordert Stärke und Flexibilität. Es ist Ihre Aufgabe, die Teilnehmer anzuleiten und vertrauenswürdig genug zu sein, dass sie Ihren Anweisungen folgen, und gleichzeitig aufmerksam zu sein für Zeichen und Hinweise aus der Umgebung, der Gruppe oder von Ihrer Intuition, die vielleicht auf nötige Kursänderungen deuten.

Die Person oder die Gruppe, mit der Sie arbeiten, wird in der Regel für Ihre Anleitung empfänglich sein; die meisten werden Sie als eine Art spiritueller Autorität betrachten. Doch Sie selbst können sich dessen bewusst bleiben, dass Sie einfach die Rolle ausfüllen, die Ihnen der *Spirit* zugewiesen hat, auch wenn es für die Gruppe eine wichtige Rolle ist. Durch Ihre Lebenserfahrungen und Ihre spirituelle und/oder schamanische Vorbildung haben Sie sich wichtige spirituelle Ressourcen angeeignet. Je mehr Sie mit den Geistwesen arbeiten, die Ihnen bei der Erdmagie helfen, desto stärker werden Ihr Wissen und Ihre Fähigkeit, Zeremonialarbeit durchzuführen. Wenn es Ihnen zu Kopf steigt und Sie anfangen, zu glauben, Sie selbst bewirkten die Heilung, wird Ihr Hochmut irgendwann auf Sie zurückfallen. Das ist ganz einfach das Gesetz des Karmas.

Denken Sie immer daran, wo die wahre Autorität liegt! Das ist die zweite Bedeutung dieses Begriffs. Die Wurzel dieses Wortes stammt aus dem Lateinischen und bedeutet »Urheberschaft«, genauso wie beim Wort »Autor«. Es spielt keine Rolle, welchen Namen Sie der obersten Autorität geben; es geht im Zusammenhang mit der heiligen Zeremonie eher um Ihre Beziehung und darum, wie Sie damit kooperieren.

Eine weitere Daumenregel: Sie sollten wissen, wann Sie Ihren Einfluss ausüben und wann Sie sich zurückzuhalten haben. Es ist gut, sich bewusst zu sein, dass die anderen Sie als spirituellen Leiter und Heiler sehen, um sich daran zu erinnern, sensibel auf die Schwingungen der Person oder der Gruppe zu achten, mit der Sie arbeiten. In manchen Zeiten ist es angebracht, sich von der aktiven Leitung der Zeremonie zurückzuziehen; in anderen Situationen gilt es, Ihre Führungsrolle auszuüben. Das kann ein empfindsames Gleichgewicht erfordern, also sollten Sie alle Ihre Sinne offen halten.

Wenn Sie diese Prinzipien der Erdmagie anwenden, achten Sie immer auf Ihre innere Führung und lernen Sie, die Stimme des *Spirits* in sich zu erkennen, wie auch immer sie sich zeigt. Je mehr Sie das tun, umso leichter wird es Ihnen fallen, sich mit der spirituellen Kraft zu verbinden, die für Heilung nötig ist. Wenn Sie die Arbeit für andere tun, achten Sie so gut wie möglich darauf, demütig zu bleiben; vertrauen Sie der inneren Führung, die Sie empfangen, und bringen Sie Ihre persönliche Autorität so zum Ausdruck, wie es die Aufgabe erfordert. Es ist eine gewisse Kunst, aber der *Spirit* wird es Sie lehren. Je präsenter Sie sind und je intensiver Sie die Beziehung zu Ihren Geisthelfern entwickeln, desto mehr wird sich Ihnen die richtige Mischung aus Vertrauen und Hingabe erschließen, die zum Leiten einer Zeremonie nötig ist.

4. Werkzeuge: Wenn ich reisen muss, um Workshops zu geben oder Zeremonien abzuhalten, habe ich immer meine »Werkzeugkiste« dabei. Meistens besteht sie aus meiner Trommel, ein paar Rasseln, meinem Medizinbeutel, einer Medizindecke, Totems, Kräutern und allem, was ich sonst noch vielleicht brauche. Dieser Weg des Heilens – ob man ihn nun »schamanisch« nennt oder »Erdmagie« – erfordert in der Regel zumindest einige dieser Dinge. Sie sind mit meiner Energie getränkt, da ich sie gewöhnlich in meiner Nähe habe, und die meisten davon habe ich schon in einigen Zeremonien verwendet.

Wenn es notwendig ist, greife ich auf Methoden zurück, in denen ich auch ohne diese Dinge auskomme; es spricht jedoch einiges dafür, Werkzeuge einzusetzen, die sowohl Symbole der Kraft als auch echte Kraftquellen sind. Einerseits ist eine Trommel eben eine Trommel; aber aus einer anderen Perspektive ist sie ein Geistpferd, das mich jenseits meiner gewöhnlichen Sinneswahrnehmungen trägt. Meine Medizindecke ist nur eine Decke, aber sie ist auch aufgeladen mit der Essenz und den Gebeten eines indigenen Amerikaners aus Puerto Peñasco in Mexiko, der sie gemacht hat, und sie zieht ihre Kraft auch aus den vielen Zeremonien, in denen ich sie dabeihatte, und aus meinen eigenen Gebeten. Eine Kerze, die während einer Zeremonie brennt, ist einerseits einfach eine Kerze, aber sie dient auch als Repräsentation des Feuerelements und hilft, kontinuierlich alle negativen Energien zu verbrennen.

Spontane Zeremonien

Auch ohne Vorplanung und Werkzeuge können Sie eine heilige Zeremonie abhalten, wenn Sie die erwähnten Prinzipien berücksichtigen – vor allem die beiden wesentlichen Aspekte der Intention und Inspiration. Wenn Sie irgendwann gebeten werden, hier und jetzt eine Zeremonie abzuhalten, rufen Sie sofort Ihre Geisthelfer und hören Sie, was sie Ihnen zu sagen haben. Es muss keine komplizierte Zeremonie sein. Stellen Sie nur sicher, dass es eine klare Eröffnung, eine Mitte und ein Ende gibt.

Ich wurde einmal unerwartet gebeten, ein Grundstück zu segnen, das meine Freunde Paul und Stacy kurz zuvor erworben hatten. Sie hatten einige Freunde zum Abendessen eingeladen, als die Idee aufkam. Ich hätte gerne ein paar meiner Werkzeuge dabeigehabt, vor allem eine Rassel und etwas Salbei, aber so war es nun mal. Wenn ich gebeten werde, so einen Dienst zu leisten, und es sich richtig und angemessen anfühlt, dann komme ich dieser Bitte immer nach. Ich gehe davon aus, dass ein solches Anliegen das Werk des *Spirits* ist.

Ich bat alle Anwesenden, mit mir nach draußen zu gehen und dort einen Kreis zu bilden. Während wir hinausgingen, dachte ich darüber nach, wie ich die Segnung durchführen sollte, und rief die Geisthelfer, von denen ich weiß, dass ich mich in solchen Situationen auf sie verlassen kann. Nachdem wir den Kreis gebildet hatten, eröffnete ich die Zeremonie mit einem Dankgebet für alles, was uns gegeben war, insbesondere für Paul und Stacy und das Glück, dass ihnen dieses Stück Land gehörte. Ich bat die Geister, die dort lebten, auch die Feen, um ihren Segen und versprach, dass die neuen Besitzer gute Hüter dieses Landes sein würden. Ich betete auch zu den Ahnen und bat sie um ihren Segen.

Nachdem diese Anrufung vollendet war, bat ich alle, die Arme mit den Handflächen nach oben zu heben und die himmlische Kraft durch ihre Hände in ihre Körper fließen zu lassen. Dann lud ich alle ein, über das Grundstück zu wandern, mit den Handflächen nach unten, um diese Energie des Gebets in die Erde fließen zu lassen. Schließlich gingen wir ins Haus und taten dort das Gleiche. Als wir damit fertig waren, versammelten wir uns wieder im Kreis und stellten Paul und Stacy in die Mitte. Wir streckten die Arme nach vorne, mit den Handflächen zu dem Paar, und sandten ihnen im Stillen durch unsere Hände unsere Liebe. Dann traten sie wieder zu uns in den Kreis und wir sprachen ein Schlussgebet. Bei dem folgenden herrlichen Abendessen fühlten wir uns allesamt auf vielen Ebenen genährt.

15. Kapitel

Heilige Gegenstände, Altäre und Heilungszeremonien

Bei der Erdmagie ist es von besonderer Bedeutung, wie in Zeremonien, besonders Heilungszeremonien, mit heiligen Gegenständen und Altären umgegangen wird. In ihrer tief persönlichen Symbolkraft berühren uns die heiligen Gegenstände nicht nur auf der Ebene des kollektiven Bewusstseins, sie sind auch mit Ihrer persönlichen Essenz und Energie aufgeladen. Viele, vielleicht sogar alle heiligen Dinge kommen von der Erde, und Sie werden sehen, dass es wichtig ist, Repräsentanten der grundlegenden Erdelemente auf dem Altar zu haben, vor allem bei Heilungszeremonien.

Heilige Gegenstände

Zu den heiligen Gegenständen zählen Dinge, die für Sie eine besondere Bedeutung haben. Die Werkzeuge, die Sie in Zeremonien verwenden, gehören sicherlich zu Ihren heiligen Gegenständen, aber auch alles andere, das Ihnen persönlich sehr wichtig ist, wie der Ring Ihrer Urgroßmutter (der immer noch ihre Essenz in sich trägt) oder die Rassel, die Sie in jenem kleinen Laden mal gefunden haben – oder die Sie gefunden hat.

Heilige Gegenstände haben Symbolwert. Das bedeutet, sie repräsentieren mehr, als sie eigentlich sind. Viele tragen eine besondere Kraft in sich: Sie besteht aus der angesammelten Essenz vieler Generationen, die diesen Gegenstand vor Ihnen besaßen, oder einer bestimmten Energie, die diesem Gegenstand übertragen wurde. Angenommen, Sie kaufen eine Trommel. Sie haben sie ausprobiert und eine gewisse Schwingung gespürt, die zu Ihnen zu passen schien. Sie spielen sie ein paarmal, entwickeln ein Gefühl für sie und irgendwann beschließen Sie, eine Segnungszeremonie durchzuführen, um die Trommel zu ehren und um eine noch stärkere Verbindung mit ihr einzugehen.

So eine Zeremonie sollte ein Gebet für das Tier umfassen, das sein Leben für diese Trommel gab (falls es eine Trommel mit einem Naturfell ist), und ein Gebet für den Baum, der das Holz dazu lieferte, gefolgt von einem spontanen Gesang für das neue Wesen, das daraus hervorgegangen und jetzt in ihr Leben getreten ist: die Trommel. Die Trommel ist Ihr Geistpferd, ein metaphorisches Pferd, auf dem Sie in die NAW reiten können. Sprechen Sie die Trommel an und fragen Sie sie nach ihrem Namen, und nach einer Weile werden Sie wissen, wie sie angesprochen werden möchte. Legen Sie dann die Trommel vor sich hin, halten Sie die Handflächen zur Trommel gewandt und sprechen Sie ein Gebet der Dankbarkeit. Fühlen Sie dabei die Kraft, die jetzt auf die Trommel fokussiert ist. Spielen Sie die Trommel noch einmal (Sie können dazu auch tanzen, wenn Sie mögen) als Dank für Ihre Geisthelfer und als Loblied für Ihr neues Geistpferd.

Übung: Anerkennung Ihrer heiligen Gegenstände

Schreiben Sie etwas in Ihr Notizbuch über die Dinge, die Ihnen heilig sind. Warum halten Sie sie für heilig? Welche Geschichte steckt dahinter? Was sind die drei kostbarsten Dinge, die Sie nicht verlieren möchten? Warum gerade diese?

Übung: Segnung der heiligen Gegenstände

Nehmen Sie die Dinge, die Sie in Ihren Zeremonien verwendet haben oder verwenden wollen, und heiligen Sie sie in einer Zeremonie, ähnlich wie ich sie für die Trommel beschrieben habe. Seien Sie kreativ und lassen Sie sich inspirieren. Sie können dies mit allem tun, was für Sie von spiritueller Bedeutung ist.

Altäre

Ein Altar ist ein Kristallisationspunkt, auf den Sie die Objekte stellen, die für die jeweilige Zeremonie von Bedeutung sind. Wenn Sie Ihre Zeremonien immer am gleichen Ort abhalten, können Sie dort einen permanenten Altar einrichten. Falls Sie eher unterwegs sind, wenn Sie Zeremonien durchführen, können Sie einen leichteren, transportablen Altar entwerfen. Auf jeden Fall rate ich Ihnen, neben dem, was für die Zeremonie wichtig ist, Dinge auf Ihrem Altar zu haben, welche die vier Elemente repräsentieren: Luft, Erde, Feuer, Wasser.

Ich habe einen tragbaren Altar, der mir gute Dienste erweist. Ab und zu wechsle ich die verschiedenen Gegenstände aus, doch ich habe immer etwas für die vier Elemente dabei. Zurzeit habe ich eine Eulenfeder *(Luft)*, ein Fläschchen mit heiligem Wasser aus Lourdes *(Wasser)*, eine kleine Dose mit heiliger *Erde* aus El Santuario de Chimayo, das als das Lourdes von Amerika gilt, und eine Kerze *(Feuer)*. Außerdem gehört ein kleiner, handgewebter Wollteppich von 75 x 45 Zentimeter dazu, den mir ein Kollege von einem schamanischen Abenteuer in Peru mitgebracht hat. Ich habe auch einen Kristallstab dabei, den mir jemand geschenkt hat. Wann immer ich einen Workshop leite, bringe ich diese Dinge mit und baue meinen Altar auf, entweder in der Mitte des Kreises oder, wenn die Form des Raumes es erfordert, vorne oder an der Seite.

Einige Jahre lang habe ich bei Doreen Virtues fünftägigem

»Angel Therapy Practitioner® (ATP)«-Training assistiert, an dem jeweils 150 bis 450 Menschen teilnahmen. Wir haben immer an einer Seite des Raums einen Altar aufgebaut, auf dem Repräsentanten für die vier Elemente lagen sowie ein paar Dinge, die mit dem Engel-Therapie-Programm zu tun hatten, zum Beispiel eine Engelstatue.

Die Teilnehmer waren dann eingeladen, eigene heilige Dinge auf diesen Altar zu stellen, auch Fotos ihrer Lieben. Diese Objekte luden sich dann mit der spirituellen Kraft und den Segnungen auf, die sich im Lauf der fünf Tage aufbauten. Die Teilnehmer waren auch eingeladen, sich vor den Altar zu stellen und die Energie zu spüren, die sich gesammelt hatte, nachdem alle ihre heiligen Dinge dort hingelegt hatten. Und sie konnten ein Segensgebet sprechen für diese Dinge und alle, die mit ihnen verbunden waren. Am Ende des Kurses schien der Altar immer schier zu glühen!

Eine Lösungszeremonie

In Doreens fünftägigen ATP®-Programmen und den entsprechenden Veranstaltungen in Australien (dem dreitägigen »Angel Intuitive™ [AI]«-Kurs) führte ich jeweils eine heilige Zeremonie für die ganze Gruppe durch. Das konnten 150 bis 900 Teilnehmer sein. Bei den AI-Kursen nahmen meistens mehr Menschen teil als an den ATP-Programmen. Sie können eine ähnliche Zeremonie auch für kleinere Gruppen oder für sich alleine abhalten. Selbst wenn sich nur ein paar Menschen mit der heiligen Absicht der Lösung zusammenfinden, macht das die Zeremonie stärker.

Die Absicht der Zeremonie in diesen Kursen lag darin, den Teilnehmern Gelegenheit zu geben, alles loszulassen, was ihren medialen und intuitiven Fähigkeiten im Weg steht, zum Beispiel Scham, Schuldgefühle, Angst vor Zurückweisung und dergleichen. Im ATP-Programm fand die Zeremonie am dritten Abend statt, im AI-Kurs am zweiten. Am Tag vor der Zeremonie meditierten die

Teilnehmer und fragten den Erzengel Michael um Rat: Welche Beschränkungen oder Hemmungen sollten sie loslassen? Die Ergebnisse schrieben sie am Ende der Meditation auf. Auf einem anderen Blatt Papier notierten sie eine klare Aussage über ihre Bereitschaft, sich davon zu lösen, zum Beispiel: »Ich, ... (Name des Teilnehmers), lasse jetzt ... (Angst, Scham etc.) los.«

Wenn dies alles getan war, erklärte ich der Gruppe, wie sich alle auf die Zeremonie vorbereiten sollten. Am Ende dieses Tages gab ich ihnen weitere Anweisungen:

> »Wandert ein wenig draußen umher und findet ein kleines, natürliches Objekt wie einen Stein, ein Blatt oder einen Zweig, etwas, das bereit ist, euch bei der Lösung von dieser Behinderung zu unterstützen. Fragt den Gegenstand, ob er bereit ist, euch zu helfen, und dann lauscht sorgfältig auf das telepathische Ja oder Nein. Wenn ihr ein Nein erhaltet, sucht weiter, bis ihr etwas findet, das eindeutig einverstanden ist. Sobald ihr ein Objekt habt, bedankt ihr euch für die Bereitschaft zur Zusammenarbeit.
>
> Nehmt den Gegenstand mit nach Hause oder in euer Zimmer, wickelt ihn in das Papier, auf das ihr eure Bereitschaft zur Lösung geschrieben habt, und legt das Ganze auf euren Nachttisch oder unter euer Kopfkissen. Sprecht direkt vor dem Einschlafen ein Gebet und bittet eure Geistführer, vor allem Erzengel Michael, euch zu helfen, jenes, was ihr loslassen wollt, in diesen Gegenstand zu »träumen«. Ihr bittet um Hilfe, die Energie dessen, was euch behindert, auf diesen Gegenstand zu übertragen. Wenn ihr aufwacht, legt den Gegenstand an einen sicheren Ort und bringt ihn morgen Abend mit, um ihn dem Feuer zu übergeben.«

Am Abend versammeln sich alle im Raum und stecken die Gegenstände mitsamt dem Papier in Umschläge, auf denen ihr Name steht. Während die Teilnehmer hereinkommen, werden sie mit Salbei gesmudgt und bilden dann einen Kreis. Bei größeren Gruppen machen wir diesen Kreis im Freien. Auf jeden Fall gibt es in der Mitte einen weiteren Altar mit Gegenständen für die vier Elemente, und wenn wir im Freien arbeiten, brennt neben diesem Altar ein Feuer. Alle haben sich versammelt, die Kerze auf dem Altar wird entzündet, dann beginnen wir mit dem Trommeln, Rasseln und Tanzen. Die Teilnehmer sind eingeladen, im Uhrzeigersinn um den Altar in der Mitte zu tanzen. Das Trommeln dient dem Aufbau von Energie. Es hilft uns auch als Gruppe, in eine zeremonielle Trance zu kommen, in der magische Dinge geschehen können. Die Teilnehmer sehen dabei oft Geistwesen von Tieren und Menschen und auch Erzengel.

Wenn der Tanz endet, holen die Teilnehmer ihre Gegenstände. Falls wir bislang drinnen waren, gehen wir jetzt ins Freie. In der Nähe des Feuers stehen zwei Ölfackeln: Die unsichtbare Linie zwischen den beiden bildet das »Tor«. Dort werden die Leute innehalten und ihre Aufmerksamkeit und Absicht ausrichten. Ich leite alle an, sich ein Stück hinter diesen Fackeln mit den Gegenständen und Papieren in der Hand in zwei Reihen aufzustellen, sodass immer zwei Leute zeitgleich zu beiden Seiten des Feuers gehen können. Neben den Fackeln stehen sechs Trommler, drei auf jeder Seite, die jetzt mit einem langsamen, bedächtigen Schlag beginnen. Die ersten Personen jeder Reihe treten ans Tor vor, halten inne und konzentrieren sich auf ihre persönliche Absicht. Dann treten sie weiter vor ans Feuer und übergeben alles Großvater Feuer, während sie ein Dankgebet sprechen. Danach gehen sie weiter in einen Bereich jenseits des Feuers, wo sie von unseren Assistenten und später von den anderen, die bereits durchgegangen sind, empfangen werden.

Wenn alle an der Reihe waren, bilden wir wieder einen Kreis, diesmal dichter beisammen, und singen das Kreislied:

I circle around, I circle around, the boundaries of the Earth
I circle around, I circle around, the boundaries of the Earth
Wearing my long wing feathers as I fly

Wearing my long wing feathers as I fly
I circle around, I circle around, the boundaries of the Earth.

(Ich kreise, ich kreise um die Grenzen der Erde
Ich kreise, ich kreise um die Grenzen der Erde
Ich trage lange Flügelfedern und fliege
Ich trage lange Flügelfedern und fliege
Ich kreise, ich kreise um die Grenzen der Erde.)

Danach leite ich ein Dankgebet an und signalisiere, dass wir fertig sind, indem ich das Gebet mit den Worten »So ist es und so wird es sein« beende.

Wunderheilung

Im Lauf der Jahre habe ich von Teilnehmern der Zeremonie in Amerika oder Australien ziemlich viel Feedback bekommen, wie es ihr Leben verändert und sie in eine positive Richtung gebracht hat. Eine Frau (ich nenne sie hier Anne) schrieb mir von ihren Erfahrungen nach einer der ersten Lösungszeremonien, die wir in Queensland abhielten. Sie fand von Anfang bis Ende im Freien statt.

An dieser Zeremonie hatten ungefähr 750 bis 800 Menschen teilgenommen, doch trotz der großen Anzahl verlief der Prozess glatt und sanft. Wie bereits erwähnt, hat eine so große Menge auch den Vorteil, dass sehr viel mehr Energie aufgebaut wird. Hier ist Annes Geschichte:

> Letztes Jahr war ich in Queensland beim Angel Intuitive™ Workshop. Ich war eine der eher Furchtsamen. Ich glaubte nicht an meine eigenen Fähigkeiten und war sehr schüchtern. »Ich kann diese Engel-Readings nicht machen«, dachte ich. »Ich bin nicht begabt. Alle anderen können es,

außer mir.« Ich lief so mit, doch ich war sehr verunsichert. Gleichzeitig wusste ich, dass ich an diesem Kurs teilnehmen wollte und dass ich am richtigen Ort war. Ich machte mit, so gut ich konnte, aber ich hatte große Zweifel, ob mich diese Sache je an mein Ziel bringen würde.

Am Abend der heiligen Zeremonie fühlte ich nichts von dem, was andere Leute berichteten, und ich sah nichts von dem, was andere nach ihren eigenen Aussagen sahen. Ich erinnere mich vor allem an einen Herrn, der erzählte, er habe einen Adler gesehen. Ich wünschte mir so sehr, ich hätte auch einen gesehen. Aber ich mochte die Zeremonie trotzdem.

Vor der Zeremonie hattest Du uns gebeten, etwas zu finden und dann in den Zettel einzuschlagen, auf den wir geschrieben hatten, wofür wir Unterstützung brauchten oder womit wir Frieden schließen und was wir loslassen wollten. Ich tat das … und es geschah!

Ohne zu sehr ins Detail zu gehen, will ich erzählen, dass ich 2002 einen schlimmen Virus hatte und als postvirales Syndrom eine chronische Erschöpfung entwickelte. Ich hatte davon schon gehört, hatte aber keine Ahnung, wie sich so etwas anfühlt. Es war unglaublich! Ich war so erschöpft, dass ich kaum durch unseren Garten gehen konnte. Ich musste mich hinlegen, nachdem ich den Abwasch gemacht hatte. Es war nicht zu fassen. So ging es vier Jahre lang.

Ich musste meinen Job kündigen und sechs Monate lang ohne Einkommen leben. Ich mühte mich sehr damit ab, wieder auf die Beine zu kommen. Ich konsultierte einen Chiropraktiker, probierte Naturheilkunde, Schulmedizin, alles. Ich machte gewisse Fortschritte, aber erst die heilige Zeremonie hat wirkliche Veränderung gebracht.

Ich fand einen ganz besonderen Zweig mit wunderschönen trockenen Blättern. Ich hätte ihn gerne mit nach Hause genommen, aber er hatte mich gerufen, genau wie Du es beschrieben hattest. Ich schrieb, dass ich jetzt meine chronische Erschöpfung loslasse, und schlug den Zweig in das Papier ein. Am nächsten Abend übergab ich ihn dem Feuer. Ich hörte keine Stimmen, hatte keine Visionen, nichts. Ich war sehr enttäuscht – ich wollte Fanfaren!

Erst als ich zu Hause war, merkte ich Woche um Woche, dass ich mich nicht mehr krank und müde fühlte. Ich musste mich nicht mehr ständig hinlegen. Jetzt kann ich wieder Vollzeit arbeiten!

Ich weiß, dass das ein Wunder ist, und ich weiß, dass es an jenem Abend geschah. Ich weiß es, ich weiß es!

Ein paar Monate später habe ich noch einmal mit Anne Kontakt aufgenommen, um zu hören, wie es ihr geht. Sie berichtete, dass sie sich hervorragend fühle und mit vielen Dingen beschäftigt sei, die sie schon immer machen wollte.

Erdmagie und heilige Gegenstände

Je mehr Sie mit Erdmagie arbeiten, desto mehr werden Sie merken, wie verschiedene Dinge zu Ihnen finden. Vielleicht gehen Sie in einen Laden und fühlen sich zu einem Tier aus Speckstein hingezogen, mit dessen Geist Sie arbeiten, oder Sie erhalten von Freunden und Klienten kleine Geschenke, die zu einem Bestandteil Ihrer »heiligen Werkzeugkiste« werden. Vielleicht gehen Sie zu einem Trommelbau-Workshop und fertigen dort genau die richtige Trommel für die Zeremonien, die Sie leiten oder an denen Sie teilnehmen. Die Natur wird Sie aus ihrem Reichtum mit Federn, Muscheln, besonderen Steinen oder Ähnlichem beschenken. Diese Dinge, die dann zu Ihren heiligen Gegenständen werden, erinnern Sie nicht nur immer wieder an Ihre Verbindung zur Erdmagie – durch ihre Verwendung in Zeremonien laden sie sich auch mit Ihrer Energie und Essenz auf. So werden sie wirklich heilig für *Sie*.

Es ist wichtig, für diese Dinge gut zu sorgen und sie mit dem Respekt zu behandeln, den sie verdienen. Smudgen Sie sie regelmäßig mit Salbei oder Palo Santo, und wenn Sie eine Zeremonie durchführen, smudgen Sie zuvor diese Dinge und dann erst die Teilnehmer. Lassen Sie Ihre heiligen Dinge atmen, indem Sie sie offen aufbewahren, statt sie in dunklen Schubladen zu verstauen. Wenn Sie etwas haben, das nicht Teil Ihrer Werkzeugkiste wird, geben Sie es weiter oder entsorgen Sie es angemessen. Auf dem Weg der Erdmagie sind diese Dinge wichtige Begleiter.

16. Kapitel

Tönen und Singen

Unsere Ahnen und die indigenen Völker der heutigen Zeit wussten um die Bedeutung des musikalischen Ausdrucks, vor allem was den *Spirit* angeht. Voll Freude und Dankbarkeit zu singen, leidenschaftlich für eine Heilung zu tanzen – sei es die eigene oder die eines anderen –, sich mit einem alten Gesang in Seligkeit zu versetzen – all dies sind Ausdrucksformen des menschlichen Geistes.

Angeles Arrien, Anthropologin und Autorin des Buches *Der vierfache Weg,* hat ein System von vier grundlegenden Prinzipien entwickelt, mit denen sich alte kulturelle Weisheiten ins moderne Leben integrieren lassen. In ihren Studien verschiedener indigener Kulturen hat sie festgestellt, dass der schamanische Heiler, den Kranke und Leidende aufsuchen, die Diagnose häufig mithilfe von vier Fragen stellt:

1. Wann hast du aufgehört, zu singen?
2. Wann hast du aufgehört, zu tanzen?
3. Wann hast du aufgehört, dich von Geschichten bezaubern zu lassen?
4. Wann hast du aufgehört, den süßen Klang der Stille zu genießen?

Die Antworten des Patienten geben ihm dann Hinweise auf die geeignete Behandlungsform. Dieser Ansatz unterscheidet sich doch sehr von dem, womit wir aufgewachsen sind!

In meiner Kindheit wurde ich immer wieder in methodistische und protestantische Gottesdienste mitgenommen. Ich habe nie ganz begriffen, was da vor sich ging, außer dass es irgendwie mit Gott und Jesus zu tun hatte. Bei den Liedern verwunderte mich besonders, wie flach und monoton der Gesang war. Es kam kein Gefühl, keine Leidenschaft durch – als gäbe es ein unausgesprochenes Gesetz, das allen Körperausdruck verbietet. Ich bin sicher, dass dies durch Jahrhunderte der Unterdrückung und der Indoktrination zustande gekommen ist.

Als junger Erwachsener wohnte ich dann in meiner Zeit an der Chapman Universität mit meiner damaligen Frau nahe beim College in einem winzigen Häuschen, das direkt hinter dem großen Wohnhaus des Vermieters stand. Kurz nach unserem Einzug wollten wir eines Sonntagmorgens in die nahe gelegene Geschäftszone gehen, um zu frühstücken. Ein paar Häuser von unserem entfernt kamen wir an einer Kirche vorbei, aus der herrlicher Gesang drang. Dieses hemmungslose Jubeln und Lobpreisen brachte uns zum Lächeln. Es gab Fenster, durch die wir hineinsehen konnten, und wir sahen Leute singen, klatschen und tanzen. Es war der erste Gospel-Gottesdienst, den ich je gesehen hatte. Wir blieben ein Weilchen stehen, um uns daran zu erfreuen. Es wirkte so frei und fröhlich, sehr anders als alles, was ich bis dahin erlebt hatte. Wenn wir nicht beide so schüchtern gewesen wären, hätten wir wohl hineingehen und an der fröhlichen Feier teilnehmen können. So ließen wir uns einfach von der Freude des Augenblicks ergreifen.

Tönen

Ich habe mit Leuten wie Krishna Das, Snatam Kaur und Dave Stringer einige eindrucksvolle Erfahrungen im Tönen gemacht. Diese bekannten Persönlichkeiten leiten Gruppen im Kirtan-Singen: Das ist eine Art Ruf-und-Antwort-Gesang aus der indischen

Tradition. Gesungen wird in Sanskrit, einer Sprache, die mehr auf Schwingung orientiert ist denn auf Objektivierung. Oder, wie ein Kirtan-Lehrer einmal sagte, es ist eine Sprache zur Kommunikation mit Gott und weniger zur Kommunikation von Mensch zu Mensch. Ich verstand nicht, was die gesungenen Worte bedeuteten, aber es erschien mir auch völlig unwichtig. Wenn wir sie minutenlang mit einer Gruppe von mindestens 150 Leuten sangen, erzeugte dies ein Gefühl freudiger, ekstatischer Vereinigung mit der Quelle.

Sollte es sich für Sie richtig anfühlen, können Sie das Tönen auch in Ihre Arbeit der Erdmagie einfügen. In einem Jahr haben Doreen und ich beschlossen, zu Silvester etwas anderes als üblich anzubieten. In einem Yogastudio unseres Ortes haben wir für jenen Abend eine Zeremonie angeboten – als Alternative zu irgendwelchen Partys oder Fernsehmarathons. Ungefähr eine Minute vor zwölf fingen wir an, einen Gesang zu tönen, der aus einem einzigen Wort bestand. Es war schlicht und gleichzeitig reichhaltig und voller Geschichte: das Sanskritwort »OM« (oder »AUM«). In der Hindu-Tradition gilt es als der Urklang der Welt, der alle anderen Klänge enthält. OM zu singen, lässt sich leicht in eine Zeremonie einbauen. Es ist ein Symbol mit vielen Bedeutungsebenen.

Abb. 3

Das Folgende ist eine detaillierte Beschreibung der Bedeutung und des Symbols, verfasst von meiner Tochter Nicole Farmer, die eine ausgebildete Kripalu-Yogalehrerin ist.

Es heißt, dass alle anderen Klänge aus dieser Schwingung entstanden sind. Wenn Sie jetzt Ihre Augen schließen und auf die Geräusche um Sie herum achten, werden Sie irgendwo darin ein OM hören. Probieren Sie es. Selbst das Geräusch des Windes in den Bäumen oder einer schleudernden Waschmaschine besteht aus den Klangschwingungen des OM.

In der Sanskrit-Übersetzung des OM (oder AUM, wie es auch geschrieben wird) und in seinem Symbol besteht das OM aus vier Klängen, die jeweils verschiedene Bewusstseinszustände repräsentieren. Das »A« wird durch den unteren Bogen dargestellt und steht für das Wachbewusstsein, unser durch die Sinne nach außen gerichtetes Bewusstsein. Selbst der Mund ist offen und nach außen gerichtet, wenn er diesen Klang erzeugt. Probieren Sie, ein Weilchen nur »Aaaa« zu tönen, und achten Sie darauf, wie es sich anfühlt. Ich bemerke dabei meistens eine große Wachheit und Außenwahrnehmung.

Das »U« wird im mittleren Bogen dargestellt und bezeichnet den Traumzustand, in dem unser Bewusstsein nach innen gerichtet ist und wir die Welt hinter unseren Augen erforschen können.

Das »M«, das in dem Bogen oben links auftaucht, steht für den tiefen, traumlosen Schlaf. Probieren Sie es, schließen Sie Ihre Augen und tönen Sie »Mmmmm«. Vielleicht bemerken Sie ebenso wie ich dabei mehr Ausgeglichenheit und Gleichmaß, als schlössen Sie die Türen zur äußeren Welt und verbänden sich tief innen mit der ultimativen Wahrheit Ihrer Existenz.

Das bringt uns zum vierten und letzten Klang: der Stille. Sie wird durch den Punkt bezeichnet und bedeutet »das Zur-Ruhe-Kommen aller differenzierten relativen Existenz. Dieser zutiefst ruhige, friedvolle, selige Zustand ist das letztliche Ziel aller spirituellen Aktivität« (www.yogagainesville.com). Dies ist der wahre Zustand Ihres Seins. Das individuelle Selbst, das Ego, erkennt die absolute Verbindung mit dem Göttlichen, wenn der Schleier der Illusion gehoben wird. Der sichelförmige Strich unter dem Punkt steht für die Illusion (Maya).

OM ist Gott in Klangform, so sagen es die alten yogischen Texte der Upanishaden. Wenn Sie das nächste Mal OM tönen, tun Sie es mit der Absicht, die ultimative Wahrheit zu erkennen, dass wir alle ewig heil und mit dem Göttlichen verbunden sind.

Singen

Erinnern Sie sich daran, wie Sie als kleines Kind Lieder erfunden haben? Es gab nicht unbedingt eine klare Melodie, und die Worte waren eher frei assoziiert, aber es war freies, spontanes Singen. Falls Ihre Familie diese Gesangsausbrüche nicht sonderlich geschätzt hat, haben Sie wahrscheinlich wie viele Menschen das Singen in die Kiste gesteckt, wo auch andere, schambesetzte Ausdrucksformen landeten, bis es zu etwas wurde, das nur andere tun. Vielleicht haben Sie sogar die Idee entwickelt, dass Sie nicht singen oder keinen Ton halten können – was man wie viele andere Überzeugungen auch durchaus infrage stellen könnte.

Doch beim Singen als einem Bestandteil der Erdmagie spielt all das keine Rolle. Das Singen von Liedern der Freude, der Dankbarkeit oder des Flehens ist ein Weg, Verbindung zum *Spirit* zu spüren. Es können allgemein bekannte Lieder sein oder solche, die Ihnen gerade zugeflogen sind. Die Worte können Ihrer Muttersprache entstammen, aber auch einer Ihnen unbekannten schamanischen Sprache. So oder so: Singen Sie, und sei es nur unter der Dusche! Die menschliche Stimme kann mehr als nur reden. Ich bin bei einigen Zusammenkünften der nordamerikanischen Ureinwohner gewesen – man nennt sie auch »Powwows« – und habe erlebt, wie Männer um eine große Trommel herumsitzen, die »Muttertrommel« genannt wird. Ein Mann schlägt den Takt, und die anderen singen Gesänge, die wahrscheinlich jahrhundertealt sind. Während ich diesen eindringlichen, rhythmischen Melodien lauschte – und dieser Sprache, die vielleicht bis zu den ersten Menschen zurückreicht, die einst in dieses Land kamen –, ergriff mich tiefe Ehrfurcht.

In einigen indigenen nordamerikanischen Traditionen gibt es für Krankheiten eine Behandlung mit Gesang. Dann kommt die ganze Gemeinschaft oder zumindest ein guter Teil davon zusammen und unterstützt den Medizinmann beim Singen eines Heilungsliedes, das von den Ahnen zu dem leidenden Stammesmitglied gesandt wird.

Ein Aspekt meiner schamanischen Ausbildung bestand darin, um Lieder für verschiedene Zwecke zu bitten und sie zu empfangen. Eines davon, ein Lied der Würdigung, kam vor einigen Jahren zu mir. Ich singe es oft am Anfang einer Zeremonie, aber ich könnte es jederzeit singen, wenn es sich angemessen anfühlt. Phonetisch geschrieben lautet es so:

Key ah oh ay on ah
Key ah oh ay yeh
Ayah esch tay on ah
Ayah esch tay yeh, ay yeh

Ich singe es drei Mal, jedes Mal in einer leicht veränderten Tonhöhe. Solche Lieder sollten immer drei bis vier Mal gesungen werden. Nachdem ich dieses Lied ein paarmal gesungen hatte, fragte ich jenen, den ich Großvater nenne, nach der Bedeutung. Er sagte es mir nicht in Worten, sondern zeigte es mir in Bildern. Ungefähr übersetzt bedeutet der Text:

Dank an die aufgehende Sonne, die Licht und Wärme bringt
Dank an die untergehende Sonne, die Ruhe und Vollendung bringt
Dank an die Himmel für alle Segnungen
Dank an die Erde für alles, was uns erhält

Sie können Ihre Geisthelfer bitten, Sie ein Lied zu lehren, vielleicht ein altes schamanisches Lied, in Ihrer Sprache oder in einer schamanischen Sprache.

Übung: Finden Sie Ihr Lied

Gehen Sie an einen Ort, am besten in der Natur, wo Sie eine Weile sitzen und Ihre Geisthelfer um ein Lied bitten können. Trauen Sie dem, was Sie empfangen, und wenn Sie das Lied in sich hören, wiederholen Sie es, so gut Sie können, mit Ihrer eigenen Stimme. Seien Sie offen für alles und versuchen Sie nicht, es zu verstehen, wenn es nicht in Ihrer eigenen Sprache ist. Irgendwann werden Sie die Bedeutung erfahren. In dem Beispiel, das ich Ihnen eben erzählt habe, erfuhr ich die Bedeutung auch erst, nachdem ich das Lied etliche Male gesungen hatte. Mithilfe meines Geistführers Großvater wurde es mir dann eines Tages offenbar.

Im 21. Kapitel führe ich eine weitere Übung auf, um ein Lied zu empfangen, mit dem Sie Ihr Krafttier rufen oder ehren können. Durch den gleichen Prozess können Sie auch eine ganze Reihe Lieder für andere Zwecke finden.

17. Kapitel

Tanzen und Geschichten erzählen

Im Zusammenhang mit Erdmagie geht es natürlich nicht um Standardtänze. Es gibt keine vorgeschriebenen Schrittfolgen – mit Ausnahme von ritualisierten heiligen Tänzen, die auf alten Traditionen beruhen. Spirituelles Tanzen kann alles sein: von einfachem, freudvollem Hin- und Herschwingen bis zu den ekstatischen Wirbelbewegungen der Derwische. Hier konzentrieren wir uns auf eine Art des Tanzens, die eher erdig-schamanisch ist.

Ich habe an einem schamanischen Ausbildungsprogramm von Dr. Larry Peters teilgenommen, der tibetischen Schamanismus lehrt (www.tibetanshaman.com). Bei der ersten Reise stand Dr. Peters mit seiner Trommel auf, legte sich ein Gewand um die Schultern, auf dem alle möglichen kleinen, klingenden und klappernden Dinge aufgenäht waren, und begann, zu trommeln und zu tanzen. Bis dahin hatte ich nur davon gehört, dass man sich auch auf diese Weise in eine schamanische Trance versetzen kann, aber ich empfand es als mindestens genauso wirksam wie das ausschließliche Trommeln.

Krafttanz

Wenn Sie mit Erdmagie arbeiten, dann arbeiten Sie mit Lebenskraft, mit *Spirit*. Der Zugang und der Aufbau dieser Kraft spielt für die Wirksamkeit Ihrer Arbeit eine entscheidende Rolle. Seit Jahrtausenden haben sich Schamanen mithilfe verschiedener Mittel mit dieser Kraft verbunden, zum Beispiel durch Trommeln,

Rasseln, Meditation, Träumen, Pflanzenmedizin und Tanzen. Eine Form des Tanzens, die besonders dem Aufbau von Kraft dient, ist der sogenannte Krafttanz.

Ich habe an einem dreijährigen Trainingsprogramm der Foundation of Shamanic Studies bei Michael Harner teilgenommen. (Wir schulden Harner sehr viel Dank dafür, dass er die Wiederkehr alter schamanischer Praktiken in die moderne Welt eingeleitet hat!) Unsere Gruppe traf sich alle sechs Monate, wobei jedes Treffen sechs Tage lang dauerte. Während der Eröffnungszeremonie führten wir gewöhnlich den Krafttanz auf, und weil die schamanische Arbeit, die wir machten, so viel spirituelle Kraft wie möglich erforderte, war das ein sehr guter Anfang für jeden Zyklus.

Alle 72 Teilnehmer kamen im Lauf des Sonntagnachmittags an. Am Abend versammelten wir uns in unserem Seminarraum, setzten uns in einem großen Kreis, mit unseren vertrauten Trommeln und Rasseln an unserer Seite, und warteten darauf, dass die Zeremonie anfangen würde. Dr. Harner schlenderte dann irgendwann mitsamt seinem Safari-Hut zur Mitte des Raums, wo ein sehr einfacher Altar mit einem Stückchen Zedern-Räucherwerk auf einer kleinen Tonschale aufgebaut war. Er entzündete das Räucherwerk, bummelte dann zu seinem Platz im Kreis zurück und nahm seine Trommel in die Hand. Wir folgten seinem Beispiel, nahmen unsere Trommeln und Rasseln, und nach kurzer Zeit schwang ein schöner, einfacher Herzschlag von 70 Trommeln und Rasseln durch den Raum, durch unsere Körper und durch unser Bewusstsein. Das war die Vorbereitung auf den Krafttanz. Ein paar Teilnehmer bewegten sich in den Kreis und tanzten, manche machten die Geräusche ihrer Krafttiere. Es dauerte nicht lange, bis alle in den Tanz einfielen.

Am Anfang des eigentlichen Krafttanzes baten Michael oder seine Assistentin Christine fünf Leute, ihnen beim Trommeln zu helfen. Diese Freiwilligen gingen in die Mitte des Kreises und wanderten langsam trommelnd innen den Kreis entlang. Wir hatten Anweisung, aufzustehen und den Krafttanz zu tanzen, wenn wir uns vom *Spirit* dazu bewegt fühlten. Sooft wir dies taten, fanden fast alle von uns irgendwann ihren Zeitpunkt, um aufzustehen und den Krafttanz zu tanzen. Die Trommler richteten sich mit ihrem Rhythmus nach dem Lied, das die Person sang, die aufgestanden war. Sobald der Rhythmus klar war, fielen wir alle in ihn ein, und die Person tanzte drei Mal im Kreis herum. Die Trommler folgten ihr, um sicherzustellen, dass sie weder sich selbst noch andere verletzte, da manche der Tänze sehr ausladend waren.

Es war spürbar, wie sich die Energie im Raum im Lauf des Abends aufbaute, auch durch den Fokus aller Teilnehmer. Es war eine sehr intensive und dramatische Demonstration dessen, wie der *Spirit* uns bewegen kann, wenn wir uns dafür öffnen.

Übung: Einen Krafttanz finden

Diese Übung erfordert mehr Leute, mindestens 25, und kann mit bis zu hundert Teilnehmern durchgeführt werden. Sie machen es genau so, wie ich anhand der Szenen aus meinem Training bei Dr. Harner beschrieben habe. Es sollten fünf Trommler da sein, von denen einer die Leitung übernimmt. Alle anderen richten sich mit dem Rhythmus nach dem Schlag der Leittrommel. Wenn die Trommler anfangen, im Kreis herumzugehen, sollten sie einen sehr langsamen, bedächtigen Rhythmus wählen. Wenn sich jemand bewegt fühlt, aufzustehen, gehen die Trommler zu dieser Person und bilden einen Halbkreis um sie. Erinnern Sie sich daran, dass sich diese Person wahrscheinlich in einer schamanischen Trance befindet!

Diese Person singt jetzt ihr Lied zwei oder drei Mal. Dabei nimmt die Leittrommel den Rhythmus auf und die anderen Trommler folgen. Wenn der Rhythmus klar ist, tanzt die Person drei Mal im Kreis herum. Die fünf Trommler folgen ihr dicht und halten den Rhythmus, während sie gleichzeitig sicherstellen, dass niemand verletzt wird. Alle anderem im Kreis trommeln oder rasseln mit den Trommlern mit.

Wenn die Person mit ihren drei Runden fertig ist, geht sie wieder an ihren Platz und setzt sich. Die Trommler vergewissern sich noch einmal, dass es der Person gut geht, dann kehrt die Leittrommel zu einem ruhigeren Rhythmus zurück und geht mit den anderen Trommlern wieder im Kreis, bis der nächste aufsteht und sein Lied singt.

Krafttanz und eine Wunderheilung

Zum dritten Treffen unseres Kurses fuhr ich von Südkalifornien nach Westerbeke Ranch in Sonoma, nördlich von San Francisco – eine Entfernung von gut 500 Meilen, was meistens sechs bis sieben Stunden dauerte. Während der Fahrt ging es mir nicht sehr gut und als ich endlich ankam, fühlte ich mich regelrecht krank. Alles tat mir weh und mir war heiß. Ich lieh mir ein Thermometer und maß meine Temperatur: 38,9 Grad! Es war nicht zu leugnen, dass ich mir etwas eingefangen hatte, und obwohl ich sehr enttäuscht war, dass ich die Eröffnungszeremonie und vielleicht noch mehr verpassen würde, sehnte ich mich nur noch nach einem Bett, weil es mir so elend ging.

Ich ging zu Michael und erzählte ihm, was los war. Er schaute mir direkt in die Augen und sagte: »Ich möchte gerne, dass du heute Abend dabei bist. Wir werden den Krafttanz machen.«

»Na toll!«, dachte ich, und mein Hirn war voller Sarkasmus. Aber nach außen seufzte ich bloß und versprach, dass ich da sein würde. Wenn der Meister ruft, geht man schließlich hin.

Innerlich ziemlich jammernd, schlich ich am Abend in den Seminarraum und nahm meinen Platz im Kreis ein. Ich versuchte, mich nicht als Opfer zu fühlen. Es ging mir inzwischen noch schlechter als bei meiner Ankunft, aber etwas in mir wusste, dass es wichtig für mich war, hier zu sein. Ich ließ mich rechts neben Michael nieder, vielleicht in der Hoffnung, dass er mich verankern würde.

Nach dem typischen Trommeln und Tanzen am Anfang setzten sich alle wieder hin, damit wir mit dem Krafttanz beginnen konnten. Ich hatte mitgetrommelt, aber nicht getanzt. Es war alles so, wie ich es zuvor beschrieben habe. Nicht lange nachdem die Trommler begonnen hatten, langsam trommelnd im Kreis herumzugehen, fing eine Frau mir gegenüber an, sich zu schütteln. Zitternd stand sie auf und sang etwas atemlos ein Geistlied in einer schnellen, abgehackten Kadenz. Dann tanzte sie und wirbelte im Raum umher, dass die Trommler kaum mitkamen, um sie davor zu bewahren, versehentlich in die anderen Teilnehmer zu stürzen.

Im Lauf der nächsten zwei Stunden fühlten sich etliche Leute bewegt, zu tanzen. Bislang hatte sich mein Zustand nicht verändert. Ich wusste allerdings auch, dass ich selbst tanzen müsste, damit etwas passierte. Als sich der Abend seinem Ende näherte und ich mich immer noch nicht bewegt hatte, fühlte ich mich hin- und hergerissen zwischen dem Bedürfnis, einfach in mein Zimmer zu schleichen und zu schlafen, und dem Drang, aufzustehen und mich in die Erfahrung zu stürzen. Als wir fast am Ende waren, drehte sich Michael zu mir um und sagte: »Nun?«

Kaum hatte er das Wort ausgesprochen, war mir, als würde ich an einem Haken nach oben gezogen, und ein Lied in irgendeiner schamanischen Sprache quoll mir aus dem Mund. Wir sangen es drei Mal zusammen mit den Trommlern, damit sie sich auf das Tempo einstellen konnten, und dann tanzte ich wie verrückt und wild singend durch den Raum. Ich hatte keine Ahnung, wo ich die Energie dafür hernahm. Die Trommler schafften es, mit mir Schritt zu halten, bis ich nach der dritten Runde an dem Platz zusammenbrach, wo ich gesessen hatte. Mein Herz schlug rasend schnell und mein Atem ging, als hätte ich gerade einen 400-Meter-Sprint hinter mir. Nach meinem Tanz beendeten wir die Runde für den Abend.

Immer noch fiebernd, kehrte ich dankbar in mein Zimmer zurück. Ich war zufrieden, dass ich den Krafttanz ausprobiert hatte, auch wenn ich nicht sehr hoffnungsvoll war, dass er etwas bewirkt hatte. Ich lag noch ein paar Minuten wach, dann schlief ich ein.

Um etwa 2 Uhr morgens wachte ich auf. Zuerst wusste ich nicht mehr, wo ich war und was am Abend passiert war. Ich ging ins Badezimmer. Auf dem Weg dorthin bemerkte ich, dass ich mich anders fühlte: Mein Fieber war verschwunden, mir tat nichts mehr weh! Ich konnte kaum glauben, dass ich diese Krankheit so schnell hinter mir gelassen haben sollte, also dachte ich: »Mal abwarten, wie es mir am Morgen geht.«

Am nächsten Tag stand ich auf und fühlte mich vollständig gesund. Es wurde eine großartige Woche.

Geschichten erzählen

Auf Hawaii gibt es den Ausdruck »talk story« – was alles Mögliche bedeuten kann: von persönlichen Geschichten, die man mal eben einer Freundin mitteilt, bis zu organisierten Veranstaltungen, auf denen jemand Geschichten aus dem alten Hawaii erzählt.

Ich habe eine Zeit lang auf Big Island gelebt und konnte beobachten, wie häufig das vorkommt. Wenn ein Handwerker im Haus ist, fängt man irgendwann an, Geschichten über dies und das auszutauschen, als wäre man seit Jahren befreundet. Hawaii besteht aus einer Reihe von Inseln, die 2000 Meilen vom Festland entfernt sind. Insofern helfen diese Geschichten, die sozialen Verbindungen aufrechtzuerhalten – Verbindungen, die so entscheidend wichtig sind, wenn man mitten im Ozean auf einem Felsbrocken lebt. Sie helfen, das Gemeinschaftsgefühl zu stärken, das dort sehr ausgeprägt ist. Dieses Geschichtenerzählen hat nichts Wetteiferndes, sondern ist eine Form des Austauschs.

Ein anderer Typ von »talk story« ist das Überliefern von Legenden und Mythologien – heiligen Geschichten, die historische und spirituelle Wahrheiten enthalten. Das ist nichts typisch Hawaiianisches – es findet sich überall in den indigenen Gemeinschaften.

Zu diesen Mythen und Legenden gehören Geschichten der Ahnen, über den Anfang, wie alles entstanden ist, und manchmal auch über die persönliche Abstammung. In Kulturen, die auf mündlicher Überlieferung beruhen, ist es sehr wichtig, dass diese immer wiederholt werden, damit sie der Gemeinschaft erhalten bleiben. Auf Hawaii und anderswo werden diese Geschichten manchmal auch gesungen und getanzt. Der alte Hula-Tanz ist ein gutes Beispiel für ein dreidimensionales heiliges Geschichtenerzählen, denn die Hula-Tänzer bringen durch ihre Bewegungen und Gesten zum Ausdruck, was der Geschichtenerzähler singt.

Geschichtenerzählen ist in jeder Form eine Art der Kommunikation, die verschiedenen Zwecken dient. Auf persönlicher Ebene verbindet es uns mit unseren Freunden und unserer Familie. Als meine Töchter zu jungen Frauen wurden, registrierte ich bei ihnen ein größeres Interesse an unserer Familiengeschichte. Es förderte das Verständnis für ihre Vorfahren und für ihre Eltern, dass sie durch Geschichten von deren Kämpfen, Triumphen, Leiden und Freuden erfuhren.

Mythologische Geschichten erzählen uns etwas über Spiritualität – was keine instruktiven Methoden je leisten können. Die Bibel zum Beispiel ist voll von solchen Geschichten, genauso wie andere religiöse Texte. Leider werden sie vielfach buchstäblich genommen, nicht als Metaphern, die uns etwas über die Geschichte unserer Seele erzählen.

Modernes Geschichtenerzählen

Heutzutage sitzen wir nicht mehr abends um die Feuerstelle und lauschen den Geschichten des Großvaters oder des alten Onkels. Wir haben andere Geschichten. Ein Auszug aus meinem Buch *Sacred Ceremony* erläutert das:

> Geschichten unterhalten uns nicht nur, sie dienen auch dazu, alte Traditionen und Mythologien weiterzugeben

und uns etwas über unseren kulturellen Mythos zu lehren. Anders als in früheren Zeiten, in denen unsere Vorfahren ums Feuer saßen und sich Geschichten erzählten oder in denen die Ältesten den Kindern und anderen Zuhörern eindrucksvolle Fabeln vorspannen, ziehen wir die meisten unserer Geschichten aus Filmen, Büchern und dem Fernsehen.

Hier in Amerika hat sich zum Beispiel die Serie der Krieg-der-Sterne-Filme tief in unseren kulturellen Kontext eingewebt. Man findet kaum jemanden, dem sie nicht geläufig wären. Und die epische Geschichte vom Herrn der Ringe von J.R.R. Tolkien hat durch die Filme neue Popularität gewonnen. Beide dieser breit angelegten, großen Sagas enthalten symbolische Elemente, die mit der kollektiven menschlichen Psyche in starker Resonanz stehen.

Krieg der Sterne und Der Herr der Ringe sind klassische Heldenreisen: Die Protagonisten – hier Luke Skywalker und Frodo Baggins – werden aus ihren gewöhnlichen, alltäglichen Lebenszusammenhängen herausgerissen und durch eine Reihe unerwarteter Ereignisse gezwungen, viele Schwierigkeiten zu überwinden und die dunklen Kräfte zu besiegen, die nicht nur sie selbst, sondern ihre ganze Welt zu zerstören drohen. Die Schönheit dieser Art von Geschichten liegt darin, dass jeder von uns hier Parallelen zu seinem eigenen Leben findet.

Neben Ihrer eigenen Heldenreise haben Sie viele weitere Lebensgeschichten. Diese erzählen anderen etwas über Sie, an was Sie glauben, wie Sie über sich selbst denken, wie Sie die Welt sehen. In jeder Zeremonie, die Sie durchführen, kann es nützlich sein, etwas von solchen persönlichen Erfahrungen zu erzählen, vor allem wenn sie etwas mit dem Zweck der Zeremonie zu tun haben. Angenommen, Sie führen eine Zeremonie für einen Lebensübergang durch, den Sie selbst bereits durchschritten haben, dann kann eine Geschichte über ein Detail Ihrer eigenen Erfahrung die Teilnehmer ermutigen und unterstützen. Darüber hinaus enthalten viele dieser persönlichen Geschichten einen gewissen Anteil archetypischer und kultureller Mythen.

Übung: Ihre Heldenreise

Schreiben Sie in Ihr Notizbuch Ihre Geschichte als Heldenreise, mit all ihren archetypischen, symbolischen Elementen. Beschreiben Sie die Schwierigkeiten, auf die Sie gestoßen sind, wen Sie um Hilfe gebeten haben, welche Stärken Sie entwickeln mussten, um sie zu überstehen, und so weiter. Verwenden Sie möglichst viel anschauliches, bildhaftes Material, als würden Sie diese epische Geschichte Ihren Enkeln erzählen, damit sie etwas daraus lernen.

Geschichtenerzählen als Heilkunst

Manche Geschichten wirken heilend durch die darin enthaltene Inspiration. Wie oft haben Sie schon Filme gesehen, die Sie bewegt haben und Ihnen einen guten Grund zum Weinen boten? Ich erinnere mich an einen hervorragenden Film mit dem Titel *In America.* Es war die Geschichte einer Familie (Mutter, Vater und zwei Töchter von sieben und zehn), die voller Hoffnungen und Träume nach Amerika emigriert waren, aber in einer sehr schäbigen Gegend von New York anfangen mussten. Es gab in dieser Familie viel Liebe, allerdings tauchte im Lauf der Geschichte eine schattenhafte Tragödie aus der Vergangenheit auf. Ich will nicht zu viel verraten, aber das Ganze hat mich tief berührt, und ich bin sicher, es wird auch Sie tief berühren, wenn Sie sich den Film ansehen.

Das Folgende ist eine Geschichte aus Indien:

Ein Wasserträger schleppte Tag für Tag unten vom Fluss zwei große Eimer Wasser an einem Joch auf seinen Schultern hinauf zum Haus seines Herrn. Einer der Eimer hatte einen Riss, sodass jeden Tag die Hälfte des Wassers herausrann, bevor der Wasserträger am Haus angelangte. Der andere Eimer war perfekt und ließ nach dem langen Weg vom Fluss immer die ganze Portion Wasser oben am Haus ankommen.

Nach jahrelangen Schuldgefühlen bat der kaputte Eimer schließlich den Wasserträger um Verzeihung. Er fühlte sich sehr schlecht und sagte: »Es tut mir so leid, dass ich nicht das leisten kann, was der vollkommene Eimer tut.«

Der Wasserträger meinte jedoch: »Warum entschuldigst du dich?«

»Nun«, antwortete der Eimer, »ich liefere immer nur die halbe Ladung Wasser ab. Durch meinen Fehler musst du mehr arbeiten.«

Der Mann lächelte und sagte zu dem Eimer: »Schau nur all die schönen Blumen, die auf der Seite des Weges wachsen, wo ich dich trage. Sie verdanken ihre Schönheit dem Wasser, das du verloren hast. Auf der Seite des vollkommenen Eimers wachsen keine Blumen.«

Das ist eine einfache Geschichte, die für sich selbst spricht. Sie kann jenen Teil von uns, der meint, unsere Fehler zu erkennen, besänftigen und uns helfen, die darin verborgenen Gaben wahrzunehmen.

Wenn wir durch einen Lebensübergang gehen, kann es hilfreich sein, in Büchern, Filmen oder Liedern nach Geschichten zu suchen, die uns hindurchhelfen. Ein Favorit von mir ist die folgende Geschichte, die ich durch das Internet erhalten habe:

Ein amerikanischer Geschäftsmann stand am Pier eines mexikanischen Küstenstädtchens, als ein kleines Boot mit einem Fischer anlegte. Im Boot lagen ein paar schöne große

Gelbflossenthunfische. Der Amerikaner gratulierte dem Fischer zu seinem guten Fang und fragte, wie lange er dafür gebraucht habe. Der Mexikaner antwortete, es sei nicht lange gewesen. Der Amerikaner wollte daraufhin wissen, warum er nicht länger draußen geblieben sei, um mehr zu fangen, aber der Fischer meinte, der Fang reiche gut für ihn und seine Familie.

Daraufhin fragte der Amerikaner, was er denn mit dem Rest seines Tages tue.

»Ich schlafe lange, dann fische ich ein wenig. Ich spiele mit meinen Kindern, mache Siesta mit meiner Frau Maria, dann wandere ich am Abend ins Dorf, trinke ein wenig Wein und spiele mit meinen Freunden Gitarre. Ich habe ein sehr beschäftigtes Leben, Señor.«

Der Geschäftsmann rümpfte darüber nur die Nase. »Ich bin Harvard-Absolvent, ich könnte Ihnen helfen. Wenn Sie mehr Zeit mit Fischen verbringen, könnten Sie sich nach einer Weile ein größeres Boot leisten. Mit dem Ertrag des größeren Bootes könnten Sie sich irgendwann mehrere Boote anschaffen und so hätten Sie schon bald eine ganze Flotte. Statt Ihren Fang an einen Zwischenhändler zu verkaufen, könnten Sie ihn direkt an die Verarbeiter liefern, und nach einer Weile könnten Sie eine eigene Dosenfabrik aufmachen. Dann hätten Sie die Kontrolle über das Produkt, die Verarbeitung und den Vertrieb – alles unter einem Dach. Sie müssten dieses Dorf verlassen und nach Mexiko City ziehen, dann nach Los Angeles und schließlich nach New York, um von dort aus Ihr wachsendes Unternehmen zu leiten.«

»Aber Señor, wie lange würde das dauern?«

»Fünfzehn bis zwanzig Jahre.«

»Und was dann?«

Der Amerikaner lachte. »Dann kommt der beste Teil. Zum richtigen Zeitpunkt würden Sie an die Börse gehen und die

Aktien Ihres Unternehmens verkaufen und sehr reich werden. Sie könnten Millionen verdienen!«

»Millionen? Und dann?«

»Dann setzen Sie sich zur Ruhe. Sie könnten in ein kleines Dorf an der Küste ziehen, lange ausschlafen, ein bisschen fischen gehen, mit den Kindern spielen, mit Ihrer Frau Siesta halten und abends ins Dorf gehen und Wein trinken und mit Ihren Amigos Gitarre spielen.«

Wenn Sie Heilarbeit machen, kann eine Geschichte über eine Heilung wie die von Yoshiko und dem Wolfsgeist zum richtigen Zeitpunkt sehr hilfreich sein. Wenn ich Heilsitzungen in Erdmagie abhalte, erzähle ich manchmal Geschichten meiner eigenen Heilungen, die für den Klienten relevant sein können.

Die andere Seite des Geschichtenerzählens ist die Heilkunst des Zuhörens. Es kann schon sehr heilsam sein, seine Geschichte erzählen zu können und jemanden zu haben, der mitfühlend zuhört. Mitfühlendes Zuhören bedeutet, ohne Vorbehalte mitzufühlen und gleichzeitig gelassen zu bleiben und sich nicht in den eigenen emotionalen Reaktionen zu verlieren. Es bedeutet nicht, nicht zu fühlen. Natürlich können die Geschichten Ihrer Klienten etwas in Ihnen auslösen. Es bedeutet vielmehr, ganz präsent und mit aller Aufmerksamkeit bei dem anderen und bei Ihrem Dienst an ihm zu sein.

Übung: Ihre Lieblingsgeschichten

Überlegen Sie, welches Ihre Lieblingsgeschichten sind – egal ob aus Büchern, Filmen oder anderen Quellen. Schreiben Sie auf, was Ihnen daran besonders gut gefallen hat. Was haben Sie daraus gelernt? Welche Gefühle wurden bei Ihnen ausgelöst?

18. Kapitel

Divination und Unterscheidungsvermögen

Seit Jahrtausenden, vielleicht seit es menschliches Leben auf diesem Planeten gibt, haben Menschen versucht, Zeichen und Omen zu deuten. Wahrscheinlich begann es damit, die Zeichen der Natur zu lesen, um besser zu überleben, zum Beispiel zu erkennen, wo Nahrung zu finden ist oder wie das Wetter wird. Im Lauf unserer Geschichte haben sich verschiedene Methoden entwickelt, um zu bestimmen, was der *Spirit* uns mitteilen will. Einer dieser Wege, die Kommunikation mit tierischen Geisthelfern, wurde bereits vorgestellt.

Divination – so wird der Prozess genannt, bei dem man durch nicht logische und nicht lineare Methoden Antworten findet, indem man das Schwellenreich zwischen dem Physischen und dem Metaphysischen betritt. Man kann die Natur selbst als Quelle für Divination nehmen, aber oft finden solche Befragungen durch ein Medium statt, durch welches der *Spirit* dann auch die Antworten liefert. Diese Antworten sind mal glasklar und erscheinen intuitiv und/oder logisch sinnvoll, mal sind sie eher vage, sodass sie weiterer Erforschung und Kontemplation bedürfen. Der Begriff »Orakel« bezeichnet dabei manchmal die Person oder das Medium, durch das die Informationen übermittelt werden.

Divinations- und Orakel-Instrumente

Das Medium oder Orakel, das als Vermittler dient, kann eine andere Person sein, zum Beispiel ein Medium, eine Astrologin, ein Guru, eine Therapeutin, ein Berater oder einfach eine Freundin. Es könnte sogar ein Fremder sein, an dem Sie vorbeigehen, der einer anderen Person zufällig etwas sagt, das genau die Frage beantwortet, über die Sie gerade nachgedacht haben. Vielleicht ist es ein Krafttier oder Sie machen eine schamanische Reise, um die Antwort zu finden. Sie kann auch in einer Visionssuche oder in einer spontanen göttlichen Offenbarung deutlich werden. In der Übung am Ende dieses Kapitels werden Sie sehen, dass oft einfach die Natur die Lösung für die anstehenden Probleme bietet.

Es gibt auch Instrumente, die zur Divination verwendet werden können. Orakelkarten wie meine *Krafttier*-Karten[19] sind simpel im Umgang. Vielleicht möchten Sie auch die Tarotkarten befragen, die seit Jahrhunderten in Gebrauch sind. Es gibt auch die beiden von mir sehr geliebten Methoden des alten chinesischen Orakels I Ging und der germanischen Runen (zu denen ich besonders das Buch von Ralph H. Blum empfehlen möchte). Zum I Ging schätze ich das Buch von R.L. Wing, weil es sehr klar und benutzerfreundlich geschrieben ist.

Falls Ihnen das alles neu ist, empfehle ich Ihnen, in einen esoterischen Buchladen zu gehen und sich einiges anzusehen oder empfehlen zu lassen. Manchmal sind Kartensets offen, sodass Sie sie genauer in Augenschein nehmen können. Spüren Sie, zu was Sie sich hingezogen fühlen. Wenn Sie mit diesen Dingen ein wenig experimentiert haben, wird Ihr Vertrauen in Ihre eigene Unterscheidungsfähigkeit wachsen.

[19] Andere Kartensets von Steven Farmer sind derzeit noch nicht auf Deutsch erhältlich. (Anm. d. Übers.)

Unterscheidungsvermögen

In meinen Seminaren biete ich zum Thema »Divination« in der Regel eine geführte Meditation an, bei der jeder eine Frage stellen soll, für deren Beantwortung er gerne Hilfe hätte. Ich führe die Teilnehmer innerlich an einen Ort in der Natur, wo sie einem Geisttier begegnen. Sie stellen ihm die Frage und achten genau darauf, welche Informationen auftauchen. Fast jeder erhält auf diese Weise hilfreiche Botschaften (entweder klar oder ein wenig verschlüsselt) und manche sind sehr bedeutsam. Doch danach taucht oft die Frage auf: »Woher weiß ich, dass das nicht einfach meine Imagination war?«, oder: »Wie kann ich sicher sein, dass ich das nicht nur erfunden habe?«

Ich antworte darauf: »Natürlich ist das Ihre Imagination! Wie sollten wir sonst an Informationen kommen?« Dann zeige ich ein anderes Verständnis des Wortes »Imagination« auf: als etwas, das über unseren Verstand und das unmittelbar Physische hinausgeht in das weite Feld der miteinander verknüpften Energien, die uns immer umgeben. Imagination ist jene wundervolle Fähigkeit, die uns erlaubt, uns über unser gewöhnliches Selbst hinaus in das ätherische Feld hinein zu erweitern.

Und was das Erfinden betrifft, sage ich: »Nun, vielleicht erfinde ich das alles, aber zumindest habe ich viel Spaß dabei und es macht mein Leben sehr viel einfacher!« Doch ich will Sie nicht mit solchen Antworten abspeisen: Hier sind noch einige weiterführende Vorschläge dazu, wie Sie unterscheiden können, ob Sie wirklich spirituell geführt werden oder ob die Antwort mehr aus Ihrem Ego-Denken kommt.

– **Vertrauen Sie auf Ihr Bauchgefühl.** Das kann manchmal schwierig sein, weil wir von klein auf gelernt haben, die Gefühle zu ignorieren. Diese weit verbreitete Prägung kann uns daran hindern, die Echtheit spiritueller Führung zu erkennen. Um etwas mit Ihrem Bauchgefühl zu überprüfen – manche nennen es auch

»Intuition«, aber es bezieht sich eigentlich eher auf Ihren Instinkt –, müssen Sie zweierlei tun: Erstens atmen und zweitens den Bauch entspannen. Nun achten Sie auf alle anderen physischen Empfindungen, Bilder oder Gedanken.

Zusammen mit anderen Hinweisen, die Ihnen die empfangenen Informationen bestätigen (egal ob diese aus einer inneren oder einer äußeren Quelle stammen), können Sie so besser unterscheiden, ob diese wirklich spiritueller oder vielmehr egoistischer Natur sind. Anders ausgedrückt: Empfinden Sie zu dem, was Sie erhalten haben, eine gewisse Resonanz? Dies gilt vor allem, wenn die Information durch eine andere Person gekommen ist. Spüren Sie die Wahrheit darin? Oder fühlt es sich irgendwie seltsam an? Manches erscheint sofort sinnvoll, aber Sie spüren vielleicht, dass darin doch ein Körnchen Wahrheit liegen könnte. Wenn dies der Fall ist, gehen Sie zum nächsten Punkt über:

– **Halten Sie Ausschau nach Bestätigung.** Manchmal erhalten wir Informationen, die verschwommen und mehrdeutig erscheinen. Dann ist es sinnvoll, im Lauf der nächsten zwei, drei Tage für andere Zeichen offen zu sein. Das soll nicht heißen, dass Sie ständig ruhelos suchen, sondern einfach aufmerksam auf das achten, was auftaucht, vor allem auf Wiederholungen. Vielleicht haben Sie ein Medium aufgesucht, und es wurde Ihnen gesagt, dass Ihr Großvater Bill auf Sie aufpasst. Sie zweifeln die Botschaft an, weil Sie diesem Großvater nie nahe waren, aber am nächsten Tag fällt Ihnen aus einem alten Buch ein Bild dieses Vorfahren entgegen und Sie erhalten einen unerwarteten Anruf von einer Verwandten, die während des Gesprächs eine Geschichte von Großvater Bill erzählt. Es liegt natürlich ganz bei Ihnen, aber mir wären das Zeichen genug.

Halten Sie also nach Ungewöhnlichem oder nach Wiederholungen Ausschau, wenn Sie wissen wollen, ob etwas wirklich ein Zeichen ist oder nicht. Mir reichen gewöhnlich drei Wiederholungen, manchmal bin ich auch schon mit zweien zufrieden, um mich zu vergewissern, ob ich einen spirituellen Rat erhalten habe oder nicht.

– **Besorgen Sie sich mehr Informationen.** Dies ist ein Zugriff auf den logischeren, rationaleren Teil des Gehirns. Es gibt Bücher, Artikel und eine Unmenge an Internet-Informationen, durch die Sie praktisch alles erfahren können. Erinnern Sie sich an meine Geschichte mit dem Grashüpfer? Ich konnte in meinem Buch nichts darüber finden, also habe ich online recherchiert und nützliche Informationen entdeckt, die mir bestätigten, was ich mir schon gedacht hatte. In einer Rückführung in ein vergangenes Leben, die ich vor ein paar Jahren machte, erhielt ich ein sehr lebhaftes Bild und eine Geschichte von einer Stadt im mittleren Kalifornien. Ich recherchierte und stellte fest, dass die Szenerien, die ich geschaut hatte, genau zu den Bildern der Stadt passten, und auch die historischen Fakten stimmten überein.

– **Schaden Sie niemandem.** Alles, was wirklich vom *Spirit* stammt, wird Sie nie auffordern, Ihnen, anderen oder irgendeinem Teil der Schöpfung zu schaden. Eine spirituelle Führung mag schwierig sein, aber sie ist immer lebenszugewandt. Sie mögen aufgefordert werden, etwas zu tun, das Ihnen ungewohnt oder sogar unangenehm ist, aber Ihnen wird nie etwas aufgetragen, was Ihnen oder anderen schaden könnte.

Übung: Natur-Divination

Auf ähnliche Weise haben auch unsere der Natur so viel näheren Ahnen versucht, Antworten zu finden. Wenn Sie in der Stadt leben, können Sie diese Übung in einem Park oder einem Naherholungsbereich machen. Wohnen Sie auf dem Land, dann finden Sie sicher leicht einen Ort in der Natur, der hierfür geeignet ist. Ich lebe nahe am Meer, also habe ich die Übung ein paarmal am Strand gemacht.

Dies ist wieder ein Walkabout, also begeben Sie sich ins Freie! Überlegen Sie zuerst, was Ihre Frage ist: Es kann hilfreich sein, sie zuvor aufzuschreiben, dann können Sie unmittelbar nach der Übung schnell ein paar Notizen machen.

Entscheiden Sie sich in dem Bereich, wo Sie umherwandern wollen, für einen Ausgangspunkt. Schließen Sie die Augen, atmen Sie ein paarmal langsam durch und rufen Sie dann Ihre Geisthelfer. Danken Sie ihnen, dass sie bereit sind, Sie zu unterstützen. Halten Sie sich Ihre Frage klar vor Augen und konzentrieren Sie sich einen Augenblick lang darauf. Wenn Sie bereit sind, öffnen Sie die Augen.

Das Folgende ist sehr wichtig: Sobald Sie die Frage gestellt und die Augen geöffnet haben, ist alles, was Sie sehen, hören oder fühlen, Ihre Antwort. Es mag Ihnen nicht gleich sinnvoll erscheinen, aber achten Sie trotzdem auf alles, zu dem sich Ihre Wahrnehmung hingezogen fühlt. Der *Spirit* lenkt Ihre Aufmerksamkeit, ob Sie es merken oder nicht. Achten Sie auch auf alle Gedanken, die durch Ihre Wahrnehmungen ausgelöst werden. Wandern Sie ein paar Minuten lang umher (folgen Sie Ihrer inneren Führung), bis es sich vollständig anfühlt.

Kehren Sie zu Ihrem Ausgangspunkt zurück, setzen Sie sich hin und meditieren Sie über das, was gerade geschehen ist. Sobald Sie bereit sind, schreiben Sie alles auf. Während des Schreibens mag Ihnen noch die eine oder andere Interpretation einfallen: Notieren Sie sie ebenfalls.

Teil 3

Heilende Erdmagie

19. Kapitel

Vorbereitungen

Wie bereits erwähnt, hat Erdmagie schamanische Wurzeln. Die Prinzipien sind die gleichen: Bei beiden geht es um ein System spiritueller Heilung, bei dem der Ausübende mit Geisthelfern arbeitet, um Leiden zu lindern und das Gleichgewicht zwischen Mensch und Natur zu fördern. Der Schwerpunkt liegt auf Erdgeistern, aber auch himmlische Geister gehören zum Repertoire. Die Erdmagie umfasst Elemente – wie das Durchführen heiliger Zeremonien, die Arbeit mit Divinations-Instrumenten und die Interpretation von Botschaften von Geisttieren –, die praktisch jeder, der sich dazu hingezogen fühlt, durchführen kann. In diesem Buch gibt es Übungen, die ohne vorhergehende Erfahrung gut zu bewerkstelligen sind. Ich empfehle jedoch, erst eine gewisse Ausbildung zu machen, bevor Sie sich an die komplexeren Prozesse machen. Am Ende dieses Buches finden Sie Hinweise auf Adressen, an die Sie sich deswegen wenden können. Da Erdmagie in ihrem Kern schamanisch ist, empfehle ich ein Training in Schamanismus.

Es gibt eine Reihe anderer Heilweisen, die man nach Stanley Krippner »Schamanistische Praktiken« nennen kann. Ansätze wie Hypnose, Reiki, energetisches Heilen, Psychotherapie, Emotional Freedom Techniques® (EFT), Rebirthing und Körperarbeit enthalten Elemente, die dem Schamanismus nahestehen, aber nicht als schamanische Praxis gelten. Vielleicht fühlt sich mancher, der in diesen Methoden bewandert ist, zur Erdmagie hingezogen und integriert die Ansätze. Das prägende Element der Erdmagie ist der direkte Zugang zur geistigen Welt und die Beratung mit den Geisthelfern. Dies ist bei den meisten anderen Methoden von weniger zentraler Bedeutung.

Leitlinien

Ich habe schon viel dazu ausgeführt, wie Sie sich auf diese Art von Arbeit vorbereiten können. Einer der Grundsätze, die mir in meinen Jahren als Psychotherapeut wichtig waren, lautet: »Kenne deine Stärken *und* deine Grenzen.« Nach wenigen Jahren Praxis war mir zum Beispiel klar, dass ich nicht mit kleinen Kindern arbeiten wollte. Es machte mir keinen Spaß, es erforderte andere Qualifikationen und es gab viele Therapeuten, die es besser konnten als ich.

Um die eigenen Stärken und Grenzen zu kennen, sollten Sie sich schonungslos und aufrichtig mit Ihren eigenen Fähigkeiten auseinandersetzen, bevor die Heilarbeit mit Klienten beginnt. Füllen Sie die Lücken in Ihrer Ausbildung, falls es sie gibt. Es kann auch helfen, mit einem Kollegen oder einer Kollegin zusammenzuarbeiten, mit denen Sie sich beraten können, wenn Sie nicht weiterwissen. Es ist nicht peinlich, einem Klienten abzusagen, wenn Sie sich der Aufgabe nicht gewachsen fühlen oder wenn Ihre Gefühle oder Urteile über diesen Menschen Ihre Arbeit behindern. Am besten ist es in solchen Fällen, taktvoll ehrlich zu sein und die Person an jemanden weiterzuleiten.

Eine weitere Richtlinie heißt, keinen Schaden anzurichten. Solange Sie Ihr Ego in Schach halten und es vom *Spirit*, der durch Sie wirkt, unterscheiden, wird das auch kein Problem sein. Mit zunehmender Ausbildung und Übung werden Sie immer besser unterscheiden können, was woher kommt.

Falls Sie mit Menschen arbeiten, die schwere oder lebensbedrohliche Krankheiten haben, denken Sie daran: Heilung bedeutet nicht unbedingt, dass die Person nicht mehr krank ist, auch wenn uns das natürlich sehr lieb wäre. Häufig sind Menschen, die mit solchen Themen nach spiritueller Heilung suchen, schon länger krank und haben eine lange Geschichte hinter sich. Doch wenn der Glaube stark und der *Spirit* präsent ist und die Arbeit voller Vertrauen durchgeführt wird, geschehen oft Wunder.

Ich arbeite bei Heilungsprozessen auch gerne in Gruppen. Die Gruppe wird zur vorübergehenden Gemeinschaft, und jeder Anwesende trägt seine Energie und seinen Zugang zur spirituellen Kraft bei. In den Heilkreisen, die ich geleitet habe, sind schon wundersame Dinge geschehen. Der, den ich Großvater nenne, leitet oft andere an, sich direkt an der Heilungszeremonie zu beteiligen. Das kann zum Beispiel ein Kreis der Liebe sein, der um den Kranken gebildet wird, oder eine heilsame Berührung.

Anwendung

Jetzt haben Sie eine Vorstellung davon, worum es bei Erdmagie geht. Der Rest dieses Teils handelt von der Anwendung dieser Prinzipien. Manche Methoden, zum Beispiel die schamanische Reise, sind direkt umsetzbar und erfordern nur ein wenig Übung. Andere, wie die schamanische Extraktion, sind komplexer und sollten erst nach einer praktischen, persönlichen Unterweisung durchgeführt werden. Die Methoden sind ungefähr nach zunehmendem Schwierigkeitsgrad geordnet. Auch hier gilt also wieder, die eigenen Stärken und die eigenen Grenzen zu kennen. Wenn Sie merken, dass Sie eine solidere Ausbildung brauchen, können Sie die Adressen hinten im Buch nutzen.

In Teil III erfahren Sie mehr über die Details der schamanischen Reise und der Rückholung Ihres Krafttieres – Voraussetzungen für alles Weitere, das Sie mit Erdmagie machen können. Danach lernen Sie etwas über Diagnose und Behandlungen, wobei es immer um das Erkennen möglicher spiritueller Ursachen geht. Seelenverlust und -rückholung, schamanische Extraktion, ein

Blick auf die DNA und Fernheilung werden ebenfalls behandelt. Und zum Abschluss tauchen wir tief in die vielen verfügbaren Möglichkeiten ein, unserer Erdmutter beim Heilen zu helfen.

20. Kapitel

Reisen in die Nichtalltägliche Wirklichkeit

Es gibt einige Möglichkeiten, eine schamanische Reise zu machen, einschließlich Trommeln, Rasseln, Tanzen, Singen oder Meditieren. Je mehr Sie sich auf schamanischen Reisen in der Nichtalltäglichen Wirklichkeit (NAW) tummeln, desto leichter wird es. Ich werde hier zwei Methoden beschreiben: eine Reise in die Untere Welt mit Trommelbegleitung, was sich als Reisemethode sehr bewährt hat (Rasseln geht auch, wenn Lärm ein Problem ist); und eine Reise in die Obere Welt mit einer geführten Meditation. Das Folgende sind Erkundungsreisen, um sich erst einmal mit dem Prozess vertraut zu machen. Auf den nachfolgenden Reisen wird die Absicht eine andere sein.

Wie bereits erwähnt, eignet sich ein Trommelrhythmus von 4–8 Schlägen pro Sekunde besonders gut, um von einem Wachzustand der Beta-Frequenz in Theta überzuwechseln, in dem die Intuition und die NAW leichter zugänglich sind. Trommeln hilft auch, den Verstand zu beruhigen und in andere Bewusstseinszustände zu gleiten – in unserem Fall in die schamanische Trance.

Vorbereitung für die schamanische Reise

Um sich auf die Erfahrung vorzubereiten, müssen Sie zuerst entscheiden, wie das Trommeln stattfinden soll. Sie können einen

Freund bitten, 8 bis 10 Minuten lang für Sie zu trommeln, oder Sie nehmen eine CD mit passender Trommelmusik. Zu meinem Buch *Krafttiere* ist eine gleichnamige CD erschienen: Darauf gibt es eine geführte Meditation, um das Krafttier zu finden, eine 15-minütige Trommelsequenz und eine ebenso lange mit Rasseln. Eine andere Möglichkeit bilden die verschiedenen CDs der Foundation for Shamanic Studies (www.shamanism.org). Ich mag auch die CD *Sacred Drums (for the Shamanic Journey)* von Laura Chandler, die ich als besonders wirksam erlebe.

Was auch immer die Tonquelle sei: Das Trommeln sollte einen regelmäßigen, monotonen Rhythmus von 4–8 Schlägen pro Sekunde aufweisen. Eine Weile später ändert sich der Rhythmus nach einer kurzen Pause und wird langsamer. Das ist der Rückruf, der Ihnen signalisiert, dass es Zeit ist, mit Ihrem Bewusstsein/ Ihrer Seele in die alltägliche Wirklichkeit zurückzukehren.

Finden Sie also einen ruhigen Platz, wo Sie sich bequem hinlegen können – aber nicht zu bequem, denn Sie wollen ja nicht einschlafen! Wenn Sie zum Frieren neigen, nehmen Sie eine Decke. Außerdem sollten Sie etwas bereit haben, um sich die Augen zu bedecken, vielleicht einen Schal oder eine Augenmaske. Zur Not können Sie einfach Ihren Arm über die Augen legen, sodass die Ellbogenbeuge über der Nasenwurzel liegt.

Bevor Sie anfangen, sollten Sie sich einen Ort in der Natur überlegen, wo es eine Öffnung gibt, die hinunter in die Erde führt. Es kann ein Platz sein, den Sie tatsächlich kennen, oder Sie denken sich etwas aus. Hier kommt einem leicht *Alice im Wunderland* in den Sinn, wo Alice in das Kaninchenloch fällt und dort allen möglichen merkwürdigen Dingen begegnet. Ihre Geschichte ähnelt in vielerlei Hinsicht einer Reise durch die Unterwelt. Andere Beispiele für Öffnungen, die in die Erde hinunterführen, sind Wurzelspalten, Höhlen, der Grund eines Sees oder eben Kaninchenlöcher. Wählen Sie etwas aus: Das wird Ihr Eingang in die Untere Welt der NAW sein.

Reise in die Untere Welt mit Trommeln

Seien Sie sich vor Antritt einer Reise immer über Ihre Absicht im Klaren. Wenn dies Ihre erste Reise ist, ist die Absicht einfach, die Untere Welt zu erkunden. Sobald Sie sich mit diesem Prozess vertraut gemacht haben, können Sie andere Absichten setzen, aber zuerst geht es ums Kennenlernen.

Je nach Vorliebe können Sie den Raum abdunkeln und vielleicht eine Kerze anzünden; es muss jedoch nicht sein. Jetzt sind Sie reisefertig! Wenn Sie bereits ein Krafttier haben, bitten Sie es, auf der Reise Ihr Führer zu sein. Haben Sie noch kein Krafttier, dann rufen Sie ein Geisttier, das sich für Sie passend anfühlt. Der Wolf und der Rabe sind gute Reisebegleiter für Anfänger. Sobald Sie Ihr Krafttier kennen, dient es immer als Ihr Begleiter.

Lassen Sie das Trommeln beginnen. Wenn Sie es über CD oder MP3-Player machen, können Sie es sich aussuchen, ob Ihnen Kopfhörer oder Lautsprecher lieber sind. Dann legen Sie sich hin, bedecken Ihre Augen und rufen Ihr Krafttier. Während die Trommeln weiterschlagen, gehen Sie zur Öffnung in der Erde und springen hinein. Meistens werden Sie mit Ihrem Krafttier eine Art Tunnel hinabfallen oder -gehen, bis Sie am Ende des Tunnels ein Licht sehen. Nein, dies ist nicht das Licht am Ende des Tunnels, von dem in manchen Nahtoderfahrungen berichtet wird. Hier geht es nicht ums Sterben, sondern um eine Reise in die Untere Welt der NAW!

Sobald Sie das Licht erreicht haben, treten Sie hindurch. Wahrscheinlich befinden Sie sich jetzt auf einer Wiese oder in einem Wald. Sie sind in der Unteren Welt. Wandern Sie los und erkunden Sie sie. Achten Sie darauf, wer sich zeigt und wer vorüberstreicht, vor allem Geisttiere. Im Gegensatz zur alltäglichen Wirklichkeit gibt es hier keine Grenzen dessen, wohin Sie gehen oder wem Sie begegnen könnten. Sie können auf den Meeresgrund oder auf einen Berggipfel reisen, Sie können sogar fliegen. Achten Sie dabei immer auf Ihre Umgebung und merken Sie sich den Weg.

Nach 8 bis 10 Minuten gehen Sie den Weg wieder zurück zu der Öffnung, durch die Sie gekommen sind. Auf manchen CDs gibt es als Rückrufsignal einen deutlichen Wechsel des Trommelrhythmus. Egal ob Sie an diesem Punkt angelangt sind oder nicht: Wenn es sich für Sie richtig anfühlt, gehen Sie zu der Öffnung zurück. Treten Sie in den Tunnel und gehen Sie nach oben in die Mittlere Welt. Sobald Ihre Seele (oder Ihr Bewusstsein) in die gewöhnliche Wirklichkeit zurückgekehrt ist, bringen Sie langsam Ihre gesamte Wahrnehmung wieder in den Raum, in dem Sie sich befinden, öffnen die Augen und schauen sich um. (Das wird Ihnen helfen, sich wieder in der gegenwärtigen Welt zu orientieren.)

Herzlichen Glückwunsch! Sie haben gerade Ihre erste Trommelreise und Ihre erste Reise in die Untere Welt gemacht.

Beispiel für eine Reise in die Untere Welt
Das Folgende stammt aus meinen Notizen, die ich direkt nach einer Reise in die Untere Welt machte.

> Kurze Reise in die Untere Welt mit dem Raben. Er nahm mich den Tunnel hinab zu einem Berg, in dem es eine Höhle gab. Dort saß ein alter Mann – was mich überraschte. Er sagte mir, sein Name sei Bunjarra, und seine Frau Udiki lebe mit ihm in der Höhle. Er meinte auch, er sei ich vor 26 000 Jahren. Ich fragte, ob er vielleicht 2600 Jahre meinte. Er sagte: »Nein, 26 000.« Meine Absicht für die Reise bestand darin, jemanden zu fragen, ob all dieses Zeugs, was ich empfange, echt ist. Der Rabe antwortete: »Nun, es ist deine Imagination, oder? Du hast gesagt, alles, was aus der Imagination stammt, ist genauso echt wie die alltägliche Wirklichkeit.« Ich fragte ihn drei Mal, und jedes Mal antwortete er dasselbe.
>
> Bunjarra erklärte mir, das habe mit vergangenen Leben zu tun (unsere Beziehung): dass ich ein vergangenes Leben

besuche, aber es eigentlich mehr mit dem DNA-Gedächtnis zusammenhänge. In jedem Doppelstrang DNA gibt es eine Erinnerung an jedes Leben, von dem die DNA Teil war, von Käfern bis zu Menschen und allem dazwischen. Wenn wir uns an vergangene Leben erinnern, wird dieser »Memory-Chip« in der DNA aktiviert (aus welchen Gründen auch immer), und das löst eine bewusste Erinnerung an die Details eines anderen Lebens aus. Manchmal kommt dieses Leben erst noch (aber das ist ein Thema für eine andere Reise). Jetzt geht es um vergangene Leben. Das meint er, wenn er sagt, er sei ich vor 26 000 Jahren.

Er hatte auch eine Beziehung zu dem, den ich Großvater nenne; er arbeitete mit ihm. Bunjarra erklärte mir, er sei ein Aborigine (ich hatte Didgeridoo-Musik gehört), aber sagte nicht deutlich, ob er in dem Land lebte, das wir heute Australien nennen. Er war ziemlich dunkel. Ich weiß nicht, ob er ein genetischer oder ein spiritueller Ahne war. Nächstes Mal werde ich ihn fragen.

Geführte Meditationsreise

Eine Alternative zur schamanischen Reise bildet die geführte Meditation. Es gibt ein paar Unterschiede zwischen den beiden Methoden. Eine geführte Meditation wird meistens im Sitzen durchgeführt, eine schamanische Reise dagegen im Liegen. In der geführten Meditation ist das Trommeln oder Rasseln nicht zwingend notwendig, aber ich habe festgestellt, dass selbst jene, die andere Formen der Meditation gewöhnt sind, das Trommeln und Rasseln auch hier ganz gerne haben. Ich möchte Sie ermutigen, es sowohl in Stille als auch mit Hintergrundklängen auszuprobieren. Wenn Sie im Freien sind, können Sie sich einfach auf die Geräusche der Natur einstimmen.

Bei einer geführten Meditation gibt es gewöhnlich eine Stimme

– entweder Ihre eigene, die Sie vorher dafür aufgenommen haben, oder jene des Sprechers auf einer gekauften CD.

Damit hören die Unterschiede auch schon auf. Die Absicht ist hier ebenfalls, zu entspannen, zu atmen und in die NAW (oder Traumzeit) zu gehen, um dort von Ihren Geisthelfern Rat und/oder Heilung zu erbitten. Es ist eine weitere Möglichkeit der Divination und Heilarbeit, die Sie für sich selbst und für andere anwenden können. Da ich inzwischen eine Menge Erfahrung darin habe, mich in veränderte Bewusstseinszustände zu versetzen, fällt es mir leicht, in die schamanische Trance zu gehen. Ich kann das auf viele verschiedene Weisen, auch in Form einer stillen Meditation, aber am liebsten ist es mir mit Rasseln oder Trommeln.

Sie können eine schamanische Reise oder eine Meditationsreise zu Ihrer eigenen Heilung durchführen; allerdings ist es meistens wirksamer, sie für jemand anderen zu machen bzw. jemanden zu bitten, es für Sie zu tun. Ein derartiger Akt des Dienens hat bei den Geistwesen einen sehr hohen Wert. Er lässt mehr Energie fließen und macht es leichter, zwischen den Rollen des aktiven Heilers und des empfangenden Klienten zu unterscheiden.

Eine geführte Meditationsreise in die Obere Welt

Wie bereits beschrieben, ist die Obere Welt vor allem von menschlichen oder menschenähnlichen Geistwesen bevölkert. Hier begegnen Sie Ahnengeistern, Aufgestiegenen Meistern, religiösen Gestalten und Erzengeln sowie anderen ätherischen Wesen. Auf meinen Reisen in die Obere Welt gehe ich oft zu Merlin und frage ihn in allerlei Dingen um Rat.

Bevor Sie anfangen, überlegen Sie sich einen Ort in der natürlichen Welt, wo es nach oben geht, entweder etwas, das Sie tatsächlich kennen, oder einen Ort, den Sie sich ausdenken. Das kann zum Beispiel ein Baum, ein Berg, ein Regenbogen oder sogar eine Leiter sein, auch wenn es meistens keine gewöhnliche Leiter ist. So wie *Alice im Wunderland* die Geschichte einer Reise in die Untere Welt ist, erzählt *Der Zauberer von Oz* von einer Reise in die Obere Welt. Zuallererst rufen Sie Ihr Krafttier, auf dass es Sie begleitet. Sie können jemanden bitten, Ihnen die folgende Meditation laut vorzulesen, oder Sie nehmen die Anleitung selbst auf. Finden Sie einen bequemen Platz zum Sitzen, am besten mit Rückenlehne. Bedecken Sie Ihre Augen mit einem Schal oder Tuch. Gute Reise!

Meditation: Reise in die Obere Welt

Also gut, beginne damit, etwas langsamer und tiefer als gewöhnlich zu atmen. So ist es richtig ... Lass dir Zeit. Während du auf deinen Atem achtest, spüre, wie du immer mehr entspannst.

Sobald du so weit bist, gehst du an die Stelle, wo du in die Obere Welt gelangst. Vergewissere dich, dass dein Krafttier bei dir ist ... Atme immer weiter und entspanne weiter ... Und wenn du so weit bist, erklimmst du deinen Zugang zur Oberen Welt.

Nach einer Weile kommst du zu einer dünnen Membran. Geh hindurch – wenn nötig, bitte dein Krafttier um Hilfe ... Wenn du durch bist, befindest du dich in der Oberen Welt. Dies ist eine Erkundungsreise, du wanderst also einfach umher ... Vielleicht gehst du auf Wolken, vielleicht ähnelt es aber auch in vielem der Mittleren Welt. Schau, wem du dort begegnest.

Sieh dich jetzt noch eine Weile um und merke dir dabei den Weg zu dem Punkt, wo die Öffnung ist ...

Wenn du so weit bist, kehre zu der Stelle zurück, wo du durch die Membran in die Obere Welt gekommen bist. Gleite durch die Membran zurück und rutsche mithilfe des Objektes hinab, auf dem du emporgestiegen bist. Wenn du wieder auf dem Boden stehst, kehre mit deiner Aufmerksamkeit in den Raum zurück, in dem du dich befindest ... Dann öffne langsam die Augen und schau dich um, damit du dich wieder im Hier und Jetzt orientieren kannst.

Es ist immer eine gute Idee, nach einer Reise ein paar Notizen zu machen. Also nehmen Sie sich auch dafür Zeit.

Beispiel für eine Reise in die Obere Welt

Das Folgende war eine faszinierende Trommelreise in die Obere Welt, die ich vor einigen Jahren erlebt habe. Die Aufgabe bestand darin, mit dem Universum zu verschmelzen – was mich zuerst eher eingeschüchtert hat. Ich musste mich wirklich ganz der Führung meines Krafttieres hingeben.

> Auf dieser Reise ging ich zum Strand und stieg auf dem Regenbogen ganz nach oben, wo ich die Membran zur Oberen Welt durchbrach. Ich war mir nicht ganz sicher, wo ich mich in der Oberen Welt befand, denn mein Fokus schwankte. Ich stieg immer höher und sah unglaubliche Bilder von kosmischen Ereignissen und dazwischen Bilder von der Erde. Ich sah einen Stern sterben und durch die Umkehrung seiner Polarität zu einem schwarzen Loch, zu einem ungeheuer starken Schwerkraftfeld werden. Ich sah die Geburt eines Sterns. Großvater und mein Krafttier nahmen mich mit zum Rand des Universums, wo ich mir anderer bewusst wurde, die in diesem Bereich existierten, auch wenn ich nur undeutliche Formen wahrnahm. Ich blieb dort eine Weile, aber es war mir unwohl. Es gab keine Kommunikation mit diesen Formen, ich beobachtete sie einfach. Voller Ungeduld wollte ich zur Erde zurück. Ich hielt Ausschau nach verschiedenen Ebenen der Kosmologie, die mir meine Geistführer auf früheren Reisen gezeigt hatten, wo ich über den Punkt des Todes hinausgereist war, aber sie sagten mir, das sei eine andere Perspektive.
> Schließlich hörte ich leise das Rückrufsignal der Trommel, also kehrte ich zu dem Eingang oben auf dem Regenbogen zurück, rutschte ihn hinab und war zurück in meinem Körper am Strand. Die ganze Reise dauerte ungefähr 20

Minuten. Vieles war so Ehrfurcht erregend, dass ich die Erfahrung kaum in Worte fassen kann. Nach meiner Rückkehr war ich ziemlich überwältigt, aber auch voll tiefer Wertschätzung für das Wunder des Lebens auf der Erde.

Reisen in die Mittlere Welt

Reisen in die Mittlere Welt sind genau so, wie sie klingen. Wenn ich eine Fernheilung durchführe, tue ich das mittels einer Reise in die Mittlere Welt. Sie können das genauso mit einer schamanischen Reise oder einer Meditation machen, indem Sie Ihre Seele in die Mittlere Welt gerade dorthin schicken, wohin Sie gehen wollen. Als mein ältester Bruder Ron krank war, ging ich mit meinem Krafttier durch eine Reise in die Mittlere Welt zu ihm, und wir arbeiteten an ihm.

Die folgende Reise begann in der Mittleren Welt, aber ich reiste schließlich auch noch in die Untere und die Obere Welt. Die Aufgabe war, in das Land der Träume zu reisen.

Eule war meine Geistführerin und Beschützerin auf dieser Reise. Sie nahm mich erst durch die Mittlere Welt mit zum Rand der Dunkelheit. Ich wurde in und durch die Dunkelheit geführt, dann kam ich in die große Leere. Sanft wurde ich in ein seidenes, durchscheinendes dunkles Tuch gehüllt. Dann führte sie mich einen Tunnel hinab in die Untere Welt. Ich sah verschiedene, traumartige Bilder: schmelzende Bäume, pastellfarbene Landschaften, Drachen, geflügelte Pferde. Dann reiste ich durch den Tunnel zurück in die Mittlere Welt und wurde sofort von einem Wirbelwind in die Obere Welt getragen. Es war wie Mondlicht auf Wolken. Eule erklärte mir, dass das Land der Träume alle drei Welten durchdringt. Und im Schlaf beginnen wir in der Mittleren Welt am Rand der Dunkelheit, und wenn unser

Schlaf tiefer wird, reist unsere Seele ins Land der Träume. Dort sehen wir jenes, was aus der Unteren und der Oberen Welt »durchsickert«, wie Eule sagt.

Ich wurde in die Mittlere Welt zurückgebracht. Eule entfernte sorgsam den Schleier und erklärte mir, dass er notwendig sei, um bewusst durch die Welten zu reisen, und darum gehe es auch beim luziden Träumen. Von hier aus ging ich erneut in die Untere Welt und noch einmal in die Obere Welt und schließlich zurück in die Mittlere Welt.

Wenn Sie noch keine schamanische Reise gemacht haben, empfehle ich, den Raben oder den Wolf als Geistführer einzuladen. Erkunden Sie einfach die verschiedenen Welten. Wenn Sie mehr Erfahrung haben, können Sie auch viele andere Arten von Reisen und Meditationen unternehmen. Wenn Sie ein oder zwei Erkundungsreisen dieser Art gemacht haben, können Sie Ihr Krafttier finden.

Heilende Trommelreise

Die heilende Trommelreise ist anders und führt Sie durch alle drei Welten. Sie wird auch »Fünfseitige Trommelreise« genannt und wurde mir von meinem guten Freund Jade Wah'oo Grigori geschenkt. Falls Sie eine doppelseitige Trommel haben, finden Sie heraus, welche Seite tiefer klingt. Das ist die Seite für die Untere Welt. Die Seite mit dem höheren Ton dient für die Obere Welt und für die Erde. Wenn Sie eine einseitig bespannte Trommel haben, probieren Sie verschiedene Stellen der Oberfläche aus, bis Sie welche mit unterschiedlichen Tönen gefunden haben. Diese spielen Sie genauso wie die Seiten einer doppelseitigen Trommel: den tieferen Ton für die Untere Welt, den höheren Ton für die Obere Welt und die Erde.

Ich beschreibe die heilende Trommelreise jetzt für eine doppelseitige Trommel. Bitte passen Sie die Anweisungen entsprechend an, wenn Sie eine einseitige Trommel verwenden. Sie können selbst trommeln oder jemanden bitten, es für Sie zu tun. Der Rhythmus sollte ungefähr 4 Schläge pro Minute betragen und Ihre Augen sollten geschlossen sein. Bitten Sie auf dieser Reise, dass der Geist des Adlers Sie begleitet. Sie gehen durch folgende fünf Stufen:

1. Sie beginnen in der Mittleren Welt. Überlegen Sie, welches körperliche, mentale oder emotionale Problem Sie haben, das Ihnen Beschwerden bereitet oder Sie behindert. Es kann alles Mögliche sein und es spielt keine Rolle, ob Sie die Ursache kennen oder nicht. Sobald Sie genau entschieden haben, worum es geht, stellen Sie sich vor, wie es wäre, wenn dieses Problem behoben, geheilt oder aufgelöst wäre. Wie wäre Ihr Leben? Was wäre anders? Vielleicht erhalten Sie ein Bild oder ein Gefühl, das Ihnen sinnvoll oder auch nicht sinnvoll erscheint. Lassen Sie es so sein. Sobald Sie es erkannt haben, beginnen Sie mit dem Trommeln auf der Erdseite (also mit dem höheren Ton) und trommeln etwa 2 bis 3 Minuten lang.

2. Dann drehen Sie die Trommel zu der tiefer klingenden Seite um und trommeln weiter. In diesem Teil der Reise geht es durch die Untere Welt. Hier finden Sie die Hindernisse, die den Wunsch, diesen Zustand zu verbessern, nicht zum Ausdruck kommen lassen. Lassen Sie sich auf diese Hindernisse ein, während 2 bis 4 Minuten lang getrommelt wird.

3. Wenden Sie die Trommel wieder um. Jetzt geht die Reise in die Obere Welt. Nehmen Sie mit, was immer Sie in der Unteren Welt wahrgenommen haben. Lassen Sie sich auf die spirituelle Qualität ein, die Heilung bringen wird. Achten Sie auf Farben, Formen und andere Eigenschaften dieser Qualität. Trommeln Sie einige Minuten, bevor Sie ...

4. ... schnell wieder die Trommel umdrehen. Nehmen Sie die spirituelle Qualität, die Sie eben in der Oberen Welt gefunden haben, mit in die Untere Welt. Lassen Sie es mit den einschränkenden Elementen, die Sie zuvor entdeckt haben, verschmelzen. Achten Sie darauf, was daraus als neue Qualität entsteht. Trommeln Sie hier so lange wie nötig.

5. Wenden Sie die Trommel ein letztes Mal und spielen Sie auf der Erdseite, so lange Sie möchten, um die neu entstandene Qualität in Ihren Zellen und Ihrem ganzen Sein zu verankern.

Sobald dies vollendet ist, nehmen Sie sich Zeit, um Ihre Erfahrung aufzuschreiben.

Beispiel für eine heilende Trommelreise
Dies sind meine Notizen von einer Reise, die ich vor ein paar Jahren gemacht habe:

1. Mittlere Welt/Erdseite: Ich sah ein sich drehendes, blumenähnliches Rad; ich bemerkte, dass es sich gegen den Uhrzeigersinn drehte. Es hat mit Selbstausdruck zu tun, mutig das zu tun, was ich liebe, wie Trommeln oder Musik machen.

2. Untere Welt: Sah Klammern um das Rad, Behinderungen dessen, was mich am meisten begeistert.

3. Obere Welt: Sah Sterne, die zu Sternenstaub wurden, der meinen ganzen Körper bestäubte. Als ich ganz bestäubt war, badete ich in gelbem Licht.

4. Untere Welt: Ich nahm den Sternenstaub mit, verschmolz ihn mit den Klammern und sah, wie sie sich lösten.

218

5. Mittlere Welt/Erdseite: Fühlte mich sehr entspannt, lächelte. Ich verankerte das, was gerade geschehen war, indem ich auf die Bilder meditierte, während ich weitertrommelte.

21. Kapitel

Rückholung von Krafttieren

Bevor Sie jetzt andere Dinge ausprobieren, sollten Sie als Erstes Ihr Krafttier zurückholen oder jemand Erfahrenen darum bitten, es für Sie zu tun. Ihr Krafttier ist Ihr wichtigster Geisthelfer und war schon bei Ihnen, als Sie in diese Welt kamen. Doch da Sie wahrscheinlich auch mangels des entsprechenden kulturellen Rahmens kein Verständnis dafür hatten, hat Ihr Krafttier Sie irgendwann verlassen.

Krafttier finden

Es gibt ein paar unterschiedliche Arten, wie wir unser Krafttier finden. Krafttiere können uns Zeichen geben, dass sie wieder ein Teil unseres Lebens sein wollen, zum Beispiel indem sie körperlich oder symbolisch sichtbar werden oder in einem lebhaften Traum auftauchen. Sobald wir wissen, wer unser Krafttier ist, kann es auf unsere Bitte hin zu uns zurückkehren.

Einen anderen Weg bietet die bereits erwähnte CD *Krafttiere.* Oder Sie holen Ihr Krafttier auf einer schamanischen Reise zurück, wie es in der folgenden Übung dargestellt wird. Sie können den Text aufnehmen und ihn dann abspielen; Sie können jemanden bitten, ihn Ihnen vorzulesen; oder Sie lesen den Text so oft, dass Sie sich an den genauen Ablauf erinnern. Wie bei anderen Reisen können Sie die Trommel-CD spielen oder jemanden bitten, für Sie zu trommeln.

Meditation: Rückholung Ihres Krafttieres

Finde einen Ort in einer angenehmen Umgebung (drinnen oder draußen) und mach es dir dort sitzend oder liegend bequem. Nimm ein paar tiefe, lange Atemzüge und schließe die Augen ... Wenn du das nächste Mal ausatmest, spüre, wie sich dein ganzer Körper entspannt ... Wisse, dass du immer sicher bist. Solange du dein Krafttier noch nicht wiedergefunden hast, bitte den Wolf, den Raben oder den Adler, mit dir in die Untere Welt zu reisen.

Geh zu der Öffnung, die dich in die Untere Welt führt. Geh den Tunnel hinab, bis du durch das Licht kommst. Du wirst dich auf einer Wiese, einem Wald oder einer Buschlandschaft wiederfinden. Beginne, umherzuwandern ... Du wanderst vielleicht in verschiedene Bereiche der Unteren Welt. Merke dir den Weg, damit du wieder zurückfindest. Vielleicht gehst du in die Berge, an die Küste, in die Wüste, auf den Meeresboden oder an einen Fluss ... Während du umherwanderst, siehst du viele verschiedene Tiere ... Achte darauf, welche Tiere wiederholt auftauchen. Wenn du ein Tier vier Mal gesehen hast, weißt du, das ist dein Krafttier. Beim vierten Mal bitte dein Krafttier, mit dir in die gewöhnliche Wirklichkeit zurückzukehren.

Dein Krafttier wird auf jeden Fall einverstanden sein, denn du hast ihm gefehlt. Öffne deine Hände, bilde mit ihnen gleichsam eine Schale, sodass die Energie deines Krafttieres in deine offenen Hände kommen kann. Sobald das geschehen ist, lege die Hände hohl zusammen, danke deinem Krafttier, dass es zu dir gekommen ist, und mach dich auf den Weg zurück zur Öffnung. Kehre durch den Tunnel zurück zu deinem Ausgangspunkt, und dann komme zu deiner gewöhnlichen Realität zurück, zu dem Ort, an dem du sitzt oder liegst. Hebe die hohl aneinanderliegenden Hände an dein Herz, öffne sie zu deiner Brust und fühle, wie die Energie deines Krafttieres in deinen Körper fließt ... Nimm drei tiefe, lange Atemzüge, um die Energie ganz in dich aufzunehmen. Öffne die Augen, schau dich um ... Jetzt hast du dein Krafttier in dir.

Übung: Reise, um das Krafttier einer anderen Person zurückzuholen

Um diese Reise für jemand anderen zu machen, sollten Sie schon einige Erfahrung im Reisen haben und mit Ihrem eigenen Krafttier vertraut sein. So ein Dienst ist ein wichtiger Beitrag für das Leben eines anderen Menschen und sollte ernst genommen werden. Wie bei anderen Reisen können Sie eine Trommel-CD verwenden oder jemanden bitten, für Sie mit 4–8 Schlägen pro Minute zu trommeln.

Zu Anfang sollten Sie eine diagnostische Reise machen, um sicher zu sein, dass die Person das auch wirklich braucht. Die wesentlichen Symptome sind Kraftlosigkeit oder Hilflosigkeit. Es kann bedeuten, dass die Person ein Krafttier braucht oder dass sie einen Teil ihrer Seele verloren hat (oder beides). Um die richtige Diagnose zu stellen, gehen Sie zuerst zu Ihrem Krafttier oder Ihren Geisthelfern in der Unteren Welt oder der Oberen Welt, um zu fragen, was Sie für diese Person tun sollen.

Sobald feststeht, dass die Rückholung eines Krafttieres erforderlich ist, erklären Sie möglichen anderen Teilnehmern, was Sie tun werden. Sie legen sich neben die Person, sodass sich Ihre Körper an mehreren Stellen wie Schultern, Armen und Beinen berühren. Bedecken Sie Ihre Augen mit einem Schal oder etwas Ähnlichem. Dann nehmen Sie ein paar tiefe Atemzüge und starten die Trommel-CD oder bitten den Trommler, zu beginnen.

Gehen Sie zur Unteren Welt und wandern Sie genau wie bei der Krafttier-Reise für sich selbst eine Weile umher, während Sie beobachten, welche Tiere erscheinen. Sobald ein Tier vier Mal aufgetaucht ist, wissen Sie, dies ist das Krafttier der Person. Laden Sie es ein, mit Ihnen zurückzukommen, und nehmen Sie seine Essenz in Ihre nach oben gewendeten Handflächen auf. Legen Sie Ihre Hände hohl zusammen und kehren Sie mental Schritt für Schritt zurück an den Platz, wo Sie neben der Person liegen. Richten Sie sich auf, knien Sie sich neben die liegende Person und helfen Sie ihr, sich ebenfalls aufzusetzen. Blasen Sie die Energie des Krafttieres sorgsam durch Ihre Hände in das Kronenchakra der Person und dann in den Bereich ihres Herzens.

Bitten Sie die Person, die Augen zu öffnen und sich umzusehen. Wenn andere Menschen anwesend sind, bitten Sie den Betroffenen, mit den anderen kurz Augenkontakt aufzunehmen. Reden Sie über die Reise, vor allem darüber, welches Geisttier Sie mitgebracht haben. Es ist nicht notwendig, aber wenn Sie etwas über die Merkmale oder Eigenschaften dieses Tieres wissen, können Sie das ebenfalls weitergeben.

Ehren des Krafttieres

Es gibt verschiedene Möglichkeiten, unsere Krafttiere zu ehren. Wir können sie in Meditation oder auf einer schamanischen Reise in der NAW besuchen. Wenn wir diese Wesen zu lange unbeachtet lassen, verschwinden sie womöglich irgendwann. Vergleichen wir es mit einer Freundschaft: Wie Freunde, um die wir uns lange nicht gekümmert haben, können sie sich von uns abwenden.

Ich erinnere mich an eine Zeit vor einigen Jahren, als ich ein paar Monate lang nicht zu meinem Krafttier gereist war. Ich hatte keine gute Entschuldigung, ich hatte es einfach vernachlässigt. Doch dann hatte ich eine Frage, zu der ich den Rat meines Krafttieres und vielleicht anderer Geisthelfer einholen wollte. Ich reise also mit meinem Krafttier in die Untere Welt. Dort kamen wir an einen Ort, der unser Beratungsplatz war – eine große, baumumstandene Wiese –, und wir setzten uns einander gegenüber. Es waren auch einige andere Geisttiere da, mit denen ich früher schon gearbeitet hatte. Mein Krafttier sah mich sehr direkt an und neckte mich: »So, so, jetzt, wo du etwas wissen willst, erinnerst du dich wieder an uns!« Ich war beschämt und bat innig um Verzeihung. Sie lachten über mich und hießen mich wieder willkommen. Ich habe aus dieser Erfahrung jedoch gelernt, mich regelmäßig um meine Krafttiere zu kümmern.

Eine andere Möglichkeit, Ihre Krafttiere zu ehren, besteht darin, Zeit, Geld und/oder Energie in Tierschutzorganisationen zu investieren. Sie können auch ehrenamtliche Arbeit im Tierheim oder in sonstigen Institutionen zum Wohl der Tiere leisten. Hier in Laguna Beach gibt es ein Zentrum für Säugetiere des Pazifiks. Als Gegengabe an das Tierreich habe ich einen Liedermacher-Abend mit etlichen Musikern organisiert: Der gesamte Erlös ging an diese lokale Organisation.

Solche Aktionen dienen nicht nur den Tieren, sondern auch den Geisttieren, wenn Sie es um ihretwillen tun. Im Folgenden beschreibe ich weitere Wege, Ihr Krafttier und andere Geisttiere zu ehren.

Übung: Krafttiertanz

Bitten Sie Ihr Krafttier oder ein anderes Geisttier, mit Ihnen zu verschmelzen und zu einer Rassel oder Trommel durch Sie zu tanzen. Das hat nichts mit Besessenheit zu tun, sondern mit Verbundenheit. Sie haben immer noch die Kontrolle über sich, nicht das Geisttier. Sie laden dieses ätherische Wesen lediglich ein, in einem menschlichen Körper zu tanzen.

Ich habe diese Erfahrung oft meinen Radiohörern und den Teilnehmern meiner Seminare empfohlen. Wenn Sie Ihr Krafttier tanzen, kommt oft auch die Stimme des Krafttieres durch. Falls Sie einen derartigen Impuls spüren, geben Sie ihm ruhig nach und machen Sie sich keine Gedanken, ob es »richtig« klingt. Schon dass Sie es zulassen, ist ein Zeichen der Würdigung Ihres Krafttieres. Wenn ich den Raben tanze, kommt oft sein »Krah, krah« aus meinem Mund, und ich weiß, dass er sich darüber freut.

Auch während des Tanzens können Sie Ihr Krafttier bitten, mit Ihnen zu verschmelzen. Ich tue dies oft, wenn ich in einer heiligen Zeremonie tanze. Auch dies hat nichts mit Besetzung zu tun. Sie lassen es zu, dass Ihr Geisttier in Ihren Körper schlüpft und sich durch

Sie zum Ausdruck bringt – was Ihnen einen besseren Eindruck dafür vermittelt, wie es sich anfühlt, dieses Tier zu sein.

Wenn Sie dies mit einer größeren Gruppe machen, ist es hilfreich, eine Richtung vorzugeben (im Uhrzeigersinn oder gegen ihn), in der getanzt wird, damit die Bewegung flüssiger läuft und es weniger zu Zusammenstößen kommt.

Übung: Krafttierlied

Ein weiteres wichtiges Lied ist Ihr Krafttierlied, das Sie direkt von Ihrem Krafttier erhalten. Wenn Sie wissen, wer Ihr Krafttier ist, und sich mit ihm vertraut gemacht haben, können Sie es um ein Lied bitten, mit dem Sie es rufen. Die Worte des Liedes können in Ihrer Muttersprache sein; es dürfen jedoch auch einfach Silben sein oder eine Ihnen unbekannte Sprache, wie in dem Lied, das ich zuvor beschrieben habe.

Gehen Sie an einen Ort in der Natur, wo es ruhig ist und wo Sie einigermaßen bequem sitzen. Nehmen Sie eine Rassel und Ihr Notizbuch mit sowie andere heilige Gegenstände, die Ihnen angemessen erscheinen. Sie können sogar Ihren mobilen Altar mitnehmen, aber es ist nicht notwendig.

Schließen Sie für einige Momente die Augen und lassen Sie Ihren Atem langsamer und ruhiger werden. Lauschen Sie auf die Geräusche um Sie herum.

Beobachten Sie nun die Farben und die Textur Ihrer Umgebung. Danken Sie den Geistern des Ortes, an dem Sie sich befinden. Rufen Sie die Ahnengeister und andere Geisthelfer, die Ihnen angemessen erscheinen, und natürlich Ihr Krafttier.

Wenn Sie bereit sind, schließen Sie erneut die Augen, atmen langsam und regelmäßig weiter und bitten Ihr Krafttier, wenn es vor Ihnen erschienen ist, Sie ein Lied zu lehren, mit dem Sie es rufen können. Dann lauschen Sie sorgfältig. Vielleicht verstehen Sie nicht, was Sie hören, weil es eine ungewohnte Klangstruktur haben mag und eventuell sogar in einer fremden oder schamanischen Sprache ist. Wenn Sie sich wiederholende Sequenzen hören, ist das ein gutes Zeichen dafür, dass Sie ein Lied empfangen. Manchmal werden sich auch äußere Geräusche mit den inneren verbinden. Der Klang des Windes in den Bäumen kann ein Teil Ihres Krafttierliedes sein.

Sobald Sie klar eine Art Lied vernommen haben, versuchen Sie, es mit sanfter Stimme nachzusingen. Falls Sie sich der Melodie nicht sicher sind, probieren Sie sie aus und achten Sie darauf, wie es klingt und wie es sich anfühlt. Vielleicht verändert sich das Lied beim Singen. Wiederholen Sie immer wieder, was Sie hören, und lassen Sie Ihre Stimme lauter werden, bis Sie sich sicherer werden. Schreiben Sie das Lied auf, notfalls phonetisch, wenn Ihnen die Worte unbekannt sind. Jetzt haben Sie ein Krafttierlied. Singen Sie es oft und mit Liebe und Anerkennung.

Das folgende Lied wurde mir gegeben, um die Eule zu ehren und zu rufen:

Hey yah tah-ki-mah
Tah-ki-mah
Tah-ki-mah
Hey yah tah-ki-mah
Tah-ki-mah hey yah

Wenn Ihr Krafttier als physisches Tier einen hörbaren Ruf hat, versuchen Sie, ihn zu imitieren. Ist zum Beispiel die Krähe Ihr Krafttier, lauschen Sie gut auf den Ruf der Krähe und probieren Sie, ihn so gut wie möglich nachzuahmen. Dies kann ein weiterer Weg sein, Ihr Krafttier zu locken; es ist auch eine Art der Würdigung, dass Sie sich die Zeit nehmen und die Mühe machen, die Stimme Ihres Tieres nachzuahmen.

Es gibt viele Lieder für alle möglichen Zwecke, die Sie durch Reisen lernen können, zum Beispiel Kraftlieder, Loblieder, Heilungslieder und viele mehr. Richten Sie Ihre Absicht entsprechend

aus, gehen Sie auf die Reise und trauen Sie dem, was Sie empfangen. Lassen Sie alle Verunsicherungen und Schamgefühle los
und konzentrieren Sie sich auf das Lied als eine Würdigung und
Lobpreisung des *Spirits* und letztendlich des Dienstes an anderen.

22. Kapitel

Diagnose und Behandlung der spirituellen Ursachen einer Krankheit

Zuerst ist es wichtig, anzuerkennen, dass Sie sich der *spirituellen* Ursachen einer Krankheit widmen, sei sie nun körperlicher, emotionaler oder psychischer Art. Ihre Klienten gehen vielleicht auch zu anderen Ärzten, Therapeuten oder Heilern oder sollten es zumindest tun. Kommt jemand mit einer schweren Depression zu Ihnen, sollten Sie ihn an einen anerkannten Psychiater verweisen, der hoffentlich auch Verständnis für Ihre schamanische Arbeit hat. Eine Person mit einer lebensbedrohlichen Krankheit sollte *nicht* nur auf *eine* Art behandelt werden, sei es nun eine schulmedizinische oder alternative Therapie.

Ich möchte auch noch einmal erwähnen, was ich bereits sagte: Berücksichtigen Sie Ihre Stärken und Ihre Grenzen! Wenn ein Klient ein Symptom mit Kräutern und Naturheilmitteln behandelt haben möchte, sie aber in diesem Bereich nicht ausgebildet sind, verweisen Sie ihn an jemanden, der darin professionell Bescheid weiß und Erfahrung hat. Falls Ihr Klient Körperarbeit braucht und das nicht zu Ihrem Repertoire gehört, schicken Sie ihn zu einem erfahrenen Körpertherapeuten.

Bestimmte Symptome weisen auf eine der drei häufigsten spirituellen Ursachen körperlicher und emotionaler Erkrankungen hin (nämlich Seelenverlust, Kraftverlust und spirituelle Eindringlinge oder Fremdenergien). Am besten ist es jedoch, zur Diagnose eine Reise zu Ihrem Krafttier oder zu anderen Geisthelfern zu machen und zu fragen, was für die Heilung des Klienten nötig ist. Im 7. Kapitel habe ich einige der Symptome aufgezählt, die mit hoher Wahrscheinlichkeit auf eine oder mehrere dieser drei häufigsten Ursachen zurückzuführen sind.

Bei Ihrer ersten Begegnung mit einem Klienten ist es sinnvoll, mit ihm zunächst darüber zu sprechen, unter welchen Symptomen er leidet. Das kann Ihnen wertvolle Hinweise geben, muss aber nicht entscheidend sein. Oft mache ich vor dem Termin mit einem Klienten eine diagnostische Reise. Wenn das nicht geschehen ist, sollte es auf jeden Fall einer der ersten Schritte bei einer Behandlung sein, selbstverständlich immer ausgerichtet auf die Beschwerden des Klienten.

Ich habe es zwar bereits detailliert erläutert, aber ich will es noch einmal kurz zusammenfassen, wonach Sie Ausschau halten sollten, wenn Sie eine diagnostische Reise unternehmen, sei es vor dem Termin mit Ihrem Klienten oder zu Beginn der Behandlung:

– **Seelenverlust:** Bei Seelenverlust kann ein Mensch normal funktionieren und doch immer das Gefühl haben, dass etwas fehlt oder irgendwie nicht ganz richtig ist. Folgende Symptome treten ebenso auf: ein Gefühl des Neben-sich-Stehens, Vergesslichkeit, Lethargie, Benommenheit, Zerstreutheit oder Gefühlstaubheit. Je größer der Seelenverlust, desto intensiver können die Symptome werden. Ein Mensch kann sich an diese Symptome in gewisser Weise gewöhnen, doch wenn die Dissoziation stark und andauernd ist, wird es schwierig. Im 7. Kapitel in dem Abschnitt über Trauma und Posttraumatischen Stress stehen noch mehr Symptome für Seelenverlust. Die Behandlung ist natürlich die Seelenrückholung.

– **Kraftverlust:** Genau wie man es sich vorstellt, erleben Menschen, welche die Quelle ihrer spirituellen Kraft in Form ihres Krafttieres verloren haben, ein Gefühl der Kraftlosigkeit. Sie können auch niedergeschlagen, unsicher, ängstlich und ohne Selbstvertrauen sein. Die Behandlung konzentriert sich auf die Rückholung des Krafttieres.

– Spirituelle Eindringlinge oder Fremdenergien: Es gibt eine ganze Reihe von Symptomen, die auf spirituelle Eindringlinge oder Fremdenergien hinweisen können. Am meisten verbreitet sind Süchte und andere Zwangsstörungen. Auch selbstzerstörerisches Verhalten, Wutanfälle und körperliche Krankheiten können Signale sein. Der beste Weg der Diagnose ist auch hier die Beratung mit Ihren Geisthelfern. Die Behandlung erfolgt durch eine spirituelle Extraktion. Bitte treffen Sie geeignete Vorsichtsmaßnahmen, wenn Sie die Fremdenergien entfernen und entsorgen.

Energetische Behandlung

Es gibt eine ganze Reihe verschiedener Systeme, die unter den Oberbegriff »Energetisches Heilen« fallen. Ich bin zwar einige Jahre lang Reiki-Meister gewesen, aber wenn ich energetisch heile, nenne ich es nicht Reiki; ich befolge nicht die Methoden, die ich damals gelernt habe. Ich stimme mich einfach auf meine innere Führung ein und folge ihr.

In jedem System energetischen Heilens oder spirituellen Heilens sind es nicht Sie oder ich, der heilt. Wir sind ein Kanal für die Energie, die durch uns fließt. Beim energetischen Heilen lege ich manchmal die Hände auf, manchmal nicht. Ich rufe immer den Geist der Schlange, damit er mich beim Heilen unterstützt.

Der Klient liegt mit dem Gesicht nach oben, ich knie mich neben ihn. Zuerst bete ich ein Gebet der Dankbarkeit für das Werk, das hier geschehen wird. Dann halte ich meine Hände vor mich – mit den Handflächen nach oben –, um die Kraft zu empfangen, die ich gerufen habe, damit sie durch mich wirken möge. Neben der Schlange rufe ich manchmal auch den Schöpfer, Großvater, den Raben, den Wolf, den Bären, Jesus, die Erzengel

Michael und Raphael und den Heiligen Geist. Wenn das getan ist, bin ich in Trance und lasse mich vom *Spirit* führen. Meine Hände schweben meistens über dem Klienten und werden zu bestimmten Körperbereichen gezogen. Manchmal, vor allem wenn Großvater durch mich wirkt, arbeite ich auch an der körperlichen Struktur der Person. Es wird alles irgendwie von der Zentrale aus gesteuert und wenn ich auf diese Weise arbeite, bin ich voller Vertrauen, dass die angemessene Behandlung erfolgt.

Denken Sie daran, dass der beste Weg einer Diagnose die schamanische Reise ist. Es spielt keine Rolle, ob Sie Ihre Informationen aus der Oberen oder der Unteren Welt beziehen, solange Sie den richtigen Geisthelfer finden, der Ihnen sagt, was nicht in Ordnung ist und welche Art von Behandlung vonnöten ist.

Meistens ist mehr als eine Sitzung notwendig, aber selten mehr als drei. Das habe ich in meiner Arbeit im Lauf der Jahre festgestellt. Allerdings kann es bei Ihnen ganz anders sein.

Jetzt wollen wir die Vorgehensweise bei einer erfolgreichen Seelenrückholung anschauen.

23. Kapitel

Seelenrückholung

Eine Grundlage des schamanischen Heilens ist die Fähigkeit, eine Seelenreise durchführen zu können, sei es in Form einer schamanischen Reise, in Meditationen oder in nächtlichen Träumen. Der Ausübende tut dies absichtsvoll und gerichtet, deshalb bleibt er mit seiner Seele verbunden und »verliert« sie nicht.

Beim Seelenverlust hingegen ist sich die Person des Geschehens nicht bewusst und hat in der Regel auch kein Verständnis davon, da es in der heutigen Gesellschaft für Seelenverlust kein Konzept gibt. Es passt nicht zum anerkannten medizinischen Modell. Würden wir in kleineren Gemeinschaften leben, wo das schamanische Paradigma anerkanntermaßen ein Konzept zum Verständnis bestimmter Symptome ist, dann würden es die Familien- oder Sippenmitglieder bemerken, wenn ein Seelenverlust stattgefunden hat, und sofort eine Zeremonie zur Seelenrückholung einleiten.

Seelenverlust bedeutet, dass sich ein Teil der Seele vom Körper trennt, um sich vor emotionalem, mentalem oder körperlichem Schaden zu schützen. Das ist eine gesunde und spirituell sinnvolle Art, mit der Situation umzugehen. Wenn das entsprechende Ereignis vorüber ist, kann der Teil der Seele von allein wieder zurückkehren, oder er bleibt aus Furcht vor einer Wiederholung des Traumas weg. Falls er nicht selbstständig zurückkehrt, ist es notwendig, ihn aus der NAW irgendwie zurückzuholen. Man kann dies für sich selbst tun, doch wie bereits erwähnt, ist es von Vorteil, einen erfahrenen Menschen darum zu bitten, die Seelenrückholung durchzuführen.

Ungelöste traumatische Erlebnisse sind nicht die einzige mögliche Ursache für Seelenverlust. Man kann auch einen Teil seiner Seele weggeben, zum Beispiel wenn man jemanden so liebt, dass man ihm einen Teil seiner Seele überlässt. Ich bin sicher, praktisch jeder, der über dreißig ist, hat es schon einmal erlebt – ob dieser Seelenteil zurückgekehrt ist oder nicht. Man hört es auch in Schlagern oder Popsongs, wenn es darum geht, sein Herz zu verschenken. Eine Mutter mag ihrem Kind einen Seelenteil geben. Manchem erscheint das edel, doch letztlich ist es weder für die Mutter noch für das Kind wirklich hilfreich.

Wie bereits erwähnt, kann man auch die Seele eines Menschen stehlen. Dies geschieht nur selten bewusst oder aus böser Absicht, sondern eher aus Bedürftigkeit oder aus verzweifelter neurotischer Liebe, die den anderen unbedingt in der Nähe halten will. Oder jemand bewundert einen anderen so sehr, dass er ein Stück von seiner Energie haben will. Manchmal stiehlt auch ein Ehepartner dem anderen ein Stück seiner Seele, um ihn zu dominieren, denn mit der Seele raubt er ihm auch persönliche Kraft. Wie gesagt, es geschieht nur selten bewusst, denn in unserer Kultur gibt es für diese Dynamik kein Verständnis; Sie brauchen sich also nicht schuldig zu fühlen. Machen Sie lieber die Übungen dieses Kapitels, um die Seelenteile zurückzugeben, die Sie vielleicht unbeabsichtigt genommen haben.

Geteilte Seele, geteiltes Selbst

Ich habe erwähnt, dass die Seele eines Menschen einem Hologramm gleicht, von dem im Lauf der Zeit meist durch ungelöste traumatische Erfahrungen sozusagen Teile abgespalten werden, was zu verschiedenen Symptomen führt. Seelenverlust ist ein psycho-schamanisches Modell, das diese Symptome mithilfe alter spiritueller Weisheit zu erklären sucht. Wie bereits erwähnt, spricht man in der Psychologie von »Dissoziation«, wenn es um unterschiedlich schwere Empfindungen der Getrenntheit vom eigenen Körper, des Nicht-ganz-ich-selbst-Seins, geht.

Eine leichte Dissoziation kann zum Beispiel auftreten, wenn Sie bei einem Verkehrsunfall sehr glimpflich davongekommen sind. Eine stärkere Dissoziation kann aus Missbrauch entstehen, bis hin zur sogenannten »dissoziativen Identitätsstörung« oder »multiplen Persönlichkeitsstörung«, wie es früher genannt wurde. Menschen, die darunter leiden, erleben eine Getrenntheit zwischen verschiedenen Persönlichkeitsaspekten, die so weit gehen kann, dass ein Teil nichts vom anderen weiß. Das kann schamanisch behandelt werden, sollte aber immer mit einer psychiatrischen Behandlung einhergehen.

Doch in den meistens Fällen ist es nicht so schwerwiegend. Eine Person, die einen Seelenverlust erfahren hat, mag sich unvollständig und nicht ganz präsent fühlen, ist aber unter Umständen ganz funktionstüchtig. Es fühlt sich einfach so an, als wäre man nicht völlig da. Und so ist es ja auch.

»Ich fühle mich nicht ganz bei mir«

Zu den typischen Merkmalen des Seelenverlustes gehören Niedergeschlagenheit und Depression und eine gewisse Gefühlstaubheit, ähnlich der schon unter dem Thema Posttraumatische Belastungsstörungen beschriebenen Symptome. Eine durch Seelenverlust unter Niedergeschlagenheit leidende Person kann noch funktionieren, wird aber immer wieder unter dem Gefühl der Entfremdung, der Verlorenheit und unter allgemeinem Unwohlsein leiden. Ist der Seelenverlust groß, kann es zu regelrechten Depressionen und Problemen bei der Alltagsbewältigung kommen. Dann ist es wichtig, dass jede spirituelle Behandlung mit einer psychologischen oder psychiatrischen Therapie einhergeht.

Andere Symptome, die auf Seelenverlust hindeuten, sind eine zwanghafte Fixierung auf ein bestimmtes Problem oder ein allgemeines Gefühl, nicht mehr Herr seines eigenen Lebens zu sein. Die Person kann unter Gedächtnisverlust leiden oder unter dem ständigen Eindruck, dass etwas fehlt. Auch die Ausdrucksweise gibt Hinweise. Sprüche wie: »Ich fühle mich nicht ganz bei mir«, »Seit dem Unfall bin ich einfach nicht mehr die Alte«, oder: »Ich fühle mich irgendwie verloren«, lassen vermuten, dass es in der Verbindung mit der Seele eine Störung gab.

Neben traumatisierenden Ereignissen, bei denen die Seele nicht automatisch zurückgekehrt ist, gibt es andere Gründe, warum sich eine Seele distanziert. In Situationen, wo es Missbrauch gibt – sei er körperlicher, sexueller, emotionaler oder gemischter Art –, kann Seelenverlust entstehen. Ein Teil der Seele geht, um sich zu schützen. Wenn es nur einmal vorkommt, ist die Chance groß, dass der Seelenteil von alleine zurückfindet. Ständiger Missbrauch jedoch kann zu größerem Seelenverlust führen und die Seelenteile tun sich schwerer, wieder zurückzukehren.

Die Seele zur Rückkehr bewegen

Wenn Sie für sich selbst oder jemand anderen eine Seelenrückholung machen, werden die Seelenteile zwar in den meisten Fällen bereitwillig zu Ihnen zurückkommen, doch manchmal sind sie auch nicht bereit, Ihnen gleich in die Arme zu springen. Obwohl sie anfänglich zögerten – was vor allem im Zusammenhang mit Missbrauch vorkommt –, war es mir bislang noch immer möglich, die Seelenteile zum Mitkommen zu bewegen. Aus alten Zeiten wird berichtet, dass Schamanen die Seelenteile manchmal überlistet oder ausgetrickst haben, um sie ihren Eigentümern zurückzubringen, aber in meiner Praxis war das bisher nie erforderlich.

Sie werden manchmal vielleicht auf Hindernisse oder Blockaden stoßen, doch Ihr Krafttier wird Ihnen helfen, mit ihnen umzugehen. Das erinnert mich noch einmal an einen wichtigen

Punkt: Nehmen Sie ausnahmslos immer Ihr Krafttier mit, auf jede Reise, vor allem wenn Sie eine Seelenrückholung machen!

Um die Seele zur Rückkehr zu bewegen, ist es oft nötig, dass Sie im Namen des Klienten eine Vereinbarung treffen. Der Seelenteil wird sich absichern wollen, dass er nicht wieder missbraucht oder vernachlässigt wird. In etlichen Fällen, bei denen der Seelenteil sehr jung war – die auslösende Situation also in der frühen Kindheit stattgefunden hatte –, musste ich dem Seelenteil versichern, dass sich die erwachsene Person, zu der ich ihn zurückbringen wollte, gut um ihn kümmern und mehr spielen werde. Sobald die Rückholung abgeschlossen ist, erzähle ich dem Klienten, welche Vereinbarung ich getroffen habe. Und immer musste der Klient eingestehen, dass er das Spielen verlernt hatte oder es zumindest viel zu selten tat.

Wenn Sie eine Seelenrückholung für sich selbst durchführen, gilt im Prinzip das Gleiche. Es ist sehr wichtig, die getroffenen Vereinbarungen einzuhalten, sonst könnte der Seelenteil wieder verschwinden.

Nach der Rückkehr der Seele

Wenn möglich, ist es hilfreich, eine oder mehrere Personen aus der Familie oder Gemeinschaft der Person dabeizuhaben, die die zurückgekehrte Seele willkommen heißen. Es ist ein positiver und heilender Augenblick. Die Gegenwart der Zeugen signalisiert einen weiteren Ausdruck der Wertschätzung dieser Rückkehr. Es ist ein Zeitpunkt, um dankbar zu sein und zu feiern!

Die Rückkehr des Seelenteils kann verschiedene Reaktionen hervorrufen. Die Person kann lachen oder weinen, sich glücklich, traurig, ruhig, fröhlich, leichter, voller oder präsenter fühlen. Lassen Sie sich durch die Reaktionen nicht beunruhigen – sie sind bei jedem anders. Es dauert auch eine Weile, bis die Seele wieder voll integriert ist und ihren Platz gefunden hat. Ich bitte den Betroffenen, im Lauf der nächsten zwei bis drei Monate auf Veränderungen zu achten. Oft wird eine stärkere Präsenz empfunden, der Umgang mit Gefühlen und Entscheidungen wird leichter. Viele fühlen sich nicht mehr so leicht aus der Bahn geworfen oder erlauben sich zu trauern, was Ihnen vorher nicht möglich war.

Die Person kann auch anfangen, wichtige Veränderungen in ihrem Leben vorzunehmen, zum Beispiel im Hinblick auf die Arbeit oder ihre Beziehungen. Es ist wichtig, auf diese Impulse der Seele zu achten. Vielleicht taucht öfter der Drang auf, zu spielen, ins Freie zu gehen oder zu meditieren. Die zurückgekehrte Seele kann auch helfen, einen Prozess der Heilung oder des Trauerns abzuschließen oder ihn notfalls sogar einzuleiten.

Vorbereitung auf eine Seelenrückholung

In den folgenden Übungen beschreibe ich zuerst das Vorgehen bei einer Seelenrückholung für sich selbst, danach eine Seelenrückholung für jemand anderen. Sie können eine Seelenrückholung für sich selbst als geführte Meditation wie unten beschrieben durchführen. Es wird Ihnen helfen, sich vollständiger zu fühlen, und Ihnen einen Eindruck von diesem Prozess verschaffen. Ich empfehle Ihnen auch, sich von jemand anderem eine Seelenrückholung geben zu lassen. Meistens entsteht dabei ein sehr viel stärkeres Energiefeld, weil es ein Akt des Dienens ist. Und es bietet Ihnen die Gelegenheit, zu erleben, wie es sich anfühlt, diese Behandlung zu empfangen.

Bevor Sie eine Seelenrückholung für jemanden machen, sollten Sie jedoch irgendeine Form von Ausbildung durchlaufen haben. Auf jeden Fall sollten Sie eine vertraute Beziehung zu Ihrem Krafttier und einige Erfahrung im inneren Reisen haben.

Übung: Geführte Meditationsreise zur Seelenrückholung für Sie selbst

In der folgenden Meditation beschreibe ich, wie Sie bei diesem Prozess für sich selbst vorgehen. Danach erkläre ich, wie Sie ihn abwandeln müssen, wenn Sie das Gleiche für jemand anderen tun. Sie können den Text selbst aufnehmen und abspielen oder ihn so oft durchlesen, dass Sie ihn im Gedächtnis haben.

Setze dich an einen ruhigen Platz, an dem du nicht gestört wirst. Du solltest bequem gekleidet sein und vielleicht im Hintergrund sanfte Musik oder eine Trommel-CD abspielen lassen.

Beginne, indem du auf deinen Atem achtest. Bemerke das Heben und Senken deines Brustkorbes. Lass deinen Atem langsamer und tiefer werden ... Schließe deine Augen ... Wenn du irgendwelche äußeren Geräusche beobachtest, lass es zu, dich noch tiefer zu entspannen. Geh einmal in Gedanken durch deinen Körper: Fang oben am Kopf an und bewege dich langsam bis zu deinen Zehenspitzen. Achte dabei auf irgendwelche Anspannungen, und wenn du sie bemerkst, halte dort inne und atme durch sie hindurch, bis du spürst, wie sich der Bereich entspannt.

Rufe dein Krafttier und bitte es, dich an den Ort in der Nichtalltäglichen Wirklichkeit zu bringen – Obere Welt, Mittlere Welt oder Untere Welt –, wo ein Seelenteil weilt, der dir fehlt – ein Seelenteil, den zurückzuholen besonders wichtig ist. Jetzt folge deinem Krafttier, wo immer es dich hinführt ... Atme weiter langsam und tief, während du reist. Sollte dir je etwas Bedrohliches begegnen, bitte dein Krafttier, dass es dir hilft, es aufzulösen oder in etwas Harmloses zu verwandeln.

Schließlich wirst du zu deinem fehlenden Seelenteil gelangen. Lass ihn wissen, wer du bist und warum du hier bist ... Vielleicht teilt er dir mit, warum er dich verlassen hat. Falls nicht: Bitte ihn, mit dir zurückzukommen. Wenn er zögert, versichere ihm, dass du dich um ihn kümmern willst. Vielleicht musst du ein wenig verhandeln.

Sobald ein Einverständnis erzielt wurde, streckst du die Hände aus und nimmst ihn in deine zur Schale geformten Hände ... Du hältst ihn und beginnst, zu der Öffnung zur Mittleren Welt zurückzukehren, falls du in der Oberen oder Unteren Welt bist. Wenn du in die Mittlere Welt geführt wurdest oder wenn du durch die Öffnung in die Mittlere Welt zurückgekehrt bist, bring dein Bewusstsein zu deinem Körper zurück, während du weiterhin den Seelenteil in deinen Händen hältst.

Werde dir wieder ganz bewusst, wo du sitzt, aber halte die Augen geschlossen. Jetzt führe die schalenförmigen Hände zum Bereich deines Herzens und nimm den Seelenteil mit drei langen, tiefen Atemzügen in dich auf ... Danke deinem Krafttier für seinen Dienst. Wenn all dies geschehen ist, öffne die Augen und schau dich um ... Achte darauf, wie du dich fühlst ... Geh zu einem Spiegel und schau tief in das Spiegelbild deines linken Auges (die linke Seite ist die Seelenseite deines Gesichts). Wenn du so weit bist, sage zu deiner wiederhergestellten Seele einfach: »Willkommen zu Hause!« Wenn du eine Vereinbarung getroffen hast, bereite dich darauf vor, sie auch einzuhalten.

Wenn Sie dies für einen Klienten machen, ist Folgendes zu beachten: Die Person sitzt Ihnen gegenüber und hält ebenfalls die ganze Zeit die Augen geschlossen. Sobald Sie den Seelenteil haben und in die gewöhnliche Wirklichkeit zurückgekehrt sind, öffnen Sie die Augen und bewegen Sie sich hinüber zu Ihrem Klienten. Blasen Sie nun den Seelenteil sowohl ins Kronenchakra als auch ins Herz der Person, während Sie die schalenförmig gehaltenen, nach unten hin leicht geöffneten Hände zuerst oben auf den Schädel und danach auf den Herzbereich der Person legen.

Sobald das geschehen ist, bitten Sie Ihren Klienten, die Augen zu öffnen. Schauen Sie ihm ins linke Auge und sagen Sie zu der Seele: »Willkommen zu Hause!« Wenn andere anwesend sind, bitten Sie den Klienten, den anderen in die Augen zu schauen und das Lächeln zu sehen, das ihm von dort entgegenkommt.

Übung: Seelenrückholung für jemand anderen

Bereiten Sie sich genauso vor wie auf die Übungsreise. Bitten Sie jemanden, für Sie zu trommeln oder zu rasseln, oder verwenden Sie eine CD. Legen Sie sich mit bedeckten Augen hin. Ihr Klient sollte so neben Ihnen liegen, dass Sie an den Schultern, Armen und/oder Beinen ein wenig Körperkontakt miteinander haben. Sobald das Trommeln beginnt, rufen Sie Ihr Krafttier und bitten es, Sie zu dem Seelenteil der Person zu führen, der jetzt am dringendsten zurückgeholt werden sollte. Ähnlich wie bei der geführten Meditationsreise lassen Sie sich zu dem Seelenteil führen und verhandeln dort über seine Rückkehr. Sie nehmen den Seelenteil dann wieder in Ihre hohlen Hände und halten sie vor die Brust. Dann machen Sie sich auf den Weg zurück in die alltäglichen Wirklichkeit. Sie können Ihre Hände in der alltäglichen Wirklichkeit genauso bewegen wie in der Nichtalltäglichen Wirklichkeit. Sobald Sie zurück sind, öffnen Sie die Augen und knien sich neben den Klienten. Helfen Sie ihm, sich aufzusetzen.

Jetzt blasen Sie die Seele sanft in das Kronenchakra der Person und dann in den Bereich des Herzens. Dann fordern Sie die Person auf, die Augen zu öffnen, und heißen den Seelenteil zu Hause willkommen, genau wie in der Meditationsreise. Falls andere Freunde oder Familienmitglieder anwesend sind, bitten Sie die Person, mit ihnen kurz in Augenkontakt zu gehen. Wenn es sich richtig anfühlt, können sie ebenfalls den Seelenteil willkommen heißen.

Willkommen zu Hause: Eine Seelenrückholung

Freunde aus Laguna Beach (ich will sie hier Bill und Sarah nennen) kehrten gerade von einer anstrengenden Reise durch Brasilien zurück und fühlten sich von der fast 24 Stunden während der Rückreise sehr erschöpft. Sie trafen spätabends zu Hause ein, stellten das Gepäck ab und gingen gleich zu Bett, auf einen langen, erholsamen Schlaf hoffend. Doch um 5 Uhr morgens wachten sie auf, weil alle Anwohner über Lautsprecher aufgefordert wurden, ihre Häuser zu verlassen. Die Warnung wurde ständig wiederholt und klang dringend. Auch die Polizisten an der Tür drangen darauf, dass Bill und Sarah in Gefahr seien, weil der Hang hinter ihrem Haus ins Rutschen gekommen sei und bereits einige Häuser der Nachbarschaft zerstört habe.

In ihrem halbwachen, jetzt adrenalingetriebenen Zustand sahen meine Freunde mit eigenen Augen, wie der etwa 30 Meter von ihrem Haus entfernte Hang langsam nach unten rutschte und einige Häuser mit sich nahm. Der anhaltende Winterregen hatte den Untergrund durchweicht und den Boden in Schlamm verwandelt, der sich jetzt, dem Gesetz der Schwerkraft gehorchend, zur Talsohle bewegte.

Bill und Sarah zogen sich schnell an, packten ein paar Sachen ein und fuhren in ihr 60 Meilen entferntes leer stehendes Mietshaus, wo sie ein paar Tage blieben. Schließlich durften sie in ihr Haus zurückkehren, aber Sarah blieb weiterhin verstört von den kombinierten Auswirkungen der Brasilienreise, des Schreckens mitten in der Nacht nach wenig Schlaf und des Anblicks der Zerstörung in ihrer Nachbarschaft. Sie war ruhelos, reizbar und konnte nicht schlafen. Vor ihrem inneren Auge spielten sich immer wieder die Ereignisse jenes Tages ab.

Als ich mit ihr sprach, erkannte ich, dass sie unter Posttraumatischen Belastungsstörungen (PTBS) litt, eine normale Reaktion auf überwältigende Situationen, die zum Problem werden können, wenn sie sich nicht wieder auflösen und integrieren. Dann kann es zu Symptomen wie extremer Wachsamkeit, wiederkehrenden eindringlichen Erinnerungen an das Ereignis, Ängstlichkeit, Gefühlstaubheit und Schlafstörungen kommen. Zwei Menschen können genau das Gleiche erleben, doch aus verschiedensten Gründen entwickelt der eine danach solche Symptome – und der andere nicht. Auch Bill hatten die Ereignisse jenes Tages stark belastet, doch nachdem die Anstrengungen vorüber waren, fühlte er sich wieder relativ normal.

Es gibt einige wirksame psychologische Behandlungsmethoden für PTBS, zum Beispiel Somatic Experiencing (SE) und Eye Movement Desensitization and Reprocessing (EMDR). Aus schamanischer Sicht vermute ich in solchen Situationen jedoch immer einen Seelenverlust. Nach einem Gespräch mit Sarah verabredeten wir uns zu einer Heilungszeremonie, in der ich den verlorenen Seelenteil zurückholen würde.

Bill, Sarah und ich versammelten uns in einem Meditationsraum, der für diese Arbeit sehr geeignet war. Ich bereitete den Raum, die heiligen Gegenstände und uns vor, indem ich alles mit Weißem Salbei räucherte, um negative Energien zu entfernen. Dann verwendete ich Süßgras, um die Geisthelfer einzuladen, und bat sie durch Trommeln und Singen herbei. Als Nächstes rief ich meine Krafttiere und den Geisthelfer, der mich bei schamanischen Heilungen immer unterstützt.

So versetzte ich mich in eine schamanische Trance und ging ans Werk. Ich rasselte und bat den Raben, mich zu dem Seelenteil von Sarah zu führen, der sie verlassen hatte. Ich wurde zu einem Baum in den Hügeln nahe bei Bill und Sarahs Haus geführt. Unter dem Baum saß der abgetrennte Seelenteil in Gestalt eines etwa sechsjährigen Mädchens. Nachdem wir uns ein wenig unterhalten hatten und ich ihm versicherte, dass Sarah sich um es kümmern werde, erklärte es sich einverstanden, mit mir zurückzukehren. Ich nahm seine Essenz in meine Hände und kam in den Raum zurück. Sarah lag während dieser Zeit neben mir. Ich half ihr beim Aufsetzen und blies ihr den Seelenteil sanft zuerst oben in den Kopf und dann ins Herz.

Ich bat Sarah, ihre Augen zu öffnen. Immer noch in schamanischer Trance schaute ich tief in ihr linkes Auge. Ich sah ein Funkeln und sagte zu dem kleinen Mädchen-Seelenteil: »Willkommen zu Hause!« Sarahs Augen füllten sich mit Tränen, und Bill und mir ging es nicht anders. Manchmal kann es einige Tage oder Wochen dauern, bis ein Seelenteil wieder integriert ist, doch in Sarahs Fall ging es glücklicherweise recht schnell. Schon in der nächsten Nacht konnte sie zum ersten Mal seit jenem Tag wieder tief und ohne Unterbrechung schlafen.

Rückgabe gestohlener Seelenteile

Vielleicht wäre der Begriff »geborgte« Seelenteile passender, denn die meisten Menschen würden die Seelenenergie eines anderen Menschen sofort zurückgeben, wenn sie wüssten, dass sie sie haben. Wie bereits gesagt: Wir nehmen die Seelenenergie anderer Menschen unbewusst an uns. Diesen Teil bei uns zu halten, erfordert jedoch weiterhin Energie, die wir besser anderweitig gebrauchen können, und es raubt der anderen Person die Möglichkeit zur vollen Präsenz.

Woran merken Sie, dass Sie sich von jemandem Seelenenergie geborgt haben? Sie müssen über längere Zeit ständig an diese Person denken; sie besetzt ihr Denken so stark, dass es störend wird. Wenn Sie vermuten, dass Sie unabsichtlich jemandes Seelenenergie genommen haben, können Sie sie mit der folgenden Übung wieder freisetzen und an den rechtmäßigen Besitzer zurückgeben.

Übung: Rückgabe von Seelenenergie

Erstellen Sie zunächst eine Liste aller Menschen aus Ihrer Vergangenheit und Zukunft, von denen Sie möglicherweise Seelenenergie geborgt haben. Dann begeben Sie sich auf eine Reise mit Ihrem Krafttier. Gehen Sie zu einem Lehrer in der Unteren oder Oberen Welt (auch Ihr Krafttier könnte dieser Lehrer sein) und fragen Sie dieses Wesen, wessen Seelenenergie Sie am dringendsten zurückgeben sollten. Sobald Ihnen die Antwort klar ist, bitten Sie Ihr Krafttier, Sie dorthin zu bringen, wo Sie den Seelenteil zurückgeben können.

Sobald Sie in der NAW an diesem Ort angekommen sind, stellen Sie sich die Person vor, deren Seelenenergie Sie zurückgeben wollen, und spüren Sie ihre Energie. Sobald Sie die Person deutlich vor sich sehen oder wahrnehmen, achten Sie darauf, wie Sie sich dabei fühlen. Verharren Sie in diesen Gefühlen nicht, bemerken Sie sie einfach. Wenn Sie Ärger oder Angst spüren, lassen Sie diese Gefühle durch Ihre Füße in die Erde fließen. Erkennen Sie die Wunden dieser Person und fühlen Sie Mitgefühl und Liebe, wenn es Ihnen möglich ist. Wenn nicht, ist es auch nicht schlimm. Wenn Sie der Person ihre Seelenenergie zurückgegeben haben, stellt sich ein Gefühl der Vergebung gegenüber sich selbst und dem anderen oft spontan ein.

Nehmen Sie ein paar tiefe, langsame Atemzüge. Bitten Sie diesen Seelenteil, sich zu zeigen. Erklären Sie, dass Sie ihn an seinen natürlichen Platz zurückkehren lassen, ganz allein, ohne dass ein Teil Ihrer eigenen Seele mitgeht. In der Regel wird der Seelenteil erfreut darauf eingehen, doch manchmal bedarf es einiger Überredungskunst.

Wenn Sie und die Seele so weit sind, nehmen Sie einen tiefen Atemzug, bringen Sie Ihre hohlen Hände an Ihr Herz und bitten Sie den Seelenteil, in Ihre Hände zu kommen. Dann heben Sie die Hände an Ihren Mund (sowohl in der NAW als auch in der gewöhnlichen Wirklichkeit), blasen die Seele sanft zu der anderen Person und sagen dabei innerlich: »Ich lasse dich jetzt frei und segne dich, damit du an deinen angemessenen Ort zurückkehrst.«

Danken Sie Ihrem Krafttier und kehren Sie sanft mit Ihrer Aufmerksamkeit dorthin zurück, wo Sie gerade sitzen oder liegen. Schicken Sie der Person, deren Seelenergie Sie gerade zurückgegeben haben, noch Gebete und Dank.

24. Kapitel

Schamanische Extraktion

Während die Rückholung des Krafttieres und eines Seelenteiles darauf abzielen, etwas energetisch *in* den Körper zu holen, was verloren war, geht es bei der schamanischen Extraktion darum, etwas *aus* dem Körper zu entfernen, was nicht dorthin gehört. Wie bereits beschrieben, kann man dieses »Etwas« mit unterschiedlichen Namen benennen wie »Fremdenergie«, »spirituelle Parasiten«, »toxische Energie«, »psychische Pfeile« oder »Flüche«. Sie können von außerhalb stammen, wie bei einem Fluch, oder aus kumulativer emotionaler oder mentaler Energie stammen, die eine ätherische Form angenommen hat. Wie immer Sie es nennen und wo immer es herkommt, es ist nicht physischer Natur, aber wenn es im spirituellen Körper eines Menschen bleibt, kann sich im Lauf der Zeit daraus ein körperliches Symptom entwickeln.

Im Hinblick auf die Diagnose und Behandlung spielt der Ursprung der Fremdenergie keine entscheidende Rolle. Sie können Ihre Geisthelfer natürlich nach Informationen befragen und eine Ahnung davon erhalten, woher die Fremdenergie kam, doch Ihre Hauptaufgabe besteht darin, sie zu finden und zu entfernen.

Die Form und Gestalt der Fremdenergie kann sehr unterschiedlich sein. Wann immer ich Extraktionen gemacht habe, erhalte ich klare Bilder der Energien, aber ich erkläre meinen Klienten immer, dass diese Bilder mehr dazu dienen, mir beim Arbeiten zu helfen, als dass sie wirklich Aufschluss über den Ursprung der Energie geben. Wenn ich ein Bild erhalte, wird es für mich zu einer visuellen Metapher, über die ich erkennen kann, was das Problem ist. Ich kann es beschreiben, als »klebrige Masse« oder als »Speer«. Manchmal erhalte ich auch eher ein Gefühl oder eine Empfindung. Da die Hauptaufgabe darin besteht, das Eingedrungene zu erkennen und zu entfernen, spielt die Form für den Klienten nur eine untergeordnete Rolle. Das Wesentliche ist, der Person zu helfen, sich besser zu fühlen, indem man die Energien entfernt, die die innere Harmonie stören.

Es ist nicht schwer zu glauben, dass diese Art fehlplatzierter Energie zu Krankheiten oder Beschwerden führen kann. Schließlich glauben wir auch, dass viele Krankheiten durch winzige, für das bloße Auge unsichtbare Wesen wie Bakterien und Viren verursacht werden. Warum sollten also nicht auch spirituelle Fremdenergien existieren? Mit der richtigen Ausrüstung kann man Bakterien und Viren entdecken und als Ursache einer Krankheit erkennen. Mit der entsprechenden Ausrüstung, nämlich dem »schamanischen Blick«, lassen sich auch Fremdenergien diagnostizieren und lokalisieren.

Mit einer schamanischen Extraktion versuchen wir, die *spirituelle* Ursache einer Krankheit zu entfernen. Häufig spürt der Betroffene sofort einen Unterschied. Oft setzt sofort Besserung ein. Selbst bei komplexeren und schwereren Beschwerden wird eine gewisse Erleichterung und Beruhigung wahrgenommen, auch wenn die körperliche Manifestation der Krankheit weiterhin vorhanden ist. Ein Krebskranker zum Beispiel kann mit einer schamanischen Extraktion behandelt werden und sich danach wohler und friedvoller fühlen, auch wenn der Krebs noch da ist. Aber es gibt auch zahlreiche Fälle, in denen wundersame Heilungen stattgefunden haben und eine Krankheit nach einer schamanischen Extraktion verschwunden war.

Symptome spiritueller Fremdenergien

Wie bereits erwähnt, gibt es eine ganze Bandbreite von Symptomen, die auf die Möglichkeit einer eingedrungenen Fremdenergie hinweisen. Bei jeder Art von Krankheit ist es daher angebracht, diese Möglichkeit in Erwägung zu ziehen, vor allem wenn sie lebensbedrohlich ist. Aktive Süchte können ein Anzeichen einer Fremdenergie sein, seien sie substanzieller Art wie Tabak, Drogen oder Esssucht oder prozessorientiert wie Sexsucht, Spielsucht, Einkaufssucht oder exzessiver Internetgebrauch.

Neben Suchtverhalten können auch alle möglichen Schmerzen oder Beschwerden auf Fremdenergien zurückgehen. Ein »Pfeil«, in Wut von jemandem absichtlich oder unabsichtlich auf Sie geschossen, kann eine verspannte Schulter verursachen. Ein Gedanke, der Ihnen ständig durch den Kopf geht, kann energetisch an Zähigkeit zunehmen und sich in Ihrem spirituellen Körper wie ein Fremdkörper verhalten. Wenn Sie anhaltend und obsessiv bestimmte Gedanken hegen, können sich diese kristallisieren und immer mehr psychische Masse gewinnen, was schließlich die Funktionalität einer Person beeinträchtigt.

Schutz

Es gibt eine ganze Reihe von Möglichkeiten, sich vor äußeren energetischen Angriffen zu schützen. Wenn Sie in eine Situation hineingehen, wo Sie potenziell gefährdet sind, ist es sinnvoll, sich zu schützen. Sie können den Erzengel Michael bitten, bei Ihnen zu sein und mit seinem Schwert alle Angriffe abzuwehren. Oder Sie rufen Ihr Krafttier und bitten es, alle Negativität zu neutralisieren. Eine Hülle aus weißem Licht schützt Sie; wenn Sie sich allerdings in eine Situation begeben, in der Sie damit rechnen, dass jemand ärgerlich oder wütend auf Sie ist, können Sie sogar eine Bleikiste oder eine Backsteinmauer um sich herum visualisieren. Wenn Sie sich mit violettem Licht umgeben, kann nur positive Energie zu Ihnen durchdringen, alles Negative löst sich vorher auf. Sie können sich auch schützen, indem Sie sich einen Spiegel um sich herum vorstellen, dessen Verspiegelung nach außen weist, sodass alles, was auf Sie zukommt, zurückgespiegelt wird. Sandra Ingerman, Autorin von *Die Seele schützen,* empfiehlt, sich vorzustellen, man sei von einem schützenden blauen Ei umgeben.

Darüber hinaus kann man Kraftobjekte oder Totems bei sich tragen: kleine Schnitzereien oder andere Repräsentanten eines Ihrer Geisttiere, mit dem Sie gut vertraut sind, oder einen Stein oder einen Kristall, den Sie bei sich tragen. Granit, Bleiglanz oder Hämatit können negative Energien absorbieren. Laut Judith Lukomski, Ko-Autorin von *Kristall-Therapie,* hat schwarzer Turmalin die Fähigkeit, negative Energien zu transmutieren. Jett und schwarzer Obsidian gelten als gute Allzweck-Schutzsteine, und Moldavit kann negative Energien in positive verwandeln. Mit Moldavit muss man sich jedoch vorsehen: Seine Energien können für sehr sensible Menschen zu stark sein. Lukomski meint, dass Heiler mit Selenit Energie transformieren können.

Gehen Sie in ein entsprechendes Ladengeschäft und spüren Sie die Energien jedes dieser Steine, bis Sie intuitiv erkennen, welche am besten zu Ihnen passen. Sie können sie in Ihrer Tasche oder in Ihrer Börse bei sich tragen, sie als Halskette oder Armband verwenden oder auf Ihren Arbeitsplatz legen. Es ist sinnvoll, diese Steine regelmäßig zu reinigen. Sie können sie dafür eine Weile in die Sonne oder in eine Schale mit Salzwasser legen. Sie können die Steine auch mit Salbei oder Palo Santo smudgen. Beachten Sie jedoch, dass sich Selenit in Wasser auflöst und Amethyst in der Sonne an Farbe verliert.

Übung: Sich von Fremdenergien reinigen

Es ist hilfreich, diesen Prozess regelmäßig durchzuführen, zum Beispiel einmal im Monat als Vollmondzeremonie. Sie können ihn wie eine Art Hausputz betrachten.

Finden Sie einen Platz in der Natur, wo Sie barfuß auf der Erde stehen können, mit den Füßen direkt auf der Erde oder auf dem

Rasen. Stehen Sie aufrecht, ohne sich steif zu machen. Beugen Sie ganz leicht die Knie, aber halten Sie den Kopf aufrecht und den Rücken gerade. Vergewissern Sie sich im Lauf des Prozesses immer wieder, dass Sie gut atmen. Rufen Sie Ihre Geisttiere und andere wichtige Geisthelfer und bitten Sie sie um Hilfe. Der Schlangengeist ist für diese Arbeit besonders geeignet, aber wer auch immer zu Ihnen kommt, ist für Sie richtig.

Während Sie regelmäßig und langsam weiteratmen, stellen Sie sich vor, wie reines, klares Wasser von oben auf Ihrem Kopf nach unten fließt, langsam durch Sie hindurch, durch alle Organe, Knochen und Gewebe Ihres Körpers. Spüren Sie, während Sie weiteratmen, wie es allmählich alle Unreinheiten mit sich nimmt. Fühlen Sie, wie das Wasser alle energetischen Gifte ausspült – aus Ihrem Hals, Ihren Armen, Ihrem Rumpf, Ihren Hüften, den Beinen und den Füßen – und in die Erde fließt. Stellen Sie sich Ihre Beine wie Abflussrohre vor, durch die das Wasser in den Boden strömt.

Wiederholen Sie diesen Prozess. Achten Sie darauf, wie viel klarer das Wasser ist, das auch diesmal Ihr System von allem reinigt, was nicht zu Ihnen gehört. Wiederholen Sie es so oft, wie es nötig ist, bis das Wasser vollkommen klar bleibt. Wenn Sie zufrieden sind, danken Sie den Geisthelfern und vor allem Mutter Erde, die all diese negative Energie in neues Leben und Wachstum umwandelt.

Der letzte Schritt besteht dann darin, sich mit etwas zu füllen, das die Lücken füllt, die diese toxischen Energien hinterlassen haben. Sie können dafür reines weißes Licht nehmen, aber auch den Heiligen Geist, Liebe oder was immer Ihnen angenehm ist.

Alternativen: Eine andere Möglichkeit, sich von Fremdenergien zu reinigen, bildet das Eintauchen in Wasser – sei es das Meer oder ein Fluss oder Ihre gefüllte Badewanne. Sehen und fühlen Sie, wie alle Fremdenergien aus Ihrem Körper ausgeschwemmt werden. Nehmen Sie sich dafür so viel Zeit wie möglich. Wenn der Prozess vollendet ist, trinken Sie langsam ein Glas frisches Quellwasser.

Sie können sich auch in die Sonne legen und darum bitten,

dass alle Verunreinigungen wegschmelzen und Sie stattdessen mit Wärme und Licht erfüllt werden.

Welchen Weg Sie auch immer wählen mögen: Wichtig ist, dass Sie die Lücken wieder füllen, welche die Fremdenergien hinterlassen.

Schamanische Extraktion für andere

Dies ist eine fortgeschrittenere schamanische Technik, für die Sie reichlich Erfahrung und Vertrauen in Ihre Fähigkeit des Reisens sowie eine gründliche Ausbildung in diesen Techniken haben sollten. Wenn jemand von Ihnen eine schamanische Heilung haben möchte, dann ist es, unabhängig davon, was Sie für das Problem halten, äußerst wichtig, dass Sie sich auf einer diagnostischen Reise mit Ihren Geisthelfern beraten und mit ihnen zusammen zum besten Behandlungsweg kommen. Wie bereits erwähnt, können Sie diese Reise noch vor Ihrem Termin mit dem Klienten machen oder sie als Teil der Behandlung integrieren. Mit entsprechender Erfahrung werden Sie eine Menge intuitiv wahrnehmen, doch es ist immer gut, sich zu informieren, was Ihre Geisthelfer für den effektivsten Umgang mit der Situation halten.

Wenn Sie die diagnostische Reise gemacht haben und Ihre Geisthelfer raten, dass zumindest ein Teil der Behandlung darin bestehen sollte, spirituelle Fremdenergien zu entfernen, dann können Sie sich auf die Extraktion vorbereiten. Vielleicht gibt es noch andere Dinge, die der Klient braucht, zum Beispiel eine Seelenrückholung, aber zuerst sollten Sie entfernen, was nicht hierher gehört, bevor Sie die Person mit etwas Wohltuendem bereichern.

Übung: Schamanische Extraktion

Wenn Sie bereit sind, anzufangen, bitten Sie Ihren Klienten, sich hinzulegen. Wenn Sie die diagnostische Reise in Anwesenheit Ihres Klienten machen, sollten Sie dabei beide auf dem Rücken nebeneinander liegen. Wie bei anderen Heilreisen können Sie eine Trommel-CD verwenden oder jemanden bitten, während der gesamten Behandlung für Sie zu trommeln.

Rufen Sie das Geistwesen (sei es in Tier- oder Menschenform), das die Heilung durch Sie machen wird. Der, den ich Großvater nenne, arbeitet immer durch mich, wenn ich schamanische Heilungen dieser Art mache. Erlauben Sie dem Geistwesen, das bei der Extraktion mitarbeiten soll, mit Ihnen zu verschmelzen. Das hat nichts mit Besetzung zu tun: Sie stellen sich nur körperlich zur Verfügung und setzen Ihre eigene Persönlichkeit und Ihr Ego an die zweite Stelle.

Sobald Sie mit Ihrem Geisthelfer verschmolzen sind, knien Sie sich neben Ihren Klienten. Um zu bestimmen, wo die Fremdenergie sitzt, bewegen Sie Ihre nicht dominante (deshalb empfänglichere) Hand mit der Handfläche nach unten langsam in etwa 15 Zentimeter Entfernung über den Körper des Klienten. Sie werden dabei deutliche Empfindungen haben. Wenn Sie über die Fremdenergie kommen, wird es sich eindeutig anders anfühlen. Vielleicht spüren Sie ein Kribbeln, Wärme oder Kühle – Zeichen dafür, dass dies der Bereich ist, wo Sie arbeiten müssen.

Der einfachste Weg zur Durchführung einer Extraktion besteht darin, die Fremdenergie mit den Händen herauszuziehen, egal wie sie aussieht. Gewöhnlich spürt der Klient, wie die toxische Energie seinen Körper verlässt. Wenn Sie die Energie entfernt haben, halten Sie sie in den hohlen Händen, heben Sie sie auf Augenhöhe und blasen Sie diesen energetischen Müll ins nächste Gewässer. Achten Sie darauf, dass niemand zwischen Ihnen und dem Wasser ist, sonst kann er die Fremdenergie abbekommen! Sobald die Fremdenergie fortgeblasen wurde, überprüfen Sie noch einmal den Körper des Klienten auf Reste. Wenn Sie etwas finden, wiederholen Sie den Prozess.

Achten Sie darauf, sich die Hände zu reinigen, wenn Sie fertig sind. Ich tue das, indem ich mir ein Feuer visualisiere und meine

Hände über die Flammen halte, sodass alle energetischen Reste verbrennen. Sie können Ihre Handflächen auch zur Sonne wenden und sehen und spüren, wie die Sonnenstrahlen alle Reste wegbrennen. Eine andere Methode: Tauchen Sie Ihre Hände in Wasser – oder waschen Sie sie einfach.

Vielleicht möchten Sie auch eine Saug-Extraktion durchführen, statt Ihre Hände zu benutzen. Aber seien Sie vorsichtig: Diese Methode birgt das Risiko, dass Sie die Fremdenergie verschlucken! Für diese Art der Extraktion brauchen Sie ein Röhrchen von etwa 2 Zentimeter Durchmesser und 10 Zentimeter Länge, das aus einem natürlichen Material wie Bambus besteht. Folgen Sie dem Prozess genau so, wie ich ihn beschrieben habe. Achten Sie jedoch darauf, dass Sie etwas im Mund haben, was die toxische Energie aufnimmt, zum Beispiel einen kleinen Kieselstein oder einen Klumpen Tabak mit Salbei. Das ist sehr wichtig.

Wenn Sie die Fremdenergie lokalisiert haben, legen Sie das eine Ende des Röhrchens auf den Körper des Klienten und stecken sich das andere Ende in den Mund. Mit dem Kiesel oder dem Tabak direkt hinter dem Röhrchen saugen Sie sanft die Energie aus dem Körper der Person. Achten Sie gut darauf, Ihre Kehle zu verschließen (vielleicht müssen Sie das erst üben). Vielleicht spüren Sie, wie sich die Energie im Energiefänger in Ihrem Mund sammelt. Sobald Sie alles entfernt haben, spucken Sie den Energiefänger zusammen mit der Fremdenergie in Wasser: Es nimmt die toxische Energie auf. Nach einigen Minuten bitten Sie den Klienten, das Wasser mitsamt dem Energiefänger so auszuschütten, dass die Erde es aufnehmen kann. Überprüfen Sie noch einmal, ob Sie auch alles entfernt haben; falls nicht, wiederholen Sie den Prozess.

Nachdem Sie den Prozess abgeschlossen haben, füllen Sie den Körper des Klienten wieder mit etwas auf. Wenn Sie direkt im Anschluss eine Seelenrückholung vornehmen, dient das diesem Zweck. Wenn Sie nur die Extraktion machen, können Sie den Klienten auffordern, sich vorzustellen, wie sich Sonnenlicht und Sonnenenergie in seinem Körper vollkommen ausbreiten. Falls Zeugen anwesend sind, können Sie diese bitten, sich um den Klienten zu stellen, die Hände auf seinen Körper zu legen und durch die Hände Liebe in ihn strömen zu lassen.

Reinigen Sie sich hinterher. Es kommt vor, dass die Praktizierenden die Fremdenergien aufnehmen, vor allem wenn sie unerfahren sind. Machen Sie die Reinigungsprozedur, die ich am Ende des Kapitels beschreibe. Sollten Sie den Eindruck haben, Sie hätten sich etwas eingefangen, und es bessert sich nicht durch diese Reinigung, suchen Sie jemanden auf, der mit diesen Prozessen vertraut ist, und bitten Sie ihn um eine Extraktion.

Energetische Attacken

Ich habe einmal eine energetische Attacke erlebt, bei der ich spürte, wie mir etwas in den Bauch schlug und in meinen physischen und spirituellen Körper eindrang. Es geschah, als ich noch als Psychotherapeut arbeitete. Ich beriet eine Familie – Mann, Frau und eine Tochter im Teenageralter, die nicht das leibliche Kind des Mannes war. Einmal waren Mutter und Tochter bei mir. Die Mutter gestand mir, dass das Mädchen in der Schule Schwierigkeiten gehabt hatte – nichts wirklich Ernstes – und dass sie sich darum gekümmert hatte. Sie bat mich, ihrem Mann nichts davon zu verraten, und ich versprach es, obwohl mir dabei unwohl war, denn ich sah mich gerne als einen vertrauenswürdigen Berater. Doch nur allzu bald wurde ich daran erinnert, wie kompliziert es werden kann, mit einer Familie auf diese Art zu arbeiten.

Etwa zwei Wochen später kamen die Eltern gemeinsam zu mir. Sie hatten immer viel gestritten, doch jetzt schien es ihnen ganz gut zu gehen. Die Atmosphäre war leicht und eher jovial; sie berichteten, dass es mit ihrer Tochter allmählich besser gehe. Im Verlauf des Gesprächs verriet ich aus Versehen, was mir die Mutter anvertraut hatte. Sobald die Worte meinen Mund verlassen hatten, wurde mir bewusst, was ich getan hatte. Der Vater schaute mich überrascht

253

an, die Mutter verlor die Fassung und fing an, mich anzuschreien. Ich holte meine besten Therapeuten-Fähigkeiten hervor, entschuldigte mich ausgiebig und versuchte, der Situation eine andere Perspektive zu geben, doch nichts konnte die Wut dieser Frau mildern. In dem Augenblick, als sie mich zu beschimpfen anfing, fühlte ich eine Art Schockwelle in meinem Solarplexus, als hätte mir jemand in die Magengrube geschlagen. Die Sitzung war bis dahin so nett gewesen, dass ich völlig offen und ungeschützt war.

Nachdem sie ein paar Minuten lang (die mir ewig erschienen) gewütet hatte, stürmte sie aus der Praxis, während ihr Mann und ich versuchten, uns von dem Bombardement zu erholen. Wir lachten sogar ein wenig, als ich meinte, er sei sicher froh, dass ich diese Attacke abgekriegt habe und nicht er. Nachdem er gegangen war, merkte ich, wie übel mir war. Ich bin mir sicher, sie hatte keine Ahnung, welch eine starke Auswirkung ein derartiger Wutanfall auf einen anderen Menschen haben kann oder was es mit mir auf spiritueller Ebene getan hatte. Mildere Formen von Fremdenergien kann man gut selbst behandeln, doch in diesem Fall hatte ich das Gefühl, dass ich jemanden brauchte, der in schamanischer Extraktion ausgebildet war.

Ich arbeitete mich noch durch die nächsten paar Klienten und rief dann sofort eine Kollegin von mir an, die auch schamanisch arbeitet. Sie war bereit, zu mir zu kommen und nachzusehen, was da in meinen Körper gefahren sein mochte. Sie arbeitete mit mir und fand nach ihren eigenen Aussagen eine »eklige, klebrige, faserige Masse«, die sie erfolgreich entfernte. Ich war froh, dass wir es so schnell beheben konnten. Natürlich sah ich die Frau, die so gewütet hatte, nie wieder. Es war mir nur recht.

Flüche

Als Fluch bezeichnen wir eine bestimmte Art von Fremdenergie, die sich oft als Schwert, Dolch, Speer oder Pfeil zeigt, aber es gibt auch andere Bilder, die für diese Art von Fremdenergien stehen. Ein Fluch entsteht immer durch die bewusste oder unbewusste Wut eines anderen. Wenn die Person, die den Fluch aussendet, sehr stark ist, kann selbst ein anhaltender Gedanke der Verdammung oder eine große innere Wut in einer negativen Energie zum Ausdruck kommen und sich an den Betroffenen heften.

Sehr sensible Menschen sind für solche Dinge tendenziell anfälliger, vor allem wenn sie sich nicht schützen. Wer weiß, dass er sich in eine Situation begeben wird, in der er Ärger oder wütende Gedanken abbekommen kann, sollte sich unbedingt wie beschrieben schützen. Wenn Sie in irgendeinem Teil Ihres Körpers chronische Schmerzen haben – vor allem auf der Rückseite –, sollten Sie die Möglichkeit erwägen, dass Ihnen jemand einen Fluch aufgeladen hat. Weil Sie nicht geschützt waren, konnte er sich in Ihrem Energiekörper festsetzen. Die andere Person hat es vielleicht vollkommen unbewusst getan, vielleicht aber auch absichtlich.

In alten indigenen Kulturen ist das Konzept des Verfluchens sehr verbreitet, aber in der heutigen Gesellschaft denken wir nicht mehr an so etwas. Ist jemand in seiner Kraft, zum Beispiel wenn er in Verbindung mit seinem Krafttier steht, ist es unwahrscheinlich, dass sich ein Fluch an ihm anhaften kann. Doch wenn Sie ungeschützt sind und Ihre Schutztiere nicht gerufen haben, sind Sie für die Wut und den Ärger anderer offen.

Falls Sie merken, dass Sie sich immer wieder durch die negativen Ausbrüche von anderen verletzt fühlen, sollten Sie lernen, sich auf die zuvor beschriebene Weise zu schützen. Dann brauchen Sie sich nicht mehr als Opfer dessen zu fühlen, was andere auf Sie projizieren.

Wenn Sie irgendwie mit Schamanismus, Erdmagie oder anderen Formen spiritueller Heilung arbeiten, ist es doppelt wichtig, dass Sie aufmerksam dafür werden, wann Sie Wut oder Ärger auf andere projizieren. Durch die Arbeit mit Ihren Geisthelfern entwickeln Sie Kraft – das bedeutet, dass Sie auch lernen müssen, mit Ihrer Wut umzugehen, ähnlich wie Luke Skywalker in *Krieg der Sterne:* Er wird von seinem Vater in Versuchung geführt, sich der »dunklen Seite« anzuschließen. Oder Frodo Bagglns in *Herr der Ringe*, der mit dem Ring der Kraft gelockt wird. Das bedeutet nicht, dass Sie Ihre Wut unterdrücken oder leugnen sollen, sondern vielmehr, dass Sie Ihren Ärger nicht an anderen auslassen. Je mehr psychische Kraft Sie haben, desto größer ist die Gefahr, jemanden damit zu verletzen.

Es ist auch möglich, sich selbst zu verfluchen. Wenn Ihr Selbstwertgefühl niedrig ist, neigen Sie dazu, sich entweder im Stillen oder öffentlich herunterzuputzen oder dieses Bild auf andere zu projizieren und sie scharf zu kritisieren. Es scheint dem anderen in der Regel nichts anzuhaben, wenn Sie nur ab und zu ein Urteil über jemanden haben; aber wenn es mit Ärger oder Selbstgerechtigkeit einhergeht, ist die Chance größer, dass es in den Energiekörper des anderen eindringt und ihm Energie raubt.

Flüche entfernen

Es gibt verschiedene Möglichkeiten, einen Fluch zu entfernen. Sie können es im Rahmen einer geführten Meditationsreise tun oder jemanden bitten, der schamanisch ausgebildet ist, Ihnen eine schamanische Heilung zu geben. Flüche, die sich als Schwerter, Dolche oder dergleichen zeigen, sind leicht zu entfernen. In der folgenden Übung beschreibe ich, wie Sie das für sich selbst durchführen sollten. Sie können sich daraus selbst ableiten, wie Sie es für jemand anderen machen.

Übung: Flüche entfernen

Setzen Sie sich aufrecht auf einen Stuhl, sodass Ihr Rücken frei ist (lehnen Sie sich also bitte nicht an!). Sie sollten überall um sich herum ungefähr 30 Zentimeter Platz haben. Schließen Sie die Augen und bitten Sie Ihre Geisthelfer, Ihnen zu zeigen, ob es in Ihrem Rücken irgendwelche Schwerter, Dolche oder dergleichen gibt. Achten Sie auf das, was sich Ihnen innerlich zeigt. Sollte da etwas sein, rufen Sie Erzengel Michael. Sehen Sie, wie er mit seinem Schwert der Wahrheit neben Ihnen steht, oder spüren Sie seine Präsenz. Bitten Sie ihn, alle Flüche aus Ihrem Körper zu entfernen. Er wird herausziehen, was immer da ist, und Sie werden in dem Bereich, wo er arbeitet, etwas spüren. Lassen Sie sich einfach darauf ein.

Sie können auch statt Erzengel Michael Ihren Geisthelfer darum bitten, der Ihnen bei Heilungen an anderen hilft. Es kann Ihr Krafttier sein oder ein anderes Geistwesen. Oder Sie bitten einen Freund oder Bekannten, der sich mit diesen Dingen auskennt, dass er Ihnen die Pfeile oder was auch immer entfernt. Diese Person sollte jedoch auf jeden Fall zuerst mit Ihrem Geisthelfer verbunden sein.

Vielleicht ahnen Sie intuitiv, von wem der Fluch stammt. Es geht hier nicht darum, irgendjemanden zu dämonisieren, sondern um die Information, dass Sie sich in Gegenwart dieser Person besser schützen sollten.

Vorsicht: Bitte seien Sie vorsichtig! Man kann leicht in eine Hexenjagd-Mentalität verfallen und anfangen, seine Ängste und seinen Ärger auf andere zu projizieren, und behaupten, diese Menschen würden einen verfluchen. Lassen Sie diese Dinge nicht zur fixen Idee werden. Wenn sich jemand über Sie ärgert, bedeutet das noch lange nicht, dass Sie hinterher eine Fremdenergie mitschleppen. Im Allgemeinen werfen die Leute nicht einfach so mit Flüchen um sich. Aus psychologischer Sicht kann die Idee, jemand habe Sie verflucht, auch das Produkt Ihrer eigenen Verdrängung und Projektion sein. Das heißt, Sie selbst sind sehr wütend oder ängstlich, aber Sie gestehen es sich nicht ein. So oder so schadet es nicht, sich regelmäßig zu reinigen.

Reinigung nach einer Extraktion

Wenn ich eine Extraktion gemacht habe, reinige ich mich immer hinterher, für den Fall, dass ich etwas von der entfernten Energie aufgenommen habe. Noch in schamanischer Trance stelle ich mir gewöhnlich ein Feuer neben mir vor. Ich halte meine Hände über Großvater Feuer und danke ihm, dass er alle toxischen Energien verbrennt. Es dauert meistens nur ein paar Sekunden, bis sich alles transformiert hat.

Sie können auch nach draußen gehen, mit Ihren Füßen den Kontakt zur Erde wahrnehmen und sich vorstellen, wie alle restlichen Gifte aus Ihrem Körper in die Erde fließen. Die Erde transformiert das alles in lebensförderliche, positive Energien. Am besten tun Sie dies barfuß, und noch besser legen Sie auch Ihre Hände auf die Erde. Oder Sie schütteln alles ab. Auch dafür gehen Sie ins Freie und schütteln sich, wie ein Hund das Wasser aus seinem Fell schüttelt.

In Peru nennt man die Erdmutter »Pachamama«. Man ist überzeugt, dass Pachamama alle negativen Energien willkommen heißt, weil sie sie transformiert. Im Gegensatz zu materiellen Abfallstoffen wie Chemikalien und dergleichen fügen Sie der Erde mit diesen negativen Energien also keinen Schaden zu.

25. Kapitel

DNA und Fernheilung

Je mehr die Wissenschaftler über die DNA entdecken, desto mehr wird sie auch als eine Ebene für spirituelle Heilung erkannt. Wir haben heute ein visuelles Modell, die Doppelhelix, das uns helfen kann, deutlicher zu sehen, woran wir während der Heilungsreise arbeiten. Ich habe mich mit meinen Geisthelfern über dieses Thema beraten und sie haben mir gezeigt, dass Probleme in den Genen repariert werden können.

Ich erhielt auch Informationen über die Parallelen zwischen DNA, dem Geist der Schlange und der Wirbelsäule. Mir wurde gezeigt, dass die Medulla oblongata (ein Teil des Hirnstamms, direkt am oberen Ende der Wirbelsäule) dem Kopf der Schlange entspricht und der Rest der Wirbelsäule ihrem Körper, bis hin zum Schwanz am Steißbein. Ich bin nicht chiropraktisch ausgebildet und habe keine detaillierten Kenntnisse in Anatomie, aber mit der Schlange als meinem Führer wurde mir gezeigt, wie ich durch sanfte Manipulationen in Bereichen, die mit anderen Körperteilen in Verbindung stehen, Heilung bewirken kann. Dies sind intuitive, geführte Bewegungen; ich tue also genau das, was mir aufgetragen wird.

Wenn Sie dieses Thema interessiert, empfehle ich Ihnen sehr das Buch *Die kosmische Schlange* von Jeremy Narby, in dem er eine überzeugende Verbindung zwischen Schamanismus und DNA herstellt. Narby meint, dass die Bilder, Visionen und Mythologien von Schlangen, die in vielen indigenen Kulturen auftauchen, die Art repräsentieren, wie sich Schamanen auf diesen Grundbaustein des Lebens eingeschwungen haben, den wir heute DNA nennen. Damals hat sich die DNA den Schamanen eben in Schlangenform gezeigt.

Dieser ganze Bereich der DNA-Heilung ist reif, sehr viel mehr erforscht zu werden, denn er bietet viele Möglichkeiten der spirituellen und/oder schamanischen Heilung auf sehr grundlegender Ebene. Um dies weiter zu erkunden, können Sie folgende Übung machen: eine Reise zu Ihrer DNA.

Übung: Reise zur Doppelhelix

Dies ist eine Reise in die Mittlere Welt. Sie können sie für sich selbst durchführen oder für jemand anderen, wenn diese Person einverstanden ist. Ich hole immer das Einverständnis meiner Klienten ein, bevor ich mit ihnen arbeite. Bei Kindern oder Jugendlichen unter 18 bitte ich die Eltern um Erlaubnis. Nehmen wir an, Sie machen diese Reise für jemand anderen, der ein körperliches Problem hat, für das er sich Heilung wünscht.

Sie bereiten sich auf die übliche Weise auf die Reise vor. Rufen Sie Ihr Krafttier oder ein Geisttier, das mit Ihnen heilerisch arbeitet (oder beide, wenn Sie möchten). Rufen Sie auch die Schlange. Durch ihre Verbindung mit der DNA steuert sie heilende Medizin bei. Bitten Sie Ihr Krafttier, sie zu dem beschädigten Teil der DNA zu bringen. Ich reise bei solchen Gelegenheiten (genau genommen bei allen schamanischen Heilungen) immer mit Großvater, dem Raben und der Schlange.

Die Reise wird dann ein bisschen wie in dem Film *Die fantastische Reise:* Sie und Ihre Geisthelfer werden winzig klein und gehen in den Körper der Person. Sie lassen sich dann zu einem DNA-Strang führen, der vielleicht genauso aussieht wie in den Lehrbüchern, vielleicht aber auch anders. Auf jeden Fall werden es zwei ineinander gewundene Spiralen sein. Bitten Sie Ihr Krafttier, Sie zu dem beschädigten oder verwundeten Segment mitzunehmen, und achten Sie darauf, wie es aussieht. Bitten Sie dann Ihre Geisthelfer, den Schaden zu beheben. Vielleicht reden sie mit der DNA, vielleicht singen sie oder senden ihr liebevolle Energie, bis sie sich selbst heilt. Mein Rabe frisst das beschädigte Teil meistens auf, verdaut es und scheidet es dann wieder aus. Aus den Ausscheidungen bildet er dann einen Ersatz für das beschädigte Teil und baut es ein. Ein bisschen merkwürdig, aber ich vertraue auf das, was mir gezeigt wird.

Vielleicht erhalten Sie auch Informationen, wie es zu dem Schaden kam: Ist er erblich bedingt? War er das Ergebnis von etwas, das die Person getan oder unterlassen hat? Ist er durch eine traumatische Erfahrung entstanden? Oder durch Drogen- oder Alkoholmissbrauch? Das sind wichtige Informationen, die Sie dem Klienten vermitteln können, wenn und wann es angemessen ist.

Zum Schluss danken Sie Ihren Geisthelfern, kehren in die gewöhnliche Wirklichkeit zurück und berichten Ihrem Klienten, was geschehen ist. Diese Art von Heilung sollte noch zwei Mal wiederholt werden, um ihre größte Wirkung zu zeigen. Ohne einem bestimmten Ergebnis verhaftet zu sein, sollten Sie nach ein paar Wochen bei Ihrem Klienten nachfragen, wie es ihm ergeht.

Fernheilung

Fernheilung bedeutet, dass Sie als Heiler nicht am gleichen Ort sind wie der Klient. Bei der Fernheilung sind drei Prinzipien wirksam: zum Ersten die Tatsache, dass wir alle energetisch miteinander verbunden sind. Die Mystiker erzählen uns das schon seit Jahren, und die Quantenphysiker haben es aus wissenschaftlicher Sicht bestätigt. Das zweite Prinzip: Die Kraft fließt dorthin, wo die Aufmerksamkeit ist. Und zum Dritten: Denken Sie immer daran, dass Sie kraftvolle spirituelle Verbündete haben, die Ihnen gerne helfen.

Angesichts dieser drei Prinzipien ist leicht zu erkennen, wie Fernheilung funktionieren kann. Alle Heiltechniken, die in diesem Buch vorgestellt wurden, lassen sich auch über Entfernungen hinweg durchführen. Mit dem Stichwort »Aufmerksamkeit« ist hier sowohl jene des Verstandes als auch die des Herzens gemeint. Wenn Sie die Aufmerksamkeit auf eine Person fokussieren, können Sie für sie ein Krafttier oder einen Seelenteil zurückholen, eine Extraktion oder eine energetische Heilung vornehmen.

Vor einigen Monaten rief in meiner Radiosendung jemand an und bat um eine Heilung. Ich hatte noch nicht viel Erfahrung in Fernheilung und war überzeugt, dass es wirksamer sei, mit jemandem zu arbeiten, der körperlich anwesend ist. Doch in jenem Augenblick sagte etwas in mir, ich solle mich darauf einlassen. Wahrscheinlich wollte mich der *Spirit* ein wenig schubsen, damit ich meine eingefahrenen Überzeugungen infrage stellte. Man kann im Radio nicht lange schweigen; also ging ich ans Werk und erklärte gleichzeitig, was ich tat.

Ich bat die Anruferin, sich bequem hinzusetzen und leicht und regelmäßig zu atmen. Ich ging auf eine Reise, genau wie jede diagnostische Reise, nur schneller. Ich rief Großvater und den Raben, und sie erklärten mir sofort, dass ich eine Seelenrückholung machen sollte. Also reisten wir in die Untere Welt, wo ich einen dissoziierten Seelenaspekt der Frau fand, den ich in die gewöhnliche Wirklichkeit mit zurückbrachte. Ich bat die Anruferin, sich gerade hinzusetzen, und erklärte ihr, ich würde jetzt den Seelenteil zuerst von oben in ihren Schädel und dann in den Bereich ihres Herzens blasen. Während ich das tat, hörte ich, wie sie tief atmete und leicht stöhnte.

Ich vollendete den Prozess wahrscheinlich in Rekordzeit – immerhin war ich auf Sendung. Ich beschrieb ihr, was ich erlebt hatte, welche Art von Seelenteil ich zurückgebracht hatte, und fragte sie, wie sie sich fühlte. Sie erzählte, sie empfinde eine angenehme Fülle, die vorher nicht da gewesen sei; es gehe ihr gut. Ich bat sie, nach einer Weile mit mir Kontakt aufzunehmen und mich wissen zu lassen, wie es ihr erging. Ein paar Wochen später schrieb sie mir eine Mail und berichtete, dass sie sich ganz anders fühle als zuvor: selbstbewusster und mehr im Leben stehend.

Es gab weitere Situationen, wo ich im Radio um eine Fernheilung gebeten wurde, und ich machte eine Sendung allein über dieses Phänomen. Es sieht so aus, als würde ich in Zukunft mehr Fernheilungen geben, da ich darum gebeten werde und erfahren habe, dass es funktioniert.

26. Kapitel

Die Heilung von Mutter Erde

In diesem letzten Kapitel wollen wir ein paar Möglichkeiten erkunden, wie wir die Heilung unserer Mutter Erde fördern und zu unserem Zeitpunkt der Geschichte das Gleichgewicht auf praktischer Ebene bewahren können.

Gaia

Der britische Wissenschaftler und Erfinder James Lovelock entwickelte in den 1960er-Jahren die Theorie der Erde als Organismus. Zu jener Zeit arbeitete er mit einem NASA-Team an der Frage, ob es auf dem Mars Leben gäbe, und sie kamen zu dem Schluss, dass es unmöglich sei. Dies führte zu weiteren Forschungsarbeiten, die ihn schließlich zur Gaia-Theorie bewegten. Gaia ist der griechische Name der Erdgöttin. Die Essenz dieser Theorie besagt, dass sich die Erde mit einem selbst regulierenden Organismus vergleichen lässt. Im folgenden Artikel wird dies näher erklärt:

> Die Gaia-Theorie besagt, dass sich die organischen und anorganischen Komponenten des Planeten Erde als lebendiges, selbst regulierendes System entwickelt haben. Sie geht davon aus, dass dieses lebendige System automatisch die globale Temperatur, die atmosphären Bedingungen, den Salzgehalt der Meere und andere Faktoren steuert, um seine Bewohnbarkeit zu bewahren. In einem Satz gesagt: »Das

264

Leben erhält die Bedingungen aufrecht, die es zu seinem Überleben braucht.« Aus dieser Sicht kann man sich das lebendige System der Erde analog zu den Funktionen eines individuellen Organismus vorstellen, der seine Körpertemperatur, die Inhaltsstoffe seines Blutes etc. steuert. Zum Beispiel hat die Leuchtkraft der Sonne – der Wärmequelle der Erde – seit Anbeginn des Lebens vor etwa vier Milliarden Jahren um etwa 30 Prozent zugenommen, doch das lebendige System hat sich so angepasst, dass Temperaturen aufrechterhalten blieben, die Leben ermöglichen.[20]

Globale Erwärmung

Die Erde reguliert sich im Wesentlichen auch durch Kohlendioxid und andere Gase, die für die Erwärmung der Erdoberfläche, das Einfangen der Sonnenwärme und die Bewohnbarkeit des Planeten entscheidend sind. Das Problem ist, dass durch das Verbrennen fossiler Brennstoffe wie Öl, Kohle und Erdgas der Kohlendioxidgehalt in der Atmosphäre rapide gestiegen ist. Und da wir die Wälder mit einem Tempo von 13 Millionen Hektar pro Jahr vernichten, gibt es immer weniger Bäume, um dieses Kohlendioxid zu transformieren. Das Ergebnis: Die Temperatur auf der Erde steigt.

Al Gore ist zu einem hoch geschätzten Sprecher gegen die globale Erwärmung geworden, der nicht nur die Probleme anprangert (etwa in zahlreichen Vorträgen und in dem Film *Eine unbequeme Wahrheit*), sondern auch Lösungen bietet. Wie wahr das alles ist, wird immer deutlicher, je mehr wir mit den Konsequenzen konfrontiert werden. Es gibt dokumentierte Beweise für die globale Erwärmung, zum Beispiel die Zunahme schwerer Wirbelstürme in den letzten 30 Jahren, das seit vor 10 Jahren doppelt so schnelle Abschmelzen der Gletscher Grönlands sowie die Umsiedelung von rund 300 Tier- und Pflanzenarten in die Nähe der Pole.

[20] www.gaiatheory.org

Das sind nur ein paar Beispiele. Wenn die Erwärmung weitergeht und das Eis in Grönland und der Antarktis weiterhin schmilzt, ist zu befürchten, dass der Meeresspiegel weltweit um bis zu 6 Meter steigt, dass es zu stärkeren Hitzewellen kommt, es mehr Dürreperioden und Waldbrände gibt und bis zum Jahr 2050 eine Million Tier- und Pflanzenarten zusätzlich ausgestorben sein könnten. Das sind keine schönen Aussichten, aber wenn wir annehmen, dass Gaia ein sich selbst regulierender Organismus ist, dann ist alles, was an natürlichen Prozessen hier vor sich geht, ihre Art, für einen Ausgleich ihres Systems zu sorgen.

Ich bin trotz all dieser schwerwiegenden Probleme fest davon überzeugt, dass wir die herrschende Tendenz umkehren können. Es wird allerdings großer Bemühungen auf individueller, kommunaler, politischer und globaler Ebene bedürfen. In unserem Zusammenhang wollen wir uns auf die individuelle und kommunale Ebene konzentrieren.

»Hört auf, sie krank zu machen!«

Als der Lakota-Älteste Wallace Black Elk (Schwarzer Hirsch) gefragt wurde, wie wir Mutter Erde heilen können, antwortete er: »Sie kann sich selber heilen; wir müssen nur aufhören, sie krank zu machen!« Wir wollen uns hier also überlegen, wie wir unserem krank machenden Tun Einhalt gebieten können, gefolgt von Segnungen und Dank für alles, was Mutter Erde für uns tut.

Die Nachrichten, was mit dem Klimawandel auf der Erde passiert, können beängstigend sein. Für manche sind sie so traumatisch, dass sie sich psychisch und emotional dagegen abschotten. Ein guter Weg, mit dieser Situation umzugehen, besteht darin, aktiv zu werden. Und es ist auf jeden Fall die Mühe wert, denn unser Tun kann nicht nur das Gleichgewicht wiederherstellen helfen, sondern auch unseren Ururenkeln die Chance geben, noch im Garten spielen zu dürfen.

Mein Freund Chris Prelitz ist ein umweltfreundlicher Bauunternehmer und Autor des Buches *Green Made Easy*. Darin macht er verschiedene Vorschläge, wie wir unsere Gewohnheiten ändern können, um den Planeten gesünder zu machen. Dazu zählt zum Beispiel, nachfüllbare Flaschen statt Plastikflaschen zu verwenden. Die Herstellung der ca. 70 Millionen Flaschen Wasser, die in den USA täglich konsumiert werden, erfordern 1,5 Millionen Barrel Rohöl pro Jahr. Und 86 Prozent dieser Flaschen werden nicht recycelt!

Eine der interessantesten und nützlichsten Vorschläge von Chris betrifft unsere Essgewohnheiten:

> Zu den umweltfreundlichsten Dingen, die Sie tun können, gehört, weniger Fleisch und Milchprodukte zu essen. Manche Leute, die gerne solche Berechnungen anstellen, meinen, eine vegetarische Ernährung habe einen größeren positiven Einfluss auf die Umwelt als die Verwendung eines Hybrid-Autos. Fleisch und Fisch enthalten wichtige Proteine, aber die Ernährung der meisten Amerikaner enthält viel zu viel Protein, fast das Doppelte der empfohlenen Menge. In der Vergangenheit war die wöchentliche Fleischmahlzeit etwas Besonderes. Durch die Intensivierung der Landwirtschaft essen wir heutzutage mehr Fleisch als je zuvor. Und Rindfleisch ist dabei das umweltschädlichste von allen.

- Die Viehhaltung ist für 18 Prozent der globalen Treibhausemissionen verantwortlich; das ist mehr als die Emissionen aller Verkehrsmittel der Welt zusammen.

- Der Futteranbau für Vieh erfordert ungefähr die Hälfte des gesamten Wasserverbrauchs der USA.

- Von einem Hektar Land, das mit essbaren Pflanzen bebaut ist, können 20-mal so viele Menschen leben wie von einem Hektar Land, das durch Vieh genutzt wird.

- Fast 80 Prozent der Landwirtschaftsfläche der USA dienen der Viehhaltung.

Wie Chris sagt: Auch kleine Veränderungen von Gewohnheiten summieren sich. Und ich empfehle dabei immer, nach Verbesserung zu streben, nicht nach Vollkommenheit. Ich habe die meisten Glühbirnen in meinem Haus durch Energiesparlampen ersetzt und schalte das Licht aus, wenn ich einen Raum verlasse. Ich trinke mein Wasser aus Edelstahlflaschen, ich ernähre mich vorwiegend von biologisch angebauten Nahrungsmitteln und hauptsächlich vegetarisch, und ich spende einer Organisation für Wiederaufforstung. Vor Kurzem habe ich einen Motorroller gekauft, der auf 100 Kilometer knapp 5 Liter verbraucht, und ich warte sehnsüchtig darauf, dass Elektroautos erschwinglich werden. Ich plane, auf meinem Haus Solarzellen installieren zu lassen, einen Kompostierer zu kaufen und mir ein Fahrrad zuzulegen. Es gibt immer noch mehr, was man tun kann, und ich glaube, dass wir die globale Erwärmung in den Griff bekommen können.

Eine weitere gute Tat besteht darin, Textiltaschen mit zum Einkaufen zu nehmen. Plastiktüten vermüllen nicht nur die Landschaft, sie richten auch im Meer großen Schaden an. Viele Vögel, Wale, Seehunde und Meeresschildkröten sterben jedes Jahr, weil sie Plastik verschluckt haben. Der Verrottungsprozess kann bei einer Plastiktüte zwischen 15 und 1000 Jahre dauern.

Während ich dies schreibe, erwägt unser Stadtrat hier in Laguna City, Plastiktüten zu verbieten, wie es in Malibu schon geschehen ist. Das ist ein sehr gutes Beispiel, was auf lokaler und kommunaler Ebene möglich ist. Auch Unternehmen werden aktiv. Die Bio-Supermarktkette Whole Foods Market hat aus ihren Läden alle Plastiktüten entfernt und bietet feste, große Taschen an, die zu 100 Prozent aus Abfällen bestehen, oder eben Taschen aus Stoff. Sie können den Vorschlag Ihrem eigenen Stadtrat nahelegen und auch die Leiter der Läden ansprechen, in denen Sie einkaufen.

Im Anhang finden Sie einige Internetseiten mit weiteren Informationen, zum Beispiel www.terrapass.com.[21]

Jetzt wissen Sie zumindest um einige Möglichkeiten, wie Sie dazu beitragen können, die Erde »weniger krank zu machen«. Also wollen wir uns jetzt den Segnungen und der Dankbarkeit zuwenden.

Segnungszeremonien

Der Sinn einer Segnungszeremonie besteht darin, auf fokussierte Art Liebe und Dankbarkeit zum Ausdruck zu bringen. Sie können das jederzeit alleine tun, aber auch mit Freunden und Familienmitgliedern. Bei dieser Art von Zeremonien bildet wie bei allen heiligen Zeremonien die Absicht den wichtigsten Bestandteil. Manchmal ist eine ganz schlichte, einfache Zeremonie der beste und eleganteste Weg, um Mutter Erde unseren Segen zukommen zu lassen.

– **Segnen der Nahrung:** Im christlichen Kontext nennt man es ein Tischgebet. Wesentlich ist dabei das Innehalten und das Würdigen der Nahrung, die vor einem steht. Wenn wir das Gemüse nicht gerade im eigenen Garten gezogen oder das Tier selbst geschlachtet haben, sind wir dem Werdegang unserer Nahrung oft entfremdet. Ich halte vor einer Mahlzeit gerne inne und sage ein Dankgebet, manchmal im Stillen, und wenn die anderen offen dafür sind, auch laut. Es ist ganz einfach:

Danke, Schöpfer, danke, Mutter Erde, für diese Nahrung,
die ich gleich zu mir nehme.

---

[21] In der amerikanischen Originalausgabe wird hier auch der Link www.climatecrisis.net/thescience aufgeführt. Zum Zeitpunkt der redaktionellen Bearbeitung der deutschen Ausgabe gibt es zwar noch die Website www.climatecrisis.net, doch die spezielle Seite ist derzeit nicht aufzufinden. (Anm. d. Red.)

Danke für die Wesen, die ihr Leben gaben,
damit ich meines fortsetzen kann.
Bitte segne die Seelen der Pflanzen und der Tiere,
deren Körper wir hier essen.
Danke auch dafür, dass du diese Nahrung
von allen negativen Energien reinigst
(besonders wichtig, wenn man außer Haus isst).
Danke für diese Nahrung,
dank der ich weiterleben und andere nähren kann.

– Segnen des Wassers: Nur selten halten wir inne, um jenes zu würdigen, was die Urvölker Amerikas unser »Lebensblut« nennen. Wasser ist für unsere Gesundheit und unser Wohlbefinden noch wichtiger als Nahrung. Wir können tagelang ohne Nahrung auskommen, aber nicht so lange ohne Wasser. Wir können mit dieser simplen Geste unsere Wertschätzung allein und mit anderen ausdrücken.

Nehmen Sie ein volles Glas Wasser, am besten Quellwasser; gefiltertes Wasser wäre die zweite Wahl. Es sollte in einem Gefäß aus Glas sein, nicht aus Plastik. Halten Sie das Wasser empor und sprechen Sie dabei ein Dankgebet an die Meere, Flüsse, Bäche und den Regen, dass sie Ihnen dieses Wasser heute zukommen ließen. Danken Sie auch dem Schöpfer und Mutter Erde. Wenn Sie bereit sind, trinken Sie das Wasser langsam. Achten Sie darauf, wie es in Ihren Körper fließt, über die Zunge in die Kehle und in den Magen. Wenn Sie ausgetrunken haben, stellen Sie das Glas ab und verweilen noch ein wenig in tiefer Wertschätzung dieser wundervollen und lebenswichtigen Substanz.

– Segnen des Landes: Bitten Sie Ihre Geisthelfer bei diesem Segen um Hilfe, vor allem Ihre Geisttiere. Sie können es alleine oder mit anderen tun. Für das Land, auf dem Sie leben, stellt es einen großen Segen dar. Sie können dabei eine Rassel verwenden oder einfach Ihre Hände: Entlocken Sie Ihrem »Instrument«

Geräusche und Töne, während Sie um das ganze Grundstück herumwandern, das Sie segnen.

Zunächst stehen Sie an einem Ort auf dem Land und schauen es sich an. Spüren Sie den Boden unter den Füßen, achten Sie auf die Farben, die Klänge und das Wetter. Bemerken Sie, wie es sich anfühlt, einfach zu stehen und die Luft auf diesem Stück Erde zu atmen. Danken Sie Mutter Erde und allen Wesen, die auf diesem Land leben, auch den Insekten, Pflanzen, Tieren und natürlich den Menschen. Dann gehen Sie langsam umher und achten darauf, was Sie sehen. Ihre Hände halten Sie nach vorne, mit den Handflächen nach unten. Während Sie so umherwandern, flüstern Sie Gebete der Dankbarkeit und des Segens. Lassen Sie die Kraft des *Spirits* durch Ihre Hände in das Land fließen. Wenn Sie eine Rassel dabei haben, rasseln Sie sanft, während Sie gehen.

Lassen Sie sich Zeit und genießen Sie es. Indem Sie auf diese Art Ihren Segen darbieten, reinigen Sie das Land. Mit einer größeren Gruppe können Sie sich auch in einem Kreis aufstellen, die Zeremonie mit einem Gebet eröffnen und dann alle einladen, spontan ihre Gebete zum Ausdruck zu bringen. Sobald dies vollständig ist, können alle wie beschrieben über das Land gehen, ähnlich wie wir es auch bei der spontanen Segnungszeremonie für meine Freunde gemacht haben.

– Erdheilungszeremonie: Sie können diese Zeremonie mit einer Gruppe von Freunden machen, idealerweise im Freien. Es können nur ein paar wenige sein oder eine große Gruppe. Alle versammeln sich in einem Kreis. Wenn es passt, können Sie selbst oder andere sanft trommeln oder rasseln. Der Rhythmus sollte etwa 1 Schlag pro Sekunde sein. So lässt sich die Gruppe leicht zusammenbringen. Nach ein paar Minuten werden die Instrumente beiseite gelegt.

Lassen Sie vor dem nächsten Schritt ein paar Augenblicke in Stille verstreichen. Nun nehmen sich alle an den Händen. Sie als Leiter bitten alle, sich auf ihre Liebe zur Erde zu konzentrieren.

Dann sprechen Sie folgendes Gebet:

Großer Geist, wir kommen demütig zu dir.
Mit offenem Herzen beten wir
zu den Kräften der Schöpfung,
Großvater Sonne, Großmutter Mond,
zu Mutter Erde und unseren Ahnen.
Wir beten zu all unseren Verwandten in der Natur,
zu all jenen, die gehen, kriechen, fliegen und schwimmen können,
zu den sichtbaren und den unsichtbaren,
zu den guten Geistern, die es in jedem Teil der Schöpfung gibt.
Wir bitten euch, unsere Alten, unsere Kinder,
Familien und Freunde zu segnen.
Danke, dass ihr uns die Kraft und den Mut gebt,
mit dem umzugehen, was vor uns liegt.
Danke, Großer Geist, dass du immer bei uns bist,
uns immer den Weg zeigst.
Danke, Mutter Erde, für deine Fülle,
für den Segen, mit dem du uns jeden Tag beschenkst.
Danke für die Substanz unseres Körpers
und dafür, wie du uns erhältst und ernährst.
Hilf uns, Wege zu finden, wie wir unsere Beziehung zu dir
und zu allen deinen Kindern im Gleichgewicht leben können.
Lehre uns, leicht auf dir zu gehen
und immer deine Anmut und Schönheit zu erkennen.
Großer Geist, möge unsere Mutter Erde gesund und heil sein,
möge ich immer die Schönheit über mir erkennen,
möge ich immer die Schönheit unter mir erkennen,
möge ich immer die Schönheit in mir erkennen,
möge ich immer die Schönheit um mich erkennen.
Ich bitte darum, dass diese Welt mit Frieden,
Liebe und Schönheit erfüllt sei.

Nun bitten Sie alle, sich umzuwenden und nach außen zu schauen. Dann erheben alle ihre Arme mit den Handflächen nach außen und senden ihre Liebe für Mutter Erde und all ihre Kinder durch ihre Hände. Nach ein paar Minuten können alle die Hände wieder sinken lassen. Schließen Sie die Zeremonie, indem Sie sagen: »*Danke, Großer Geist! Danke, Mutter Erde! So sei es!*«

Zeremonie der Seelenrückholung für Mutter Erde

Im Lauf der Jahrhunderte haben wir Menschen Mutter Erde vielfach verwundet und sie aufgrund des zuvor erwähnten Mangels an Bewusstsein und der kulturellen Dissoziation zur Befriedigung unserer eigenen Bedürfnisse geplündert. Wie bei einer traumatischen Verwundung eines Individuums hat dies auch bei der Erde zu großem Seelenverlust geführt. Hier folgt eine kraftvolle Zeremonie, um diese jahrhundertealten Verletzungen ihres Körpers und ihrer Seele zu lindern. Dieser Prozess der Seelenrückholung für unsere Mutter Erde kann beliebig oft wiederholt werden.

Am besten erfolgt er in einer Gruppe von mindestens 10 bis 12 Teilnehmern. Er ist leicht anzuleiten. Wie bei jeder anderen Meditationsreise oder schamanischen Reise verwenden Sie eine Trommel-CD oder trommeln selbst, wenn Sie die Reise im Freien anleiten. Sie können auch jemanden aus der Gruppe bitten, für alle zu trommeln und einen regelmäßigen Rhythmus von 4–7 Schlägen pro Sekunde zu halten.

Die Teilnehmer versammeln sich in einem Kreis; sie können dabei sitzen oder stehen (im Freien ist das Stehen vorzuziehen). Erklären Sie, was Sie vorhaben, nämlich zu verlorenen Seelenteilen der Erde zu reisen. Die Reise sollte etwa 8 bis 10 Minuten dauern. Sobald die Teilnehmer einen Seelenteil gefunden haben, bitten sie diesen Teil, in ihre Hände zu kommen, bringen die hohlen Hände mit der Essenz an ihr Herz und halten ihn dort, bis alle so weit sind.

Wahrscheinlich wird jede Person einen anderen Seelenaspekt der Erde gefunden haben, aber es kommt auch vor, dass zwei oder mehr etwas Ähnliches gefunden haben. Wenn jeder zurück ist und das Trommeln geendet hat, bitten Sie alle, den gefundenen Seelenteil mit Konzentration und entsprechender Absicht in die Erde zu blasen. Falls die Zeremonie im Freien stattfindet, kann jeder ein wenig umherwandern und seinen eigenen Platz finden, wo er die Energie in die Erde blasen möchte. Weisen Sie alle an, es nicht öfter als drei Mal zu tun. Wenn das getan ist, legt jeder die Hände auf die Erde und schickt ein paar Augenblicke lang den Seelenteilen seine Liebe und seinen Segen hinterher.

Zum Schluss versammeln sich wieder alle in einem Kreis und tauschen ihre Erfahrungen aus. Dieser kraftvolle Prozess kann heftige Gefühle hervorrufen und eine starke Gruppenbindung bewirken. Wenn jeder Gelegenheit hatte, sich mitzuteilen, schließen Sie die Zeremonie mit einem Gebet oder Lied, zum Beispiel mit dem Kreislied im 15. Kapitel (Abschnitt »Lösungszeremonie«: *I circle around ...*).

Natürlich sind dies nur einige wenige Segnungszeremonien. Ich lade Sie ein, kreativ eigene Ideen zu entwickeln, am besten gemeinsam mit Ihren Geisthelfern. Merken Sie sich einfach, dass Ihre aufrichtige Absicht und Ihre Inspiration die wichtigsten Bestandteile einer derartigen Zeremonie sind.

Nachwort

Als ich mit dem Schreiben dieses Buches begann, war meine
Absicht schlicht und eindeutig: Ich wollte altbewährte spirituelle
Heilungsmethoden darstellen, die auf dem traditionellen, univer-
sellen Schamanismus beruhen, also der Grundlage dessen, was ich
»Erdmagie« nenne. Ich war mir sicher, dass diese Prinzipien und
Praktiken nicht nur das Leben vieler verbessern können – Men-
schen, Pflanzen und Tiere –, sondern uns auch zu einer ausge-
glicheneren und innigeren Beziehung mit der Natur führen, zum
Beispiel durch die Einbeziehung von Erdgeistern und Elementen.
Dies erweitert auf ganz natürliche Weise unser Bewusstsein dafür,
wie magisch und kostbar unsere Mutter Erde ist. Wenn wir uns auf
diese Magie einlassen, fangen wir zum Beispiel an, ihr von Tag zu
Tag noch mehr unsere Liebe, Wertschätzung und unseren Segen
zukommen zu lassen. Während ich schrieb, merkte ich, dass ich
viel dazu zu sagen hatte. Immer mehr Ideen und Gedanken ström-
ten durch mich hindurch, bis ein Freund schließlich anmerkte,
ich könne ja auch noch etwas für das nächste Buch aufheben. Das
erschien mir eine brillante Idee!

Ich freute mich, einige Philosophien und Praktiken einbinden
zu können, die ich selten in Büchern über spirituelles Heilen dargestellt finde, wie das Ehren der Ahnen. Und ich meine damit
nicht nur unsere biologischen Vorfahren, sondern auch jene, die
einst auf dem Land gelebt haben, über das wir vielleicht gerade
gehen, und jene aus fernen Gegenden, mit denen wir uns auf mysteriöse Weise seelisch verbunden fühlen. Über Naturgeister ist
natürlich schon viel geschrieben worden; ich bin dankbar, dass ich
einige dieser Informationen in dieses Buch mit einfließen lassen
konnte. Es gibt so viele Ansichten über Naturgeister, dass ich nur

hoffen kann, diesen Wesen mit dem, was ich hier anbiete, gerecht geworden zu sein.

Der ursprüngliche Untertitel dieses Buches lautete »Ancient *Spiritual* Wisdom for Healing Yourself, Others, and the Planet« (»Heilende *spirituelle* Weisheiten für uns Menschen und für den Planeten«). Nachdem ich das Manuskript abgegeben hatte, wachte ich jedoch eines Morgens auf und erkannte, dass die Wahrheit dessen, worüber ich geschrieben hatte, eigentlich im Schamanismus und in der schamanischen Weisheit liegt. Ich war mir nicht sicher, ob eine Änderung noch möglich war, aber ich wollte es zumindest versuchen. Ich bin froh, dass durch diese kleine Veränderung alles mit dem Schamanismus verbunden wird. Das Wort »spirituell« war an dieser Stelle einfach zu allgemein.

In der heutigen Zeit findet auf unserem Planeten ein dramatischer Wandel statt. Wir werden von vielen Seiten gedrängt, unsere Lebensweise und unsere Beziehung zur Natur zu verändern. Die Praxis der Erdmagie bietet hilfreiche Techniken, um harmonischer in der Welt zu leben. Dies können wir an unsere Kinder und Kindeskinder weitergeben. Wie im Buch beschrieben, ist die Hauptaufgabe des Schamanen, die Balance zwischen Mensch und Natur zu gewährleisten. Ich bin der Ansicht, dass dies inzwischen nicht mehr nur die erste Priorität der Schamanen ist, sondern das vorrangige Ziel von uns allen sein muss.

Ein weiteres Signal, dass diese Welt im Ungleichgewicht ist – oder zumindest unsere Beziehung zu ihr –, erhalten wir durch die verschiedenen Krankheiten der Menschheit. Ich vermute, dass viele der lebensbedrohlichen Krankheiten, mit denen wir heute kämpfen, ihre Ursache in diesem disharmonischen Zustand haben. Ich vermute auch, dass sie verschwinden oder zumindest sehr stark zurückgehen könnten, wenn wir mehr im Gleichgewicht mit der Natur lebten. Ich vertraue darauf, dass die Ansätze und Methoden dieses Buches Ihnen und allen anderen, mit denen Sie zur Heilarbeit berufen werden, dienlich sind und damit auch unserem Planeten zugute kommen.

Danke für Ihre Liebe und Fürsorge für unsere Mutter Erde. Danke, dass Sie die Magie hoch schätzen, die darin liegt, dass wir am Leben sind!

Weitere Anregungen für Reisen

- Eine Reise zum Rand der Dunkelheit in der Mittleren Welt.

- Schicken Sie Ihr Krafttier zu jemandem, der in der Mittleren Welt leidet.

- Holen Sie Informationen darüber ein, was nötig wäre, um eine als unheilbar geltende Krankheit zu heilen.

- Gehen Sie gleichzeitig, aber unabhängig voneinander mit einem Freund oder einer Freundin auf eine Reise in die Untere oder Obere Welt und treffen Sie sich an einem verabredeten Ort. Sie können dafür im gleichen Raum sein oder weit voneinander entfernt.

- Stellen Sie Ihrem Krafttier oder Ihren Geisthelfern Fragen, bei denen Sie Hilfe brauchen. Diese Reise ist sehr geeignet, um sie öfter zu machen.

- Erkunden Sie das Land der Träume. Lassen Sie Ihr Krafttier bestimmen, ob Sie dafür die Obere oder die Untere Welt besuchen.

- Machen Sie für jemanden eine Divinationsreise.

- Besuchen Sie eines der vier Elemente (Luft, Erde, Feuer, Wasser) und erfahren Sie mehr darüber.

- Reisen Sie zu Ihrer DNA, um mehr über sie zu erfahren und um zu erkunden, wie Sie ein hartnäckiges emotionales oder körperliches Problem auf der DNA-Ebene heilen können.

- Machen Sie eine Reise im Gehen, und zwar draußen in der Natur. Rufen Sie Ihr Krafttier und bitten Sie es, Sie zu führen. Gehen Sie höchstens mit drei viertel Ihrer gewöhnlichen Geschwindigkeit.

- *Nur für Fortgeschrittene!* Führen Sie eine Zerstückelung durch. Das ist eine traditionelle schamanische Initiation, bei der Sie in der Unteren Welt ein Geisttier einladen, Sie zu zerreißen, und der richtige Geisthelfer wird Sie dann wieder zusammensetzen. Sorgen Sie dafür, dass Sie genug Zeit haben, wieder ganz gemacht zu werden. Diese innere Erfahrung bewirkt oft starke Veränderungen in Ihrer gewöhnlichen Wirklichkeit; deshalb sollte man sie auf keinen Fall öfter als ein Mal pro Jahr machen!

- *Nur für Fortgeschrittene!* Reise jenseits des Todes. Machen Sie diese Reise nur in Begleitung von jemandem, der Sie notfalls zurückholen kann. Es ist durchaus möglich, dass Sie von sich aus nicht mehr zurückkommen wollen!

Empfehlenswerte Quellen

Bücher

David Abram: *Im Bann der sinnlichen Natur.* Drachen Verlag, 2009

Scott Alexander: *Animal Dreaming.* Victoria, Australien: Project Art and Photo, 2003.

Angeles Arrien, Ph. D.: *Der vierfache Weg.* Lüchow Verlag, 2005

J. Allen Boone: *Die große Gemeinschaft der Schöpfung.* Reichel Verlag, 2009

Gregg Braden: *Im Einklang mit der göttlichen Matrix.* Koha Verlag, 2007

Gregg Braden: *Der Realitäts-Code: Wie Sie Ihre Wirklichkeit ändern können.* Koha Verlag, 2008

Eliot Cowan: *Pflanzengeist-Medizin.* Binkey Kok Verlag, 2010

Tom Cowan: *Schamanismus. Eine Einführung in die tägliche Praxis.* Rowohlt Verlag, 2003

Scott Cunningham: *Hawaiian Magic and Spirituality.* St. Paul, MN: Lewellyn Publications, 2001.

Michael Harner: *Der Weg des Schamanen.* Ariston Verlag, 2007

Sandra Ingerman: *Auf der Suche nach der verlorenen Seele.* Ariston Verlag, 2007

Sandra Ingerman: *Heilung für Mutter Erde.* Ullstein Verlag, 2006

Stanley Krippner / Patrick Welch: *Spiritual Dimensions of Healing: From Native Shamanism to Contemporary Health Care.* New York: Irvington Publishers, Inc, 1992.

Jeremy Narby: *Die kosmische Schlange.* Klett-Cotta Verlag, 2007

John G. Neihardt: *Ich rufe mein Volk.* Lamuv Verlag,1999

Jessica Dawn Palmer: *Animal Wisdom: The Definitive Guide to the Myth, Folklore, and Medicine Power of Animals.* London: Element/HarperCollinsPublishers, 2001.

Michael Pollan: *Lebens-Mittel: Eine Verteidigung gegen industrielle Nahrung und den Diätenwahn.* Goldman Verlag, 2009

Chris Prelitz: *Green Made Easy.* Carlsbad, CA: Hay House, 2009.

Jamie Sams und David Carson: *Karten der Kraft.* Windpferd Verlag, 2001

Doreen Virtue: *Himmlische Hilfe: Wie man Engel erkennt.* Allegria Verlag, 2008

Roger Walsh: *Der Geist des Schamanismus.* Patmos Verlag, 2005

[Siehe auch Bücher von Paul Uccusic, deutschsprachiger Trainer und Schüler von Michael Harner (Anm. d. Übers.)]

CDs

Michael Harner: *Michael Harner's Shamanic Journey Solo and Double Drumming.*

Laura Chandler: *Sacred Drums for the Shamanic Journey.* Red Cow Records, 2003.

Websites

(Nicht alle Links, die in der amerikanischen Originalausgabe genannt werden, waren zum Zeitpunkt der redaktionellen Bearbeitung der deutschen Ausgabe noch vorzufinden. Infolge des relativ raschen Wandels in der Internetlandschaft ist nicht auszuschließen, dass mit der Zeit auch andere der hier aufgeführten Seiten nicht mehr einsehbar sind. Wir belassen in jedem Fall die Stichwörter vor den jeweiligen Webadressen, um den Leserinnen und Lesern eigene Internetrecherchen zu den genannten Themen zu ermöglichen. [Anm. d. Red.])

Artikel von Rupert Sheldrake: »Morphic Resonance and Morphic Fields«
http://www.sheldrake.org/Articles&Papers/papers/morphic/morphic_intro.html

Bioregionaler Animismus: Ko-Kreation mit den Devas aus Findhorn
http://bioregionalanimism.blogspot.com/2008/06/co-creating-with-devas-of-findhorn.html

Devas: Naturgeister und Engel
http://www.soul-guidance.com/houseofthesun/devas.htm

Energieerhaltung für Hausbesitzer
www.newleafamerica.com

Findhorn Foundation
http://www.findhorn.org/whatwedo/vision/cocreation.php

The Four Sacred Plants: Tobacco, Cedar, Savage, Sweetgrass
http://www.geocities.com/redroadcollective/SacredTobacco.html

Gaia-Theorie – Zusammenfassung
http://www.gaiatheory.org/synopsis.htm

Geschichten erzählen
http://42explore.com/story.htm

Globale Erwärmung
Siehe z.B. unter www.climatecrisis.net

Grüne Medizin: Heilpflanzen
http://www.nps.gov/plants/MEDICINAL/plants.htm

HeartMath-Institut
http://www.heartmath.org/

Heilpflanzen
Siehe z.B. unter www.wwf.org.uk

Knud Rasmussens: Schamanische Reise
https://eee.uci.edu/clients/tcthorne/Socec15/shamansjourney.htm

Medizinrad
http://www.spiritualnetwork.net/native/medicine_wheel.htm

Naturgeister der Welt
http://www.mythinglinks.org/ct~NatureSpirits.html

Primäre Wahrnehmung: Biokommunikation mit Pflanzen, lebendigen Nahrungsmitteln und menschlichen Zellen
http://www.primaryperception.com/bio/

Seelenrückholung
http://www.shamanlinks.net/Soul_Retrieval.htm

Spirituelle Heilung
http://www.1stholistic.com/prayer/hol_spiritual_healing.htm

Unterschiedliche Perspektiven zu Schamanen und Schamanismus von Stanley C. Krippner
http://www.stanleykrippner.com/papers/conflicting_perspectives.htm

Wiederherstellung des Gleichgewichts
http://www.terrapass.com/

Zusatzstoffe in Zigaretten
http://quitsmoking.about.com/cs/nicotineinhaler/a/cigingredients.htm

Ausbildungsprogramme und Trainings

Englischsprachig:
Earth Magic Training with Dr. Steven Farmer
www.DrStevenFarmer.com

Deutschsprachig:
Website der Foundation for Shamanic Studies für Europa:
www.fss.at

Danksagung

Man braucht kein Dorf, um ein Buch zu schreiben, aber es bedarf gewiss der Beiträge und der Unterstützung vieler. An erster Stelle möchte ich die Hay-House-Bande erwähnen, die beständig dieses und andere spirituell orientierte Projekte unterstützt, angefangen mit der ehrwürdigen Dame Louise Hay selbst, und dem Kapitän des Schiffs, Reid Tracey. Besonderer Dank gilt Jill Kramer für ihre Nachsicht bezüglich des Abgabetermins, Lisa Mitchell für ihr hervorragendes Lektorat, Christy Salinas und Amy Rose Grigoriou für die Gestaltung und ihre Fürsorge für das neue Baby. Ich danke auch Steve, Joe und Diane für ihre Hilfe bei der Radiosendung sowie Robert Smith, weil er mich immer aufmuntert, wenn ich an der Ostküste bin.

In einem anderen Viertel des Dorfes leben meine Familie und meine Freunde, die mir freundlicherweise die Ruhe für dieses Projekt gegönnt haben und die mir vor allem in den letzten, schwierigen Wochen des Schreibens ihre Liebe und Fürsorge gewidmet haben: meine wundervollen Töchter Nicole und Catherine; mein Enkel Jaden, der mich immer zum Lachen bringt; meine Nichte Debbie mit ihrer Bande, zu der Jordan, Sydney und Paris gehören; meine Schwestern Susan und Nancy und mein Neffe Dan. Sie alle waren großartige Freunde und Verbündete.

Im Hinblick auf Freundschaften bin ich in diesem Erdenleben mit wirklich loyalen, unterstützenden und mitfühlenden Verbündeten gesegnet. Zu ihnen gehören Kevin und Janet Buck mit ihrem Emergent Success; Alan und Jeab Garner; Gary und Eileen Miller; Chris und Becky Prelitz (go Chris!); Shannon Kennedy mit ihren heilenden Berührungen; Tom Norris mit seinem weisen Rat und Mutterwitz; Gail Kay, die immer »weiß«, wo ich hinwill; Jen Raven, die mich inspiriert, organisiert und immer wieder

285

großartige Ideen hat; Scott Bishop; Bill Brooks; Gregg Braden; und aus Down Under: »Animal Guy« Scott Alexander King und »Cousin« Leela Williams.

Meine große Liebe und Wertschätzung gilt auch all den Klienten und Teilnehmern meiner Seminare für ihre Bereitschaft, sich auf schamanisches Heilen einzulassen, und für ihr Vertrauen in meine Arbeit.

Ich bin Doreen ungeheuer dankbar für fünf wundervolle gemeinsame Jahre, in denen sie mir einige Türen geöffnet und meine Arbeit sehr gefördert hat. Ich werde immer mit Liebe, Zärtlichkeit und Dankbarkeit an sie denken und wünsche ihr für ihr weiteres Leben Gesundheit, Wohlstand und Wohlergehen.

Und natürlich bin ich erfüllt von Dankbarkeit für die Hilfe und Führung durch meine Ahnen und alle meine Geisthelfer – Tiere, Pflanzen, Menschen – und für all die verschiedenen Arten, auf die der Große Geist ständig mit uns kommuniziert: Danke für die Hilfe, die Unterstützung und die kluge Weise, wie du mir immer wieder Einblick in meine Bestimmung gibst und mir zeigst, wer ich bin.

Über den Autor

Steven D. Farmer, Ph. D., ist schamanischer Praktiker und Heiler, ordinierter Priester und lizensierter Psychotherapeut. Er hat Bücher, Kartensets und CDs veröffentlicht. Auf Deutsch sind bisher erhältlich: *Krafttiere: Die Verbindung zu deinem Geistführer aus der Tierwelt* und *Krafttier*-Karten.

Steven hat seine eigene Radiosendung *The Shamanic Hotline* auf HayHouseRadio.com®. Er wohnt in Laguna Beach, Kalifornien.

Website: www.DrStevenFarmer.com

Steven Farmer
Krafttiere

Die Verbindung zu deinem Geistführer aus der Tierwelt
Taschenbuch, 192 Seiten, € 8,95
ISBN 978-3-936862-98-0

Seit alten Zeiten, als wir Menschen noch eine unmittelbarere Beziehung
mit den Tieren hatten, mit denen wir die Erde gemeinsam bewohnten,
gibt es die Vorstellung von Krafttieren. Wir finden sie in fast allen Kulturen. Ein oder mehrere Krafttiere begleiten uns im Laufe unseres Lebens.
Als spirituelle Lehrer können sie uns Stärke, Schutz und Heilung geben.
Dieses Buch zeigt, wie man sein persönliches Krafttier finden kann und
wie man sich mit ihm verbindet. Es beschreibt die Bedeutung des Tieres,
seine Eigenschaften, wie man es ruft sowie eine gechannelte Botschaft
dieses Tiergeistes. Indem man mit seinem Krafttier arbeitet, kommt man
mit seiner eigenen Instinktnatur in Kontakt. Dies erhöht die Intuition und
bereichert das gesamte Leben.

Steven Farmer
Krafttiere-CD
Fünf unterschiedliche Tranceinduktionen
für die schamanische Reise

CD, 60 min, € 12,95
ISBN 978-3-936862-99-7

Steven Farmer
Krafttier Karten
44 Karten, 120 Seiten Begleitbuch
€ 17,95

ISBN 978-3-936862-97-3

Krafttiere sind Geistführer in Tierform. Naturvölker in aller
Welt glauben, dass ihnen die Tiergeister durch ihre spirituellen
Kräfte im täglichen Leben Schutz, Rat und Heilung bieten.
Orakelkarten sind eine alte Methode, sich Rat zu holen, einen
Blick in die Zukunft zu werfen oder die in einer Situation oder
Beziehung steckende Wahrheit aufzudecken. Die Krafttier-
Karten dienen dazu, klar mit den geistigen Führern aus der
Tierwelt zu kommunizieren, um Fragen aus dem Leben zu
beantworten und intuitive Hinweise über die weitere Reise zu
erhalten. Jede dieser Karten trägt die Essenz eines bestimmten
Krafttieres in sich. Das Begleitbuch beschreibt die Bedeutung
der einzelnen Karten und enthält eine gechannelte Botschaft
von jeder der 44 vertretenen Tierarten.